돈이란 무엇인가

Kostolanys beste Geldgeschichten

앙드레 코스톨라니의 1,000가지 돈을 다루는 방법

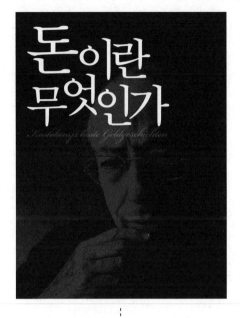

앙드레 코스톨라니 지음 | **서순승** 옮김

이레미디어

일러두기

· 이 책은 1991년에 출간되었습니다.

· 책 본문에 괄호로 나오는 부분은 저자 앙드레 코스톨라니가 설명한 부분입니다. 옮긴이와 편집자 주는 각주를 달았습니다.

· 이 책에 사용된 사진은 저작권자의 소재를 찾기 위해 최선의 노력을 다했으나, 소재가 불분명하여 불가피하게 Ullstein Buchverlage GmbH와의 협의하에 사용하였습니다. 추후 사진 저작권과 관련해 문의가 있으시면 (주)이레미디어로 연락주시기 바랍니다.

서문

"페니키아인들이 돈을 고안했다. 하지만 왜 이토록 적게 만들었는지 그 이유를 모르겠다"라고 네스트로이^{Johann Nepomuk Nestroy}[1]가 말했다. 앙드레 코스톨라니도 젊은 시절부터 같은 문제로 고심하다가 그 해결책으로 '돈을 만드는 사람^{Geldmacher}', 다시 말해 '세상에서 가장 멋진 직업'인 투자자가 되기로 결심했다. 나는 종종 그가 진정한 의미에서 돈을 만드는 사람이라 할 수 있는 발권은행가가 되지 않은 이유를 생각해보곤 했다. 그러다 최근에야 비로소 그 의문에 대한 두 가지 답을 찾았다. 먼저 은행가들의 철학은 통화 압박에 그 토대를 두고 있는데, 이는 곧 코스톨라니의 자기부정을 의미한다. 사실 코스톨라니는 어느 정도 통화팽창, 즉 인플레이션을 편안하고 따뜻한 목욕물이라고 생각하는 사람이다. 두 번째로는 만

---

1 오스트리아의 극작가, 배우, 가수.

약 그가 은행가가 되었다면 그처럼 파란만장한 삶을 영위할 수 없었을 뿐만 아니라, 독자들에게 재미있고 유익한 돈 이야기를 들려줄 수도 없을 터이기 때문이다.

《돈이란 무엇인가》는 투자자로서 돈을 벌기 위해 이사까지 해야 했던 숄렘 알레이헴Sholem Aleichem[2]에 관한 훌륭한 한 권의 책을 떠올리게 한다. 전 세계를 무대로 활약해온 노련한 투자 전문가 앙드레 코스톨라니와 비교하면 한때 오데사에서 알거지 신세로 어려움을 겪었던 숄렘 알레이헴은 극히 평범한 일반 투자자라고 할 수 있겠다. 하지만 두 사람은 공통점이 하나 있는데, 바로 투자를 긍정적으로 바라보고 투자를 즐겼다는 점이다.

돈을 주제로 다룬 문학작품이나 저술은 대부분 유머와는 거리가 멀다. 소포클레스는 돈을 악의 화신으로 보았고, 오비디우스는 마이다스가 손에 닿는 것은 무엇이든 금으로 바꿔달라고 청하게 하여 결국에는 불행으로 치닫게 만들었다. 괴테의 《파우스트》는 돈, 탐욕, 성적 욕망을 하나로 묶어 중심 주제로 삼았으며, 카를 마르크스의 눈에 비친 돈의 세계는 '형이상학적인 궤변과 이론적인 사기로 가득 찬, 마법에 걸려 미쳐 돌아가는 세상'이었다.

문화인류학자들과 심리학자들도 돈의 어두운 측면을 더 강조했다. 페니키아인들도 최초에는 제의용 쇠꼬챙이로 돈을 만들었을 것이라는 추측이나, 오늘날의 지폐들에도 종종 죽음의 신이 상징적

---

2 러시아 출신의 미국 극작가 겸 소설가.

으로 표현(아마도 의도적인 맥락에서)되고 있다는 사실도 같은 맥락에서 이해할 수 있겠다.

하지만 돈과 투자에 대한 관계는 이처럼 어두운 면이나 경직된 사고로부터 자유로워져야 한다. 에밀 졸라Emile Zola는 그의 소설 〈돈 L'Argent〉의 끝부분에서 다음과 같이 반문하고 있다. "왜 돈이 자신이 불러일으킨 온갖 불결한 일들에 대한 책임까지 져야 하는가?" 옳은 지적이다. 화폐경제는 시장경제뿐만 아니라, 궁극적으로는 개인의 자유에 높은 지위를 보증하는 질서의 본질적인 요소다. 이 책의 저자 앙드레 코스톨라니에게는 화폐경제가 우리가 호흡하는 공기만큼이나 소중하다. 그가 이런 시스템을 어떻게 이용하는지는 책을 재미있게 따라 읽다 보면 자연스럽게 드러날 것이다. 코스톨라니처럼 타고난 후각을 지닌 투자자의 시대가 막을 내리고 손실을 줄이라는 명령만 수행하는 컴퓨터 프로그램이 그 자리를 차지한다면 얼마나 애석한 일이겠는가. 그런 의미에서 이 책이 들려주는 돈 이야기는 더욱 값지다.

1991년 8월 프랑크푸르트에서

카를 오토 폴[3]

---

3 전 독일 중앙은행 총재.

차례

서문 ·· **5**

1장   나 역시 '처음'이 있었다

세상에서 가장 멋진 직업, 투자자 ······················ **15**

나 역시 처음에는 작은 것부터 시작했다 ·················· **20**

증권거래소 입문 시절의 경험들 ·························· **25**
- 귀리와 축구
- 에머리히 형의 라피아 섬유 투기
- 첫 번째 모험, 오세아닉

내부정보에 의한 투자와 관련한 경험담들 ·················· **36**
- 취리히에서 걸려온 전화
- 장크트모리츠의 팔레스 호텔
- 탄넨바움 주식
- 왕자를 믿을 지어다!

벨벳 위의 게임 ·· **52**
- 주말 투기
- 몬테네그로 왕 니키타의 약세장 투기
- 프랑스 수상 라니엘의 자충수

시간과 공간을 이용한 '확실한' 차익거래들 ················ **71**
- 베이컨과 옥수수의 시소게임
- 프랑스 국채를 두고 벌인 헤지
- 왜 이웃집 잔디가 더 푸른가?
- 완벽한 차익거래

금과 은, 그리고 원자재에 얽힌 경험담들 ···················· **88**

- •루스벨트가 나를 망하게 한 방법
- •금, 무대에서 내려오다
- •나의 은밀한 금 투자 이야기
- •백색의 금속, 은
- •백전백패의 링

2장   투자모험가로서의 나날들

어떤 통화도 자신을 영원히 지키지는 못한다 ············· **115**

- •제1차 세계대전 이후의 외환거래
- •달러화는 거래가 금지되었던 말인가요?
- •참패로 끝난 프랑화 압살전쟁
- •두 번째 '마른의 기적'
- •폐쇄형 마르크화 투자
- •스위스 프랑화의 가치는 당연히 높아야 한다!
- •특정 화폐의 평가절하에 대한 분석
- •황금빛 날개
- •미덕과 악덕이 반영된 화폐

감옥과 정글 ······································· **157**

거대한 카지노, 옵션시장 ····························· **161**

코스톨라니의 투자 퀴즈 ····························· **167**

- •당신은 증권거래에 재능이 있나요?
- •평가

차례

빌린 돈으로 하는 투자 ·························· **189**
 •나의 개인적인 경험들
 •순식간에 일어난 파산과 폐업

국가이성으로서의 인플레이션 ·················· **202**
투자의 위력 ································· **210**
채무관리를 어떻게 할 것인가? ·················· **214**
 •세계 여러 국가들의 채무관계
 •파산에도 등급이 있다
 •어느 변호사의 기발한 착상
 •주인이냐, 하인이냐?

주식과 증권거래소에 관한 단상들 I ·············· **230**

3장　　　　　바보들이 없다면 세상이 어떻게 되겠는가

대중심리, 증권시장의 수수께끼를 푸는 열쇠 ·········· **245**
코스톨라니의 달걀 ························· **253**
성냥왕 크뤼거의 비극과 승리 뒤의 회의감 ··········· **259**
나의 증권동물원 ·························· **270**
 •빅토르 리옹과 구스타프 호프만
 •잘난체하는 사람들
 •엉터리 예언자들

내 경력의 산 증인인 세 장의 오래된 문서 ············ **288**
바보들이 없다면 세상이 어떻게 되겠는가 ············ **295**
주식과 증권거래소에 관한 단상들 II ·············· **300**

4장   확신과 열정, 나의 투자모험은 끝나지 않았다

뉘른베르크의 마이스트징거와 US스틸 ······················· **319**
중요한 정보는 어떻게 다뤄야 하는가 ························· **322**
- 공산주의자 친구의 조언
- 이자율 33/4 멘델스존 채권

형이상학의 향취 ····························· **329**
- 나의 주식투자 바로미터
- 헝가리의 피티아

주식, 사랑, 그리고 열정 ························ **335**
- 주식 앞에서는 사랑도 스쳐가는 바람
- 아주 특이한 결투
- 여성과 주식투자

코러네이션 신디케이트 ·························· **354**
ECU, 칵테일이냐 전통 민속주냐? ··················· **360**
미국과 달러에 대한 나의 편애 ······················· **365**
- 경제가 우선이다
- 개미와 베짱이
- 달러의 귀환

증권중개인의 어제와 오늘 ······················· **379**
영원히 해가 지지 않는 제국, 증권거래소 ·············· **385**

이야기를 끝마치며 ····························· **394**

1장;

나 역시 '처음'이 있었다

세상에서 가장 멋진 직업, 투자자

Kostolanys beste
Geldgeschichten

평범한 직업도 아니고 그렇다고 확실한 성공이 보장된 것은 아니지만, 투자자가 건강하고 건전한 직업임에는 분명하다. 누구나 알다시피 인간의 물리적 활동 중에서 정신노동이 가장 중요하다. 성인이 되어도 십자말풀이, 장기, 카드놀이 등에 몰두하는 것도 같은 이유에서다. 왜냐하면 이러한 활동은 지속적인 정신적 긴장을 요구하기 때문이다. 마찬가지로 투자 또한 비슷한 종류의 정신체조 혹은 스포츠다. 그리고 오락이기도 하다.

제대로 된 투자자는 단순히 돈을 버는 데 만족하지 않고 자신의 판단이 옳았다고 입증될 때 진정한 희열을 느낀다. 투자자라는 직업은 여러 가지 면에서 또 다른 멋진 직업인 저널리스트와 닮은 점이 많다. 둘 다 과거에 일어난 일들을 분석하고 결론을 도출해내는 등 뉴스로 먹고 산다. 저널리스트가 기사를 쓰고 논평을 한다면, 투자자는 그것을 읽고 행동으로 옮긴다. 차이가 있다면 저널리스트는 잘못된 판단을 해도 살아남을 수 있지만, 주식투자자는 오류를 범하는 횟수가 잦으면 그것으로 끝장이다. 다시 말해 새로운 직업을 찾아야 하는 것이다.

투기꾼으로서의 인간^{homo speculator}이란 얼마나 고상한 직업인가? 투자자는 사람들과 접촉할 필요도 없고, 험한 일을 하는 사람들처럼 손을 더럽히지 않고, 제품이나 먼지가 쌓인 창고 근처에 얼씬도 않고, 상인이나 돈벌이에 눈먼 사람들과 말다툼도 않고 매일 머릿속으로 계산만 한다. 투자자는 일종의 철학자로서, 세상의 소란한 아귀다툼으로부터 멀찍이 떨어진 채 여송연 연기를 뿜어내며 흔들의자에 앉아 생각만 하는 것이다. 로마의 시인 호라티우스^{Horatius}의 말대로 투자자란 "생업에 신경 쓰지 않아도 되는 행복한 사람"이다.

물론 투자자는 돈벌이 수단이 되는 도구를 항상 가까이에 두고 있다. 그것은 다름 아닌 전화, 라디오, 그리고 몇몇 종류의 신문 등이다. 그리 굉장한 것은 아니지만 그것들 속에 돈을 버는 비법이 숨어 있다. 투자자는 단순히 자구에 얽매이지 않고 행간에 숨어 있는 뜻을 읽는 재주를 터득하고 있다. 투자자에게는 직원도 고용주도 없다. 은행원이나 중개인처럼 까다로운 고객에게 시달릴 필요도 없다. 그러니 가히 귀족이라 할만하지 않은가?

귀족은 자신의 행동이나 시간을 자유롭게 결정할 수 있다. 많은 사람들이 그의 일을 부러워하고 그를 따라 하려는 것도 전혀 놀랄 일이 아니다. 지금까지 나는 수많은 사람에게 "어떻게 하면 성공적인 투자가가 될 수 있는가?"라는 질문을 그야말로 수천 번도 넘게 받았다.

투자자의 정신은 늘 깨어 있다. 심지어 꿈속에서도 '사야 하나 팔아야 하나, 아니면 단순히 관망만 해야 하나?'를 두고 고심한다. 마치 모든 음전音栓[4]을 자유자재로 다루는 오르간 연주자처럼 투자자는 온갖 수단을 동원할 수 있어야 한다. 투자자는 사건들을 꿰뚫어보고 그에 대한 대중들의 반응을 읽어내야 한다. 그런데 일반 투자자는 대개 특정 사건과 그 사건이 증시에 미칠 영향을 제대로 파악하지 못하기 때문에 대중의 마음을 읽는다는 것이 결코 쉬운 일은 아니다. 투자자는 종종 알코올 중독자에 비유되기도 한다. 좋은 소식에 우는가 하면, 나쁜 소식에 웃기도 하기 때문이다.

주식투자에 관한 지식이란 과연 무엇일까? 프랑스의 한 유명한 사상가는 "사람들이 모든 것을 다 잊어도 여전히 남아 있는 것이 문화"라고 말했다. 주식투자도 이와 유사하다. 주식투자자는 1년 단위의 대차대조표, 이익배당금, 주식시장의 동향, 영업보고서, 통계 등을 수집하는 백과사전이 아니다. 그런 일은 경제학자들이나 매달리는 것으로 도서관이나 컴퓨터에도 정확히 보관되어 있다.

주식투자에 관한 알짜 지식은 우리가 잊고 있는 세부적인 지식 가운데 여전히 남아 있는 그 '어떤' 것이다. 아무것도 모르지만 전체를 이해하고, 잔디가 자라는 소리를 듣고, 상상력을 동원하는 것, 이것들이 이상적인 투자자가 갖춰야 할 필수덕목이다.

금융업계 종사자와 투자자는 엄연히 구별된다. 전자는 설계한

---

4 오르간 등의 악기에서 음색 또는 음넓이를 바꾸는 장치

사업에만 온통 마음이 쏠려 있다. 자신의 회사와 사업에는 끊임없는 자금조달이 필요하기 때문에, 금융업자는 자금난을 해결할 목적으로 주식시장에 눈을 돌린다. 지향하는 바는 거의 언제나 특정한 거래행위에 국한되지만, 그러한 거래가 많은 생각들과 움직임들을 유발하고 그것이 다시 주식시세에 그대로 반영되기도 한다. 반면에 투자자는 구경꾼으로 만족하며 자신이 관여하지 않은 주가의 동향에 편승하여 이익을 챙긴다.

다시 한 번 강조하지만 풍부한 상상력과 모험심을 요구하는 투자자라는 직업은 정말 매력적이다. 돈을 단순히 버는 것에 그치는 것이 아니라[5] 만들 수도 있고, 부자가 될 수도 있다. 하지만 동시에 돈을 잃을 수도 있고, 심지어는 많은 돈을 잃고 하룻밤 사이에 알거지가 될 수도 있다.

오래전에 어느 대학에서 이루어진 주식투자에 관한 세미나에서 호기심 많은 한 대학생이 "아들에게 투자자가 되라고 권할 의향이 있으신지요?"라는 질문을 던져 왔다. 나는 "천만에!"라고 응수한 후 다음과 같이 덧붙였다. "만약 내게 아들이 하나 밖에 없다면 당연히 음악가가 되라고 했을 겁니다. 둘째 아들에게는 화가, 셋째 아들에게는 언론인 또는 작가가 되라고 권했겠죠. 하지만 넷째 아들까지 있다면 당연히 투자자가 되어야겠죠. 결국에는 그 녀석이 나머지

---

5 독일어의 '벌이(Verdinst)'라는 단어에는 업적 혹은 공로라는 의미가 담겨 있다. 프랑스인들은 돈을 '쟁취하고(gewinnen)', 영국인들은 돈을 '거두어들이고(ernten)', 가난한 헝가리인들은 돈을 '추구한다(suchen)'고 한다.

가난한 세 형제들을 먹여 살려야 할 테니까 말입니다."

그 네 번째 아들이 가능한 철저한 독신주의자이자 투기꾼인 내 삼촌의 마수에 걸려드는 일만은 피했으면 좋겠다. 나의 삼촌은 늘 다음과 같이 말한다.

"재산을 탕진할 수 있는 방법에는 다음 세 가지가 있다. 가장 빠른 방법은 룰렛, 가장 즐거운 방법은 여자, 가장 어리석은 방법은 주식투자."

그가 늘 내세우는 논리다.

나 역시 처음에는
작은 것부터 시작했다

Kostolanys beste
Geldgeschichten

나는 기억력이 아주 나쁜데, 특히 수치나 이름에 관해서는 그야 말로 먹통이다. 그런데 이상하게도 난생 처음 증권거래소를 방문했 던 날의 기억은 마치 어제 일처럼 선명하게 떠오른다. 내가 '신전' 에 첫발을 내디딘 것은 1920년대 말경 파리에서였다. 우리 회사 사 무실 직원의 조언에 힘입어, 드디어 내 인생 최초의 '대규모' 거래가 이루어진 것이다. 나는 현금으로 포르투갈의 모잠비크 광산회사 주 식 25주를 약 400프랑에, 그리고 외상선물거래로 영국-포르투갈의 모잠비크 광산회사 주식 25주를 주당 30프랑에 매입했다.

주가는 완연한 상승세를 타고 있었다. 인플레이션의 광풍을 타 고 그야말로 일방통행인 상황에서 다른 선택의 여지가 있을 리 만 무했다. 이리저리 잴 필요도 없이 오늘 사서 내일 팔고, 모레 사서 글피에 팔면 그만이었다. 이런 분위기 덕분에 두 종류의 주식에 투 자한 내 종자돈도 힘들이지 않고 2배로 불어났다.

당시 나는 좃대만 있으면 만사형통이라고 생각했으며, 더불어 증권거래소는 이 세상에서 가장 위대한 발명이라고 확신하게 되었다. 그로부터 어언 반세기가 흘러갔지만 아직도 내 신조에는 크게 변함이 없다. 그동안 나는 전적으로 주식투자에 의지하여 살아왔으며, 더군다나 아주 풍족한 삶이었기에 그런 것 같다. 사실 스코틀랜드 사람이 잘산다는 말과 헝가리 사람이 잘산다는 말은 그 의미가 조금씩은 다르다. 그렇다고 증권거래소가 자본주의 시스템의 가장 중요하면서도, 가장 멋진 작품이라는 견해를 양보할 생각은 조금도 없다.

어쨌든 2배로 불어난 자본금으로 나는 다시 도전장을 던졌다. 이번에도 그 직원의 조언에 따라 러시아의 공산화에도 불구하고 여전히 파리 증권시장에 공시된 말초프Maltzoff 주식과 리아노조프Lianosoff 주식을 각각 25주씩 매입했다. 그 두 주식은 가치가 거의 없었지만, 병적일 정도로 낙관적인 분위기 속에서는 가치의 유무를 따지는 것 자체가 무의미했다. 중요한 것은 거기에 투자가 가능하냐는 점이었다. 당연히 별 볼일 없는 주식들의 가격도 덩달아 뛰었다. 내 돈도 다시 2배로 불어났고, 그 덕분에 나는 갑자기 200달러를 손에 쥔 소자본가가 되었다. 이 200달러는 현재의 구매력으로 환산하면 대략 3만 마르크에 해당하는 꽤 큰 금액이었다.

도덕적으로나 물질적으로 완벽한 성공이었기에, 나는 다음 단계로 그것이 이루어지는 현장을 직접 방문하고 싶었다. 나의 새로운 연인인 증권거래소와 물리적인 접촉을 할 수 있도록 안내하는 영예로운 임무는 내 동료들 중 한 명이 맡았다. 그는 마치 연하의

나 역시 처음에는 작은 것부터 시작했다

친구를 처음으로 '환락가'에 데리고 가는 듯해 보였다. 하지만 당시 나는 그리 유쾌하지만은 않았다. 모든 것이 낯설고 괴상했다. 그곳은 이해할 수 없는 은어와 우스꽝스러운 낱말과 수수께끼 같은 숫자들이 난무하는 북새통이었다. 수백 명의 사람들이 뒤엉켜 만들어내는 혼돈 상태에서 나는 그저 어안이 벙벙할 뿐이었다. 사람들이 외쳐대는 이상한 이름의 주식들에 갑자기 두 귀가 멍멍했다. 젊은이와 늙은이가 뒤섞인 수많은 사람들이 고객들의 요구가 담긴 작은 주문서를 손에 들고 전화통 사이를 분주히 오가는가 하면, 어떤 사람들은 한 손으로 입을 가린 채 심각한 표정으로 수화기를 붙들고 있는 사람들에게 귀엣말을 하고 있었다. 추측하건대 비밀정보를 전달하는 게 분명했다.

그들은 런던, 암스테르담, 혹은 밀라노의 증권거래소화 통화하고 있었다. 한 도시에서 주식을 사서 다른 도시에서 그 주식을 파는 방식이었다. 다시 말해 그들은 시세차액이 아니라 이를 테면 파리와 런던과 같은 공간상의 거래차액을 노린 투자 혹은 투기를 하고 있었던 것이다. 하지만 그처럼 혼란스러운 분위기 속에서도 한 가지 사실만은 또렷이 알 수 있었다. 다들 자신이 가진 정보가 최고라고 주장하며, 자신의 예상은 늘 백발백중이기 때문에 고객들이 늘 줄을 선다고 허풍을 치고 있었다. 얼핏 보면 예언자 혹은 적어도 천재밖에 없었다.

당시 나는 주식투자에 관한 한 갓난아기에 불과했지만 이상하게도 뭔가가 마음에 들지 않았다. 모든 것은 단지 허세에 불과할 뿐이라는 인상이었다. 온갖 정보에 대한 그들의 아전인수적인 접근방식이 내 눈에는 유치하고 원시적이며, 논리나 설득력을 전혀 갖추지 못한 것으로 비쳤다. 이런 생각들이 마음속에 자리 잡기 시작하면서 점차 내 결심도 굳어졌다.

'이 사람들이 모두 강세장을 겨냥한 투자를 한다면 나는 반대로 약세장을 노린 투자로 나가야 한다!'

실제가치에 대한 나의 평가절하는 곧 증권거래소에서 만나는 사람들에 대한 평가절하로 이어졌다. 거래소 계단을 내려오면서 나는 다시 마음을 다잡았다. '나는 약세장을 겨냥한 투자로 승부를 걸겠다. 저 허풍선이들이 돈을 잃고 허둥대는 꼬락서니를 꼭 보고야 말겠다.' 일단 목표가 정해졌으므로 투자대상을 선정하고 투자 메커니즘을 배우는 문제만 해결하면 되었다. 약세장을 겨냥한 투자 기술은 의외로 쉬웠다. 그다음 단계로 나는 전혀 갖고 있지도 않은 주식을 선물거래로 매도하는 방법을 사용하여, 내 눈에는 아주 미심쩍어 보이는 몇몇 소형 주식들을 대상으로 주가가 하락할 것을 예상한 투자로 출발했다.

증권거래소 첫 방문길에 굳어진 이러한 결심이 향후 내 운명을 결정했다. 직관적인 상황판단력 덕분인지 아니면 단순한 행운이었는지는 몰라도, 어쨌든 나의 인생행로는 순탄하게 펼쳐지기 시작했다. 그런데 우연히도 나의 성공은 세계 경제사에서 가장 암울한 시기이자, 자본주의 시스템 전체가 뿌리째 흔들리고 있던 시기와 맞물려 있었다. 그 후로도 우리는 여러 차례의 증시붕괴를 경험했지만, 그때마다 위기는 극복되고 주식 소유자들의 상처도 오래지 않아 치유되곤 했다.

나는 젊은이들이 학창시절부터 주식거래를 실습하고, 가능하다면 투자철학까지 익혀두는 것이 바람직하다고 생각한다. 이런 경험들이 축적되어 나중에는 마치 주부들이 요리나 가사에 익숙해지듯이 자연스럽게 투자와 마주할 수 있기 때문이다. 개인적인 훈련보다 더 좋은 방법은 없다.

　　주식투자자는 자신의 경험과 사고, 그리고 직관적인 판단력으로 먹고 산다. 영국인들은 흔히 "나의 가정이 곧 나의 성이다"라고 말한다. 주식투자자들의 금언에 따르면 다음과 같다. "나의 코가 곧 나의 성이다(내 코가 보물)."

증권거래소
입문 시절의 경험들

Kostolanys beste
Geldgeschichten

| 귀리와 축구

내가 증권세계와 최초로 접촉한 시기는 그보다 15년전으로 거슬러 올라가는데 이상하게도 기억이 그렇게 선명하지는 않다.

내가 어렸을 때, 그러니까 구슬치기를 하면서 놀던 무렵 부다페스트에서 일어난 일이다. 당시 헝가리 사람들의 일상생활에서 곡물거래소는 눈이 부실 정도로 휘황찬란한 곳이었다. 헝가리는 옥수수와 귀리 등으로 유명한 세계적인 곡창지대로, 전 유럽에서 가장 활기찬 시장이 형성되어 있었다. 사람들은 막대한 매상고를 올렸고, 해외에서 계속 날아드는 전보와 끊임없이 이어지는 매도와 매수 주문으로 부다페스트는 생동감으로 넘쳐났다. 대규모 상거래는 누구든지 소규모로 투자할 수 있는 기회를 제공했으며, 그것은 헝가리인의 낙천적인 정서와도 잘 맞아떨어졌다.

말하자면 헝가리에서는 곡물이 '일상적인 화젯거리'였으며, 특히 시세에 영향을 끼칠 수 있는 것이라면 무엇이든 재빠르게 입소문을 탔다. 곡물투자에서 중요한 요소는 하늘의 빛깔, 즉 날씨였다. 태양이 강렬하게 내리쬐면 수확이 줄어들고 비가 적당히 오면 수확이 늘어나는 식이었다.

일기예보에 따라 곡물시세는 마치 기상관측용 개구리가 사다리를 오르내리듯 부산히 움직였다. 심지어 가뭄이 닥친 여름날에도 도시의 수많은 테라스와 골목골목의 모퉁이에서 사람들은 열심히 하늘의 구름을 관찰했다. 만약 비가 내리지 않는다면 귀리농사는 망칠 수밖에 없었다. 고급장교들까지도 덩달아 걱정을 했다. 현대화된 군대의 기동력에 필수적인 요소가 기름이라면, 당시에는 말 먹이용 사료인 귀리가 그 역할을 했기 때문이었다. 한 번은 기상변화에 새로운 걱정거리가 더해진 적이 있었다. 헝가리 국가대표가 오스트리아 국가대표를 상대로 축구시합을 벌이게 된 것이다.

이것은 단순한 스포츠를 넘어 국가의 자존심이 걸린 문제로서, 모든 국민이 마치 자신의 일처럼 그 경기에 집중했다. 다들 오랫동안 애타게 기다려왔던 터라 그 경기 하나가 뜨거운 여름날의 숨 막히는 무더위마저 잠시나마 누그러뜨리는 듯했다. 나는 갑절로 흥분해 있었다. 그때까지 축구시합을 단 한 번도 본적이 없었던 데다가, 몹시 따랐던 삼촌이 경기장에 데려가 주기로 약속했기 때문이다.

경기가 열리기로 예정된 월요일 아침, 나는 눈을 뜨자마자 황급히 침대를 벗어나 문을 박차고 밖으로 내달렸다. 날씨가 어떤지 확인하기 위해서였다. 그런데 맙소사! 공기는 가라앉아 금세라도 천둥소리가 들려올 듯했다. 나뿐만 아니라 경기장에 함께 가기로 되어 있던 사촌도 안절부절 못하기는 마찬가지였다.

시간이 갈수록 날씨는 악화되었고 그만큼 실망감도 커졌다. 우리는 삼촌 역시 애타는 마음은 마찬가지일 것이라고 생각하면서 약속시간에 맞춰서 갔다. 그런데 이게 웬일인가! 삼촌은 마치 훌륭한 작전에 성공이라도 한 듯이 두 눈을 반짝이며 희색이 만연한 채로 만족스러운 듯 두 손을 비벼대고 있었다. 더군다나 삼촌은 평소에 아이들을 미워하거나 심술궂게 대하는 사람이 전혀 아니었다.

"얘들아, 어서 오너라! 비가 억수같이 쏟아지니 정말 좋구나. 축구시합은 물 건너 갔단다." 나와 내 사촌은 기가 막혀 할 말을 잊었다. 축구시합이 취소되다니! 조금도 주저하지 않고 그런 말을 내뱉는 삼촌이 야속했다. 더욱 가관인 것은 다음 말이었다.

"정말이지 끝내주는 날씨야! 환상적인 비다!"

우리는 귀를 의심했다.

"너희들로서는 전혀 이해가 되지 않겠지. 비는 행운을 불러온단다! 내일이면 상품거래소의 귀리가격이 떨어지거든. 난 몇 주 전부터 이날만 손꼽아 기다려오고 있었어."

삼촌의 말이 옳았다. 풍작이 기대되면서 다음날 귀리값은 폭락했고 그에 따라 명암도 엇갈렸다. 시세하락을 예상하고 투자했던 사람들은 큰 이익을 남길 수 있었으며, 군 당국도 한시름 놓았다. 비록 축구시합이 취소된 반대급부이긴 했지만 말이다. 이렇게 해서 우리의 기대는 무참히 깨졌고, 상품거래소는 증오의 대상이 되고 말았다. 그날 나는 언젠가 때가 되면 이 일에 대해 복수하리라고 다짐했다.

| 에머리히 형의 라피아 섬유 투기

성공적인 투자자는 예리한 정치 분석가일 뿐만 아니라 노련한 대중심리 전문가가 되어야 한다. 왜냐하면 정치적인 사건들과 그에 대한 예금자들의 반응이라는 두 가지 수수께끼를 동시에 풀어야 하기 때문이다. 전자의 경우 어느 정도의 논리적인 접근이 가능하지만, 일반 예금자들이 따르는 법칙은 너무나 특이하고 변덕스러워서 도무지 종잡을 수가 없다. 종종 접해왔듯이 전쟁이 발발하면 주가가 상승하는 것이 일반적인 현상이다. 하지만 그와는 반대로 동일한 뉴스에 도리어 시세가 급락하기도 한다. "포성이 울리면 사고, 감미로운 바이올린 소리가 들리면 팔아라!"라는 증권가의 오래된 금언이 오늘날에는 더 이상 통하지 않는다. 이제는 모든 것을 안다는 것이 투자자의 필수적인 덕목이 아니라는 말이다. 이와 같은 혼전에 뛰어드는 사람은 날카로운 상황판단과 유연한 자세를 두루 갖춰야만 살아남을 수 있다.

나는 이미 오래 전 꼬마 시절에, 떠도는 소문에 부화뇌동하여 투자하는 것이 얼마나 위험한지를 직접 경험한 바 있다. 1914년 초여름, 오랜 평온을 깨고 마른하늘에 날벼락처럼 사라예보의 총격사건이 발발했다. 갑작스레 진동하는 화약 냄새와 더불어 주식시장에도 대규모 투기 열풍이 불어닥쳤다. 전쟁으로 더 이상 헝가리로 수입될 수 없는 품목들이 집중적인 공략대상이었다. 그 때문에 외국산 물류들의 가격이 치솟았다. 사람들은 너나 할 것 없이 증권거래소로 몰려가 바닐라, 후추, 정향 등을 사들였다. 특히 헝가리의 포도재배에 필수적인 라피아 섬유가 인기를 끌었다(포도농원에서는 포도

나무 줄기를 묶는데 쓰이는 끈을 만들기 위해 라피아의 잎사귀가 필요했다).

당시 한 대형은행의 견습생이었던 나의 형 에머리히도 그 열풍에 말려들어 이른바 원자재-신용거래 투기에 가담했다. 그를 유혹한 품목은 라피아 섬유였다. 몇몇 친구들과 함께 은행에서 담보대출을 얻어 별로 잘 알려지지도 않은 한 대리인의 명의로 값비싼 해당 주식을 사들였던 것이다. 그 주식은 대규모 투기로 인해 이미 꽤 높은 시세를 형성하고 있던 상황이었다.

처음에는 낙관적인 분위기였다. 전쟁이 터지자 라피아 섬유 주가가 가파르게 치솟으면서 모든 것이 예상대로 맞아떨어져가는 듯했다. 하지만 전선에서 들려오는 소식들이 불리하게 작용하면서 풋내기 투자자를 궁지로 내몰았다. 오스트리아-헝가리 군대가 기습적으로 세르비아 깊숙이 진격하는 시점에 독일 군대도 이미 마른 Marne까지 접근해왔으며, 노회한 힌덴부르크Hindenburg[6] 장군이 동부 프로이센에서 벌어진 전투에서 러시아군을 격퇴했다. 그리고 여러 전선에서 전개된 외관상의 승리로 인해, 사람들은 전쟁이 끝나고 머지않아 모든 것이 정상으로 돌아올 것이라고 생각했다.

그러자 상품거래소 전체가 휘청거리기 시작했으며, 라피아 섬유의 가격도 급격한 하락세로 돌아섰다. 더군다나 형은 외상으로 투자를 한 상황이었다. 은행이 부채상환을 독촉했지만 불행히도 그의 주머니는 이미 바닥 나 있었다.

---

6 독일의 군인 및 대통령. 제1차 세계대전 때 타넨베르크 전투에서 승리했고, 러시아 전선에서 큰 공을 세웠다.

아침부터 저녁까지 형의 표정은 점점 더 침울해져 갔으며, 그런 상황은 날이 갈수록 더욱 심해져만 갔다. 한 번의 상승세에 안도의 한숨을 내쉬다가도 연이은 세 번의 하락세에 더 깊은 절망감으로 빠져드는 식이었다. 나머지 가족들도 반복되는 시세등락에 신경을 곤두세우긴 마찬가지였다. 물론 전선에서 들려오는 소식이 중요한 건 사실이지만, 우리에게는 전황이 라피아 섬유의 시세에 미칠 영향 또한 그에 못지 않게 중요했다.

아버지가 적극적으로 나서지 않을 것이 확실해지자 형의 공포는 극에 달했다. 어머니의 설득에도 불구하고 아버지는 요지부동이었다. 계속되는 은행의 압박에 견디다 못한 형의 입에서 자살이라는 극단적인 말까지 나올 정도로 우리 모두는 불안에 떨었다. 공포 영화에나 등장함직한 으스스한 분위기가 우리 가족을 에워쌌던 것이다. 마침내 아버지가 백기를 들었다. 명예를 중시해온 아들인지라 자살이 단순한 헛말이나 엄포가 아닐 수도 있다는 결론에 도달했던 것이다. 사태의 심각성을 깨달은 아버지는 결국 형의 빚을 대신 갚아주었다.

그날 이후 우리 가족에게 '라피아'라는 말은 마치 교수형을 당한 사람의 집에서 밧줄과 관련된 표현을 꺼리듯이 하나의 금기사항이 되었다. 불행 중 다행으로 최악의 비극은 일어나지 않았고 우리 가족의 명예도 지켜졌다. 하지만 나는 그토록 갖고 싶었던 빨간색 자전거를 포기해야만 했다.

이 불행한 투기 열풍이 채 식기도 전에 전장 및 주식시장과 관련된 사건들은 다시 전환기를 맞았다. 우리 가족이 아슬아슬한 위기상황을 벗어나자마자 마른 전투를 신호탄으로 잇달아 나머지 전선들에서도 맹렬한 반격이 시작되었다. 그와 더불어 곧 승리할 것이라는 희망은 물거품이 되고 말았으며, 이제 끝없는 장기전으로 돌입했다. 전황의 여파로 라피아 섬유의 가격이 곧 다시 치솟았지만, 아쉽게도 우리에게는 아무 소용이 없었다.

이쯤에서 이 이야기를 끝내려 한다. 나의 형과 부모님들은 오래전에 돌아가셨다. 오늘날 전 세계 증권시장에서 이루어지는 엄청난 액수의 거래를 생각하면 당시의 라피아 섬유 투기는 극히 하잘 것 없는 수준에 불과했다. 형이 손해를 본 금액과 아버지가 대신 은행에 갚아야 했던 금액을 합해도 오늘날 월가의 부자가 하룻밤에 흥청망청 써대는 금액보다 적었던 것이다. 하지만 그때를 떠올리면 지금도 온 몸에 소름이 돋는다. 내게는 그때의 그 공포심이 삶에 대한 경고이자 투자에 대한 경고로 각인되어 있다.

| 첫 번째 모험, 오세아닉

유한회사, 합자회사, 기업 등 그 명칭이야 어떻든 간에 주식회사라고 '한 가족'으로 뭉뚱그려질 수 있는 영업 형태들은 모두 '모험'이라는 공통분모를 갖고 있다. 돈과 이자 문제를 깊이 연구해온 로마의 정치철학자 카토Marcus Porcius Cato는 무역업이나 해양운수업을 하려면 반드시 단체, 즉 회사가 설립되어야 한다고 역설했다.

"개인의 힘으로는 해운업을 시작할 수 없습니다. 만약 배 한 척을 바다에 띄우고 싶다면, 먼저 49명의 친구들을 모은 다음에 50명이 합작하여 그 일을 도모하십시오."

오늘날에는 '모험'이라는 표현에서 뭔가 고약한 뒷맛이 묻어나지만, 17세기에는 그 말이 아주 정확하고 명징한 의미로 사용되었다. 그 당시의 '모험'이란 위험을 안고 하는 과감한 거래나 탐험을 하기 위해 결성된 상업적인 단체, 혹은 흔히 식민지 개척회사를 일컫는 말이었다. 아울러 회사의 창립 멤버인 주주들은 공식적으로 모험가라고 불렸다. 이러한 호칭은 1670년에 창립된 최초의 주식회사 잉글랜드 캐나다 허드슨 베이Hudson Bay의 증서에서 발견된다. 전통적으로 이 회사의 회장은 매년 개최되는 중역회의에서 개회사를 "존경하는 모험가 여러분"이라는 말로 시작하는데, 대형회의실의 마호가니 천장과 어우러지면서 그 소리가 사뭇 장중하게 들린다.

모험이란 표현은 우리 귀에 외설적이면서 동시에 낭만적으로 들린다. 솔직히 자기만의 소중한 모험을 갖고 있지 않은 사람이 세상 어디에 있겠는가? 최소한 돈과 관련된 모험이라면 말이다.

내 최초의 모험은 짧은 바지와 라틴어 번역으로 상징되는 부다페스트의 김나지움Gymnasium7 시절로 거슬러 올라간다. 그때 내가 속한 작은 동아리는 문화를 추구한다는 의미에서 '문학과 음악회'라는 거창한 이름을 달고 있었다. 동아리 내에서 나는 출납계원을 맡았는데, 맡겨진 직무를 충실히 실행할 요량으로 직업적인 열정과 성실성을 갖고 일반적인 경제동향을 조사하기 시작했다.

그 무렵 중부 유럽 전체는 극심한 인플레이션으로 인해 투자 열

7 우리나라의 고등학교 과정에 해당됨

풍에 휩쓸려 들어가던 시기였다. 증권시장이 마감되고 나면 사람들은 각종 신문을 펼쳐 들곤 재미있는 풍자 만화 대신 주식시세표부터 먼저 찾았다. 헝가리 사람들은 취리히에서의 크로네Krone[8] 시세변동에 민감하게 반응했는데, 크로네의 화폐가치는 날이 갈수록 떨어졌다.

그 결과 헝가리 경제도 완전히 혼돈 상태로 빠져들었다. 자고 나면 물가가 2배 혹은 3배로 뛰어올라 있었다. 이런 가운데 갖가지 풍문들이 우후죽순처럼 돋아났고, 그중에는 악성 루머도 있었다. 정보만 생기면 그것이 어떤 종류든 즉시 이웃사람에게 물어 날랐다. 당연히 그 정보는 입에서 입으로 전해지는 과정에서 심하게 왜곡되기도 했다. 은행장의 여비서가 미용사에게 이러저러한 주식을 사야 한다고 말한 것을, 미용사가 다시 고객에게 퍼뜨리고, 고객은 다시 친구들에게 퍼 나르는 식이었다. 일의 전말은 몰라도 주워들은 말만 쫓아가면 부자가 될 수 있다는, 정말이지 얼토당토않은 유혹의 소용돌이에 말려들지 않으려면 단호한 태도가 필요했다. 하지만 그게 어디 쉬운 일이랴!

당연히 우리도 그런 투자 열풍에 감염되었다. 우리 동호회 자금으로 어제 이러저러한 주식을 매수했더라면 오늘은 3배로 불어나 있을 텐데 하는 식의 토론이 전부였지만, 어쨌든 무조건 사야 한다는 분위기가 지배적이었다. 그런 생각들 때문에 나는 머리가 찌근

---

8 체코를 비롯한 일부 북유럽 국가들의 통화단위.

증권거래소 입문 시절의 경험들

거렸다. 물론 하룻밤 사이에 백만장자가 되겠다는 터무니없는 꿈을 품지는 않았지만, 적어도 브로크하우스 백과사전 최신판을 구입할 돈 정도는 벌고 싶다는 게 솔직한 심정이었다.

그러다가 어느 날 아침 나는 우연히 아버지의 전화통화를 엿듣게 되었다. 정부가 1918년 휴전으로 유실된 배들을 복구하기 위한 교섭에 나섰으며, 곧 해운회사의 시대가 시작될 것이라는 내용이었다. 아버지 입에서 나온 정보까지 의심할 이유가 있을까? 그건 무조건 행동에 옮기라는 신호나 다름없었다. 우리 동아리는 해운회사들의 목록을 앞에 놓고 신중하게 작전을 짰다.

넉넉지 못한 동호회 자금으로 투자대상을 고르는 데 한계가 있었지만, 그나마 오세아닉Oceanic이라는 회사의 주식이 가격 면에서 합격점수를 받아 최종적으로 선택했다. 행운을 기대하며 곡물이나 석탄을 선적할 배에 우리의 믿음과 동호회 자금 전부를 몽땅 걸었던 것이다. 주사위는 던져졌다.

며칠 후 주식시장은 혼란에 빠졌다. 새로 부임한 재무장관이 인플레이션과의 전쟁을 시작했기 때문이다. 높은 생계비에 대한 공격은 사치산업뿐만 아니라 행상인들까지 위협하면서, 그 여파가 고스란히 주가에 반영된 것이다. 이에 오세아닉의 주가는 끝없이 떨어졌으며, 곧 은행에서 예치금을 올리라는 독촉장이 날아들었다. 하지만 그런 돈을 어디서 구한단 말인가? 다행히 착한 사촌 여동생이 나의 감언이설에 속아 저금통장을 해약한 덕분에 급한 불은 끌 수 있었다. 행운을 기원하는 두 번째 주사위가 던져진 셈이다.

우리로서는 천만다행으로 얼마 가지 않아 하락장세가 다시 역전되었다. 이 싸움에서 패한 재무장관은 정신이상을 일으켜 정신병원에 입원하고 말았으며, 정치 일선에서 물러난 다음에까지도 두고두고 세인의 조롱거리가 되었다. 다시 강세장이 시작되자 오세아닉의 주식도 시세가 회복되었다. 그리고 그토록 열망하던 10권으로 구성된 브로크하우스 전집은 물론 대영백과사전까지 우리의 가시권에 들어왔다. 모든 것이 순조롭게 진행되었다. 하지만 우리는 투자대상을 선정할 때 약간의 실수를 범했다. 금융세계와의 첫 번째 만남이 끝난 며칠 후에야 나는 오세아닉이 해운회사가 아니라 통조림회사라는 사실을 알게 되었다.

나는 이 경험으로 확실한 교훈을 얻었다. 주식투자로 돈을 벌고자 할 때 반드시 정보가 좋아야 하는 것은 아니라는 것을 말이다. 비교적 어린 나이에 습득한 이 교훈은 나중에 인생에서 두고두고 빛을 발하게 된다.

내부정보에 의한 투자와
관련한 경험담들

Kostolanys beste
Geldgeschichten

| 취리히에서 걸려온 전화

몇 년 전에 오랜 친구가 흥분한 목소리로 전화를 걸어온 적이
있다. 취리히 출신의 에른스트 갈Ernst Gall이라는 그 친구는 대형은행
인 율리우스 베어 앤드 컴퍼니Julius Bär & Co.의 초대 지배인이자 주식
거래 담당이었다. 그는 전화로 '세인트 모리츠St.Moritz 주식'을 사두면
좋을 것이라고 말했다.

"그 이유가 뭔데?"

"무조건이야. 무조건 오르게 되어 있다고."

당시에 세인트 모리츠의 주식가격은 40프랑에 육박해 있었다.
비록 그 이유를 구체적으로 설명해주지는 않았지만, 나는 친구의
들뜬 목소리에서 그가 얼마나 확신하고 있는지를 짐작할 수 있었
다. 평소 그는 탁월하고 완벽한 투자의 대가로서 내게 많은 도움을
준 믿음직한 동료였다. 나는 그의 말을 믿고 "민심은 천심"이라는

경구를 떠올리며 세인트 모리츠 주식을 162프랑에 샀다.

그러다가 전화를 끊자마자 불현듯 그 회사의 실질적인 책임자가 바로 나와 막역한 사이라는 사실이 떠올랐다. 내가 종종 투자에 대한 조언을 해주곤 했던 조지 헤레일George Hereil이라는 인물로서 남부 항공산업단체의 총수이자 카라벨Caravell의 창립자이며, 나중에는 심카SIMCA의 회장과 크라이슬러의 부회장을 맡았다. 이 내부정보를 어떻게 생각하는지 묻자 그는 실로 충격적인 말을 했다.

"취리히 주식시장의 시세는 온통 잘못된 것입니다. 장부가액이 40프랑에도 못 미치고 배당금을 지급해줄 가망성이 전혀 없는 것들이죠. 무모한 투기행위가 주가를 그렇게 높이 끌어올린 것입니다. 취리히 사람들은 제정신이 아니에요. 주식을 그 가격에 매도할 수는 있지만 매수해서는 절대로 안됩니다."

그의 말투가 하도 강경해서 나는 그 문제를 다시 곰곰이 생각해보았다. 주가가 지나치게 올랐다는 회장의 말이 틀리지 않았다는 것은 분명히 알 수 있었다. 하지만 주식투자에서 바보짓을 하는 데는 한계가 없다는 사실을 다시 한 번 확인하고 나는 내 의지를 관철시켜나가기로 결심했다. 나는 율리어스 베어 앤드 컴퍼니에 몸담고 있던 친구와 다시 통화하기 위해 초조하게 다음 날을 기다렸다.

"자네는 겁쟁이로군. 더 이상 주식을 사지 않았다니 말일세."

힐난하는 듯한 목소리가 수화기에서 흘러나왔다.

"세인트 모리츠 주식은 오늘 벌써 165프랑으로 뛰어올랐어."

비록 내가 평소에 높이 평가하는 친구이긴 하지만 은행가에게 훈계하는 것은 재미있는 일이었다. 나는 헤레일 회장이 들려준 이야기와 내가 느낀 바를 한마디도 빠짐없이 그대로 그에게 전해주었다. 그러자 이번에는 흥분한 목소리가 수화기 너머로 들려왔다.

"우린 어떻게 해야 하지? 코스톨라니, 자네는 팔 생각인가?"

"우리가 어떻게 해야 하냐고? 내게 다시 세인트 모리츠 주식을 사주게나."

잠시 침묵이 흘렀다. 고개를 갸웃하며 뭔가 골똘히 생각하는 친구의 모습이 눈앞에 그려졌다. 나는 덧붙여 이렇게 말했다.

"탁월한 분석과 내부정보에 내가 어떤 의미를 부여하는지 자네에게 알려주고 싶었을 뿐이야. 비록 그것이 회장에게서 나온 정보라도 말일세."

다음 날 나는 단골카페에서 모여 앉은 친구들에게 그 황당한 결정에 대해 설명했다. 말하자면 그들이 이 에피소드의 증인인 셈이었다. 그 후 나는 그 일을 깡그리 잊었다. 몇 달이 지나고 나서야 〈뉴욕타임스〉에서 이제 막 1,200프랑에서 1,400프랑으로 껑충 뛰어오른 세인트 모리츠의 주가변동에 관한 기사를 읽었다. 나는 취리히의 친구에게 다시 전화를 걸어 내 소유의 세인트 모리츠 주식을 모두 팔아달라고 주문했다.

그가 일을 마무리했다고 전화로 알려왔을 때 나는 농담으로 이렇게 물어보았다. "여보게, 내가 괜찮은 정보를 알려준 셈인가?" 그는 기분이 상한 듯 대답했다. "자네, 왜 이러나? 나도 그 정도 안목은 갖고 있었다고!" 하긴 그 말이 틀린 것도 아니었다.

세인트 모리츠의 주가는 그 후로도 얼마간 상승하다가 주식시장에서 사라졌다. 영국 기업인 보워터Bowater가 높은 가격으로 인수했던 것이다. 얼마 후 나는 헤레일 회장과 그 사건에 대해 환담을 나누었는데, 그 자리에서 둘 다 파안대소했다.

헤레일 회장은 보워터 사의 음흉한 합병계획을 그때까지 모르고 있다가 그 자리에서야 확인했다. 그의 탁월한 회계분석은 전적으로 옳은 것이었지만, 분석가는 생각하고 투자자는 운영하는 법이다. 회화에서와 마찬가지로 주식투자에서도 초현실주의에 대한 이해가 필요하다. 머리가 아래에 있고 다리가 위에 있더라도 피카소의 그림은 수많은 사람들로부터 찬사를 받고 있으며 고가에 거래되고 있지 않은가? 나는 잘못된 정보를 무시하고 세인트 모리츠 주식을 산 것이 아니라 오히려 그 정보 때문에 샀던 것이다.

가끔 과학적 정확성을 내세우면서 일하는 분석가를 보면 나는 이 재미있는 모험을 떠올린다. 사람들은 컴퓨터로 분석하고, 컴퍼스와 자로 선을 그리고, 계산을 하고, 미래의 주가변동을 알아내기 위해 곱하기 나누기 빼기를 한다. 하지만 이토록 번거로운 일을 해서 과연 얼마만큼의 성과를 거둘 수 있을까?

| 장크트모리츠의 팔레스 호텔

나는 어떤 도시에 가면 택시기사를 최초의 정보원으로 삼는다. 목적지까지 가는 동안 수입이 얼마나 되고 생활비는 얼마나 들며 물가는 얼마나 높은지, 또 국내의 정치와 국제적인 사건에 대해 어떻게 생각하는지 등을 꼬치꼬치 물어본다. 그리고 하루 종일 우연히 만나는 사람들을 대상으로 이와 비슷한 질문을 던진다.

나는 매일 아침 7시에 라디오를 켜놓고 여러 나라(공산주의 국가

내부정보에 의한 투자와 관련한 경험담들

도 포함)의 뉴스를 듣는데, 같은 사건이라도 제각각 다른 해석을 내놓기 때문이다. 신문이야 두말할 나위도 없이 필수적인 정보원이다. 나는 신문을 읽을 때 내게 가장 중요한 정보를 즉각 찾아내는 나만의 독법(讀法)을 활용한다. 사실 신문에서 내 관심을 끄는 것은 주식시세가 아니라 오히려 다른 뉴스들이다. 왜냐하면 현재의 주가는 앞서 언급했듯이 이미 과거의 일이지만, 일반적인 정보는 경우에 따라 미래의 주가가 될 수 있기 때문이다.

주식시장에서는 정보가 오히려 독으로 작용하는 경우가 비일비재하다. '정보를 얻었다'는 것은 종종 '망했다'는 것을 의미하기도 한다. 1930년대 초 스위스의 장크트모리츠에서 겨울을 보내고 있을 때의 일이다. 당시 장크트모리츠는 부와 호화로움의 대명사였다. 큰 홀과 바와 그릴을 갖춘 팔레스 호텔 역시 도시의 화려함에 한몫을 했다. 그곳은 세계 각처에서 몰려든 금융계의 거물들과 유명한 플레이보이들, 그리고 여타 유명인사들의 집합 장소였다.

독자들은 이처럼 일반인들이 접근하기 어려운 배타적인 집단 속에서 내가 무엇을 했는지 궁금할지도 모르겠다. 나는 그곳에서 관찰자로 머물면서 세계시민적인 생활방식 속에서 나의 증권 공부를 마쳤다. 그리고 그를 통해 오늘날까지도 유용한 삶의 체험을 얻을 수 있었다.

그러나 이 작지만 멋진 세계는 마치 연기처럼 과거 속으로 사라져 버렸다. 만약 내가 다시 팔레스 호텔의 그 홀을 거닌다면, 마치 어제 일처럼 당시의 인물들이 생생하게 되살아날 것만 같다. 한쪽 구석 자리에는 자동차왕 앙드레 시트로엥André Citroen이 보인다. 당시 그는 파산 직전이었다. 옆 좌석에는 로열 더치 셸 콘체른Royal Dutch Shell Konzern의 대표 헨리 데터딩Henry Deterding이 앉아 있고, 그 옆에는 경쟁사인 스탠더드 오일Standard Oil Co.의 회장 월터 티글Walter C. Teagle이 만찬을 즐기고 있다. 석유업계의 두 거물은 오늘날 석유수출기구OPEC 회원국들이 그러하듯 해마다 이곳에서 만나 유가와 시장상황 등에 대해 상의했다. 거기서 두어 걸음 떨어진 곳에는 세계적인 화가 키스 반 동겐Kees van Dongen과 찰리 채플린Charles S. Chaplin의 모습도 보인다. 나와 동향인 아르밧 플레쉬Arpad Plesch 박사도 빠질 수 없다. 그는 노련한 투자자이자 금 관련 채권 분야의 최고 권위자였다.

반대쪽에는 당대 최고로 영향력이 있었던 은행가인, 암스테르담에 있는 멘델스존Mendelssohn & Co. 은행의 수장 프리츠 만하이머Fritz Mannheimer 박사가 자신의 전용 안락의자에 앉아 생각에 잠겨 있다. 독일 슈투트가르트 출신인 그는 제1차 세계대전 이후 암스테르담에서 은행 외환거래 담당자로 출발하여 라이히스방크Reichsbank[9]의 대리자로 근무했고, 라이히스마르크Reichsmark[10]의 시세를 안정시키는 임무를 맡았다. 하지만 그는 라이히스마르크보다는 자신의 이익을 위해 큰 성공을 거두었다. 라이히스마르크의 가치는 완전히 밑바닥으로 떨어졌지만 만하이머 박사는 막대한 재력을 형성했으니 말이다. 그는 그렇게 벌어들인 돈으로 베를린 멘델스존 은행의 네덜란드 지사를 설립했고, 나중에는 프랑스와 벨기에의 중앙은행에서 활

---

9 독일 제국 성립 때부터 제2차 세계대전이 종료될 때까지 존속했던 독일의 중앙은행.
10 1924~1948년의 독일 통화 단위.

내부정보에 의한 투자와 관련한 경험담들

동하기도 했다. 그는 당시에 아주 중요한 금융권을 형성했던 암스테르담에서 마치 황제처럼 행동했으며, 내게도 상당한 영향을 끼친 사람이었다. 그 오만한 땅딸보는 자신이 가진 힘과 가치를 제대로 알고 있었다.

나는 사립탐정처럼 팔레스 호텔에서 펼쳐지는 재미있는 쇼를 관찰하면서, 등장인물들의 행동과 얼굴 생김새를 분석하고 그들의 대화에 귀를 기울였다. 그들은 물론 날씨 따위에 관해서는 입도 떼지 않았다.

그런데 아주 우연히, 내 호기심을 충족시키는 사건이 발생했다. 어느 날 저녁이었다. 호텔 보이가 전보 한 통을 내 방으로 가져다주었다. 급히 열어보니 그것은 수백만 굴덴Gulden에 해당하는 로열 더치 셸의 주식을 전 세계 시장에서 매수하라는 주문이 맞는지를 확인하는 내용을 담고 있었다.

나는 어찌된 영문인지 몰라 전보를 뒤집어보았다. 알고 보니 만하이머 박사에게 갈 전보가 내게 잘못 배달된 것이었다. 팔레스 호텔에서 이런 실수를 하다니! 내 방은 만하이머 박사가 묵고 있던 특실과 정반대 방향인 북쪽 편에 있었다. 수십 년이 지난 지금까지도 그때의 충격이 생생하다. 나는 마치 신들의 비밀을 엿든기라도 한 것 같았다. 그보다 며칠 전 한쪽 구석에서 헨리 경이 만하이머 박사와 진지하게 대화를 나누던 장면이 떠올랐다. 내가 보기에 그들은 로열 터치 셸에 대해 뭔가 특별한 일을 꾸미고 있었던 게 분명했지만, 상세한 내막이야 알 길이 없었다.

나는 호텔 보이를 불러 은밀하게 전보를 돌려보낸 후 혼란스러운 머릿속을 정리하려고 애썼다. 당시 나는 약세장 투자자였다(사실 팔레스 호텔에 머문 것도 바로 그 때문이었다). 나는 경제적으로나 정치적으로나 비관론자였으며, 그런 강세장 정보는 잘 받아들이지 않았다. 시장 또한 약세였다. 그렇지만 우연히 굴러들어온 정보를 어찌 그대로 지나칠 수 있겠는가? 일생 동안 두 번 다시 돌아오지 않을 것 같은 그 절호의 기회를 말이다! 그런 내부정보라면 당연히 따라야 했고, 나 역시 그것을 따랐다. 나는 로열 더치 셸 주식을 샀다. 그런데 그때부터 시세가 떨어지기 시작하더니, 급기야는 매수가격의 3분의 1까지 내려갔다. 내부정보를 믿고 투자했다가 모두 날려버린 것이다.

나는 그때 두 사람이 팔레스 호텔에서 이야기했던 내용이 무엇이었는지 결코 알아낼 수 없었다. 단지 1939년 가을에 만하이머 박사의 증권계좌가 막대한 빚더미에 올라 앉았다는 무성한 소문과 함께 암스테르담의 멘델스존 은행이 파산했다는 소식만 접할 수 있었다. 여하튼 그 경험 덕분에 나는 나름대로의 결론을 이끌어낼 수 있었다. 금융계의 거물도 별 볼일 없는 투자자가 될 수 있고, 동계스포츠 시즌에도 주식시장과 관련한 값진 교훈을 얻을 수 있다는 것을 말이다.

내 절친한 친구인 애드리언 페큐엘Adrian Perquel이 점심을 먹으면서 이런 이야기를 들려준 적이 있다. 세계 최정상급 석유회사 가운데 하나인 프랑세즈 드 페트롤Fransaise de Petrol의 회장과 만나 대화를 나눴는데, 당시 1만 프랑이던 프랑세즈 드 페트롤의 주가가 심하게 과대평가되었다고 주장했다는 것이다. 그때 나는 그 회사의 주식을 많이 가지고 있었는데, 친구의 말을 듣고 그다음 개장 때 모두 팔아 버렸다. 그런데 웬걸, 그 후 몇 달 동안 프랑세즈 주가는 6만 프랑까지 치솟았다. 내부정보라는 게 다 그런 식이었다.

그런 일이 다시 일어난다 해도 나는 또 그럴 수밖에 없을 것이다. 재력가들이 의도적으로 잘못된 정보나 의견을 유포하는 경우도 있다. 다음 이야기가 그 대표적인 사례라 할 수 있겠다.

언젠가 파리 증권거래소에 상장된 몇몇 기업들을 관리하는 프랑스 유명 금융그룹의 L회장이 내게 장기적인 관점에서 볼 때 허친슨Hutchinson 주식이 낙관적이라는 이야기를 은근슬쩍 흘렸다. 해당 회사가 신규자본을 조달하고 전면적으로 구조조정을 했다고 설명하면서, 아직 매수할 필요는 없으며 때가 되면 다시 알려주겠다는 말도 덧붙였다.

나는 파리 증권거래소의 내 중개인에게 허치슨 주식이 시장에서 어떻게 평가되고 있느냐고 물어보았다. 그가 알려준 정보는, 얼마 전에 250에서 60으로 떨어졌고 현재 관심을 갖는 사람은 아무도 없으며, 시장에서 유일한 구매자는 바닥시세에서 사들인 L그룹밖에 없다는 것이었다.

우습게도 나는 내게 정보를 준 그 재력가가 아직 그 주식을 사지 말라고 한 말을 의아하게 여겼다. 그리고는 오랜 경험에서 우러나온 직감으로 곧장 그 주식을 매수했다. 며칠 뒤 상승세 움직임이 시작되어 주가가 300에 이르고, 나중에 다른 회사로 넘어간 후에는 400까지 뛰었다. 내가 얻은 내부정보는 아직 시기가 아니므로 매수할 시점을 알려줄 때까지 사지 말라는 것이었다. 그런데 그 사이에 그룹 자체는 주식을 사들였던 것이다. 사라는 신호는 주가가 300을 넘어섰을 때에야 왔다.

이 사건에서도 알 수 있듯이, 내부정보에 관해서는 저마다 독자적인 판단을 할 수 있어야 실패를 줄일 수 있다.

| 탄넨바움 주식

주식투자에서 정확한 정보가 어떤 의미가 있는지 다음에 소개하는 재미있는 이야기를 통해 확인해보자.

제2차 세계대전이 한창이던 때 뉴욕에서 일어났던 일이다. 평소 잘 알고 지내던 여성이 어느 날 한 중개인 사무실에서 흥분된 목소리로 내게 전화를 걸어왔다. 그녀는 뭔가 실속 있는 정보를 얻기 위해 증권사들을 전전하며 시간을 보내고 있었는데, 한 몫 잡아 새로운 밍크코트나 팔찌 등으로 치장하려는 속셈이었다. 그녀는 몇 년 전부터 내게 조언을 구해오던 터였다.

그런데 놀랍게도 이번에는 내게 조언을 구하는 것이 아니라 반대로 그녀가 '아주 유용한 정보'를 갖고 있었다. 그녀는 흥분에 들뜬 목소리로 그야말로 환상적인 정보를 얻었다고 운을 떼었다. 뉴욕 5번가의 한 근사한 중개인 사무소에서 우연히(내가 보기에는 의도적인 것이었지만) 두 명의 고위급 금융업자들의 대화를 엿들었는데, '탄넨바움Tannenbaum'이란 주식에 관한 내용이었다고 한다. 그 회사는 위기의 순간을 무사히 넘겼을 뿐만 아니라 C교수의 견해에 따르면 확실한 회복단계로 접어들었다는 것이다. 또한 그 두 사람의 대화에서 앞으로 몇 주 동안 낙관적인 상황이 전개될 것으로 전망하더라

내부정보에 의한 투자와 관련한 경험담들

고 말했다.

　그녀는 내게 그 회사의 주식을 내 중개인을 통해 사달라고 부탁했다. 비밀누설죄로 체포되거나 곤란한 입장에 처하는 것을 피하기 위해 자신의 전담 중개인(대화를 엿들은 곳도 바로 그 중개인 사무소였다)에게 주문을 내지 않았던 것이다. 그녀는 자신이 전해준 내부정보가 내게도 이익을 가져다줄 것이라고 재차 강조했다.

　나는 그녀가 원하는 대로 해줄 준비를 하면서 〈뉴욕타임스〉와 〈월스트리트저널〉에서 '탄넨바움' 주식을 찾아보았으나 헛수고였다. 한참 후에 중개인 친구의 도움으로 비상장주식 카탈로그에서 유사한 이름을 발견했는데, 탄넨바움이 아니라 '탄넨베르크 회사 Tannenberg Company'였다. 이곳은 군수산업과 관련한 부품을 생산하는 소규모 회사로서, 한때 30달러까지 나가던 주가가 점차 떨어져 지금은 약 5달러 수준에 머물고 있었다. 어려운 상황도 있었지만 지금은 위기를 벗어나, 그녀가 그 중개인 사무실에서 들었던 대로 천천히 회복해가는 중이었다.

　'경영상황이 악화되었다가 다시 좋아진' 회사는 언제나 투자자들의 큰 관심대상이다. 무엇보다도 회사 정황이 두 전문가가 이야기했던 내용과 정확히 맞아 떨어졌다. 나는 이 모든 사실을 그녀에게 알려주었다. 그녀는 자신의 착오를 인정하면서 '탄넨바움'이 아니라 '탄넨베르크'라고 확인해줬다. 그리고는 탄넨베르크 주식을 매수해달라고 주문을 수정했다.

　나는 순순히 그녀의 요구에 따랐지만 뭔가가 자꾸만 마음에 걸렸다. 앞에서도 말했듯이 최고의 정보를 갖고서도 손해를 볼 수 있고, 또 나는 중개인들이 추천하는 것과 정반대로 행동하는 경향이 강했기 때문인지도 모른다. 그래서 나는 그 멋진 주식을 단 한 주도 사지 않았다. 그런데 이게 웬일인가! 몇 주일이 지나자 그 주식의 시세가 30달러로 뛰어올랐다. 나는 화병이 났고, 그녀는 환호성을 질렀다. 그녀는 새로운 밍크코트로 치장했으며, 나를 초대한 파티에서 그렇게 좋은 정보를 무시했다며 핀잔까지 주었다. 그 상황에서 내가 무슨 말을 할 수 있었겠는가? 세상에는 원칙을 가진 사람도 있고 그렇지 않은 사람도 있는 것이다.

그럼에도 나는 호기심이 발동하여 탄넨베르크가 도대체 어떤 회사인지 자세히 알아봤다. 오랜 조사 끝에 드러난 내막은 그야말로 한 편의 코미디였다. 그녀가 들었던 내용은 틀린 게 아니었다. 처음 들은 그대로 탄넨베르크가 아니라 탄넨바움이었는데, 사실 그건 주식이 아니라 고령으로 중병에 걸린 요제프 탄넨바움[Joseph L. Tannenbaum]이라는 사람을 지칭한 것이었다. 그는 몇 주일 전부터 병세가 깊어 생사가 오락가락하는 상태였다. 두 전문가는 그의 건강상태에 관해 대화를 나누고 있었는데, 마침내 고비를 넘겨 C교수가 그의 회복을 예상한다고 말한 것이었다.

탄넨바움 씨는 교수의 낙관적인 판단에도 불구하고 몇 달 동안 더 병석에 누워 지내다가 사망했다. 이처럼 터무니없는, 그러나 결과적으로는 좋은 정보를 제대로 활용하지 못한 나 자신에게 분통이 터졌다. 만약 이 기상천외한 오해를 짐작만이라도 했더라면 나는 틀림없이 그 엉터리 내부정보에 편승했을 것이다. 왜냐하면 나에게 들어온 정보가 애초부터 잘못된 것이라면, 잘못된 '잘못된 정

내부정보에 의한 투자와 관련한 경험담들

보' 는 옳을 수밖에 없기 때문이다. 마이너스 곱하기 마이너스는 플러스가 되니까 말이다.

| 왕자를 믿을 지어다!

언젠가 나는 믿을 수 있는 내부정보란 게 진짜로 존재하느냐는 질문을 받은 적이 있다. 그에 대한 답변으로 두 가지 사례를 설명하려 한다.

젊은 시절 한 때 나는 어느 금융사의 직원으로 근무한 적이 있었는데, 고객 중에 시니어 빙겐Senior Bingen이라는 사람이 있었다. 그는 전직 은행원으로 프랑스의 천재적인 자동차 사업가 앙드레 시트로앵의 장인이기도 했다. 그는 우리 회사를 통해 시트로앵 주식을 계속 구매했는데, 비록 속도는 느렸으나 주가는 연일 상승세를 탔다. 곧 최고가를 기록할 게 분명해 보였다. 그만큼 시트로앵 주식에 관해 잘 알 수 있는 사람이 과연 몇이나 될까? 그를 믿고 나도 그 주식에 소규모로 투자했다. 그런데 도저히 믿을 수 없는 일이 발생했다. 불과 얼마 전까지만 해도 50프랑의 배당금을 지급하던 시트로앵이 6개월 후에 도산하고 만 것이다. 그때부터 그 회사는 만기가 돌아온 어음들을 단 한 번도 막아내지 못했다.

엄밀히 말해 내부정보는 아니었지만 큰 틀에서 보면 비슷비슷했다. 회사는 파산하고 앙드레 시트로앵은 빈털터리로 세상을 떠났다. 나중에 알게 된 사실이지만 회사가 도산한 것을 회사나 제품의 질이 아니라 최고경영자의 개인적인 성향과 관련된 문제였다. 앙드레 시트로앵은 상상력이 풍부하고 낙천적인 사람으로 여러 은행과 신용거래를 하고 있었다. 하지만 불행히도 채권자를 잘못 선택했다(나는 종종 채무자가 좋은 채권자를 만나는 것이 채권자가 좋은 채무자를 만나는 것보다 더 중요하다는 사실을 확인하곤 한다). 그는 또한 광적인 도박꾼으로 거의 주말마다 프랑스 북부 해변 휴양지인 도빌에서 큰 판돈이 걸린 바카라 게임을 벌였다. 그런데 채권자인 두 개의 대형 민영은행이 그 사실을 포착하고, 아무런 사전통보 없이 어느 날 갑자기 대출을 중단하면서 원금상환을 독촉하고 나섰던 것이다.

아무리 최고경영자의 장인이라고 해도 그런 사태까지 예견할 수는 없었다. 더군다나 자신의 사위를 무한히 신뢰해오던 터였다. 그러니 나로서는 꼼짝없이 당할 수밖에! 내가 투자한 돈은 몽땅 날아가버렸다.

70년에 이르는 나의 주식인생에서 내부정보를 이용하여 돈을 번 것은 겨우 네 번 밖에 없다. 그중 두 번은 정보가 가리키는 대로, 나머지 두 번은 정보와는 정반대로 투자함으로써 얻은 결과였다. 물론 내부정보를 통해 돈을 잃은 경우는 셀 수도 없이 많다.

언젠가 나는 내부정보를 통해, 아니 좀 더 정확히 말해 내 스스로 마련한 정보를 이용하여 큰 손실을 피한 적이 있다. 제2차 세계대전이 한창 진행 중일 때였다. 그때 나는 뉴욕에 머물며 유럽의 정부채권, 그중에서도 특히 채무국이 독일군에게 점령당한 경우의 채권에 관심을 두고 있었다.

당시 뉴욕증시에서 거래되고 있던 덴마크 왕국의 채권도 그런 경우였다. 이자쿠폰은 지불되었지만 곧 만기가 도래하는 원금상환이 문제였다. '변제하느냐 마느냐'는 오로지 덴마크 정부의 의지에 달려 있었다. 내가 주목한 것은 6%의 이자가 약속된 채권으로, 당시에는 액면가의 60%로 할인되어 유통되고 있었지만 정상적이라면 6개월 후에는 액면가 그대로 상환되어야 할 터였다. 양질의 국채가 그처럼 비정상적인 가격으로 평가절하된다는 것은 평상시라면 상상도 할 수 없었다. 더군다나 채무 주체인 덴마크 정부는 몇몇 미국 은행에 엄청난 액수의 달러를 예치해두고 있었다.

나는 이미 그 채권을 30:40 시세로 꽤 많이 구매해놓고 있었다. 가격이 서서히 오르고 있고 또 몇 달 후면 은행창구로 달려가 액면가대로 돌려받기만 하면 되는 상황에서 굳이 60:70이라는 조건으로 팔아치울 이유는 전혀 없었다. 금융세계에서는 모든 것이 가능하며, 투자자의 식욕은 한계가 없는 법이다.

당시 나에게는 든든한 지원군이 있었는데, 얼마 전에 사망한 황녀 지타Zita의 남동생이자 덴마크 국왕의 사위였던 르네 부르봉 파르마Rene de Bourbon Parma였다. 그에게 두둑한 사례금을 약속하고 한 가지 제안을 하자 흔쾌히 수락했다. 나는 그에게 워싱턴으로 날아가서 그와 친분이 두터운 덴마크 대사에게 문제의 채권이 1941년 12월 1일에 지불되는지 알아봐 달라고 부탁했다.

며칠 후 정확한 날짜의 정확한 시간에 워싱턴으로부터 전화가 걸려왔다(시간엄수는 왕가의 필수예절이었다). 수화기를 타고 왕자의 짤막한 대답이 흘러나왔다. "채권은 지불되지 않는답니다!" 덴마크 정부가 악의로 의도적인 지불유예를 결정하지는 않았을 것 같았다. 물론 그 정도의 액수라면 미국 은행들에 예치해둔 돈으로 충분히 해결이 가능하겠지만, 그렇다고 국고를 바닥낼 수는 없는 노릇이 아니겠는가? 당시 시장에서 유통되고는 있었지만 만기가 그보다 늦은 채권들은 이자조차 지불되지 않고 있었다. 반면에 6% 이율의 채권의 경우 이자는 계속 지불되었지만 문제는 원금상환이었다.

운이 좋게도 나는 아주 좋은 가격으로 내 채권을 처분할 수 있었다. 만기를 한달 앞둔 시점에서 시세가 갑자기 고공행진을 벌이더니 급기야는 90선까지 돌파했던 것이다. 나는 거기서 만족하지 않고 해당 채권을 과감히 공매도했다. 그런데 뜻밖에도 상승세가 계속 이어졌다. 나는 놀란 마음에 왕자를 의심하기까지 했다. 하지만 그런 추세는 오래가지는 않았다. 어느 날 아침 〈뉴욕타임스〉에 대문짝만한 광고가 실렸다. "덴마크 정부는 무거운 마음으로 채무자 여러분에게 안타까운 소식을 전할 수밖에 없습니다. 우리 정부는…." 나머지는 정확히 왕자에게 전해들은 그대로였다. 채권가격은 액면가의 40%로 곤두박질쳤고 나의 내부정보는 승리의 월계관을 썼다.

그 사건 이후로 나는 다윗 시편 143장 3절에 나오는 "왕자를 믿지 말지어다!"라는 구절을 더 이상 신뢰하지 않게 되었다.

벨벳 위의
게임

| 주말 투기

내부정보에 의한 투자의 좀 더 확실한 변형이 이른바 '벨벳 위의 게임Das Spielen auf dem Samt'이다. 이것은 유리한 위치에서 벌이는 투자를 의미한다. 다시 말해 정보를 가진 쪽이 주도권을 쥐고 자신이 바라는 대로 상황이 전개되도록 영향력을 행사할 수 있다는 것이다. 다음에 제시하는 세 가지 역사적인 사건들에서 '벨벳 위의 게임'의 전형적인 예를 찾을 수 있다.

연중 주말은 대략 52일이다. 또한 주말마다 그 의미가 사뭇 다르다. 사람마다 각자 주말에 자기만의 고유한 의미를 부여한다는 말이다. 골프를 치거나 스키를 즐기는 사람이 있는가 하면, 집에서 정원을 손질하면서 시간을 보내는 사람도 있다. 혹은 일확천금을 노리면서 주말을 보내는 사람도 있다. 이 부류에 속한 사람들은 자유로운 이틀이 지난 후에 전개될 정치적인 대형 사건, 특히 경제와 관련된 사건에 투자를 한다.

보통 정부는 이를테면 통화긴축과 같은 대규모 금융정책을 결정할 경우 상인, 은행원, 자산가 등이 한가하게 보내는 주말의 48시간을 활용한다. 주말 투자자들이 왕성하게 활동한 시절도 있었다. 그들은 다음 주 월요일에 가치가 하락하면 훨씬 싼 가격으로 되살 수 있다는 계산으로, 금요일 저녁마다 화요일 인도조건으로 현재 가지고 있지도 않은 특정 통화를 매도하곤 했다. 만약 예상이 빗나가도 용돈에 불과한 아주 적은 돈을 잃었다.

사실 그것은 그들이 비밀리에 노리고 있는 대규모 거래에 비하면 그야말로 푼돈에 불과했다. 엄청난 금액이 투입되기 때문에 30~40%의 등락에도 큰 이익을 챙길 수 있었으니까 말이다. 예상이 빗나갔을 때 입는 최소한의 손실에 비해 기대되는 이익은 상대적으로 너무나 컸기 때문에, 그토록 기를 쓰고 매달렸던 것이다. 주말 투자자들은 대규모 작전이 먹혀들 때까지 자주, 그리고 꾸준히 비슷한 형태의 투자를 반복했다. 물론 그들의 작전은 여러 번 성공을 거두기도 했지만, 그에 못지않게 여러 번 실패하기도 했다. 다음 이야기는 나도 참여하여 운 좋게 약간의 이익을 챙길 수 있었던 또 다른 실례이다. 이를 통해 주말에 어떤 일들이 일어날 수 있는지를 조명해보도록 하겠다.

1931년 9월 19일부터 9월 21일까지의 기간은 세계증권 역사상 하나의 이정표가 되는 가장 유명한 주말이었다. 우연히도 이 주말은 유대인들의 가장 큰 축제인 욤 키푸르^{Yom Kippur}[11]와 겹쳤다. 이 기간에 영국정부가 대영제국의 금본위제도를 포기한다고 발표했다.

발표의 여파로 국제 금융시장에서 영국 파운드화 가치가 40%로 급락했다. 이번에도 가장 큰 타격을 입은 당사자는 상황판단에 실패한 외환거래상들이었다.

그들은 그 사건이 터지기 몇 달 전부터 스페인 페세타화의 폭락을 예상하고 투기를 해왔던 것이다. 당시 스페인은 꽤 오랫동안 극심한 혼돈 상태를 겪고 있었는데, 급기야 5년 후에는 좌익정당들과 프랑코 장군이 대치하는 내전으로 치닫게 된다. 그런 상황에서 페세타화의 시세하락은 불가피해 보였다. 적어도 투자자들과 통화 전문가들은 그렇게 생각했던 것이다.

예나 지금이나 특정 통화의 시세하락을 예상하여 투자하려면 또 다른 통화를 대상으로 한 선물거래로 해당 통화를 매도해야 한다. 이 경우 투자자는 당연히 그 '다른 통화'의 시세가 오를 것으로 예상한다. 따라서 이번 작전에서 다른 통화는 페세타화에 대비해 가치가 상승해야만 했다. 투자자들은 페세타화의 가치가 하락할 것으로 확신했기 때문에, 페세타화를 담보로 엄청난 양의 파운드화를 사들였던 것이다. 하지만 운명의 장난이었을까? 사랑하는 신이 칼날의 방향을 바꾸고 말았다. 페세타화의 가격하락은 몇 년 후의 일로 미루어진 반면에 파운드화의 가치는 하룻밤 사이에 바닥으로 추락하고 말았다. 당시 영국정부가 내린 결정의 세계사적 의미는 차치하고서라도, 그것이 투자자들에게 가한 타격은 그야말로 공포 그 자체였다. 이 엄청난 타격을 견디지 못하고 여러 개의 투자은

---

11 '속죄일'이라는 뜻으로 유대의 가장 엄숙한 종교 절기.

행들이 창구를 닫아야 했다.

하지만 속으로 회심의 미소를 짓는 제3의 인물이 있었다. 그는 영국 파운드화의 재앙에 힘입어 엄청난 부를 챙길 수 있었다. 다름 아닌 저 유명한 프랑스 총리 피에르 라발Pierre Laval[12]이었다. 그렇다면 피에르 라발은 도대체 어떤 작전을 진행시켰던 것일까?

미국이 1930년대의 대위기를 겪고 있는 동안 달러화의 국제적인 흐름에 일대 변화가 일어났다. 그때까지 달러화는 유럽으로 대량 유입되어 왔는데, 언제부턴가 그 양이 점차 줄어들더니 마침내는 흐름이 완전히 차단되고 말았다. 유럽의 달러보유고를 거의 고갈시킬 정도였으니 그 충격을 미루어 짐작할 수 있을 것이다. 저항력이 약한 나라일수록 더욱 치명적이었다. 유럽은 미국이라는 가장 큰 고객을 잃었다. 미국 은행들은 유럽에 자금을 지원할 여력이 없었으며, 미국 일반 대중의 구매력 또한 현저하게 떨어졌다.

이런 상황에서 가장 고통스러운 나라는 단연 영국이었다. 영국의 중앙은행 잉글랜드 은행Bank of England의 외환보유고는 바닥을 드러내고 있었으며, "잉글랜드 은행처럼 튼실하다"라는 유명한 관용구도 점차 그 의미가 퇴색되고 있었다. '스레니들가의 노부인'이라는 애칭을 갖고 있는 영국 중앙은행은 전통적으로 금보유고를 적게 유지해왔다. 그러다가 대규모 자금유출 사태가 벌어지자 당시 잉글랜드 은행의 총수였던 노먼 몬터규Norman Montagu는 직접 프랑스의 중

---

12 프랑스의 정치가로 1940년 독일 점령군에 협조했으며, 전쟁이 끝난 후 독일에 협력했다는 죄목으로 처형되었다.

앙은행Banque de France과 미국 중앙은행을 찾아가 도움을 요청했다. 하지만 잉글랜드 은행의 금고는 이미 밑 빠진 독이었다. 엎친 데 덮친 격으로 국제적인 투기꾼들이 파운드화 가치하락에 엄청난 돈을 걸었고, 금보유고는 이미 법적인 하한선 아래로 추락했다.

잉글랜드 은행은 다시 프랑스 은행에 손을 내밀었으며 이번에는 긍정적인 답변을 얻어냈다. 미국인들이 동참하면 발벗고 나서겠다는 것이었다. 더욱이 프랑스 은행 측에서도 수출과 관련하여 파운드화의 가치절하만은 무조건 막아야 할 상황이었기에 그럴 수밖에 없었다. 하지만 프랑스 단독으로는 역부족이었다.

라발은 이미 목요일 저녁에 미국인들이 영국의 구조요청을 거부할 것이라는 정보를 입수해놓고 있었다. 그러면 프랑스 정부도 발을 뺄 수밖에 없을 터이고, 결과는 불을 보듯 뻔했다. 영국은 파운드화 시세를 유지할 수 없었다. 영국은 불가피하게 파운드화를 금과 분리시켰으며, 세계시장에서 영국 통화의 가치는 40% 아래로 폭락했다. 주말이 오기 전 금요일의 단 몇 시간 동안에 라발은 대리인들을 통해 전 세계 증권거래소에서 선물거래로 영국 파운드화를 공매도했다. 영국 통화가 주인공으로 등장한 드라마인 '검은 주말'이 지나가자 라발은 하룻밤 사이에 백만장자 대열에 합류했다. 그가 번 돈은 수백만 달러에 달했다.

영국인들도 그런 상황에 대해 만족스러워 했다. 일시적인 것은 파운드화가 아니라 금이라고 확신했던 것이다. 심지어 제임스 램지 맥도널드James Ramsay MacDonald 총리는 공개석상에서 단호한 어조로 "파운드화가 20실링의 가치를 가지는 한 영국의 통화체계는 바뀐 게 전혀 없습니다"라고 말했다. 이에 뒤질세라 일간지인 〈데일리메일DailyMail〉이 "모든 것이 극히 정상이다. 마침내 파운드화가 금의 속박에서 벗어났다" 라는 제목의 기사를 여러 장에 걸쳐서 게재하며 홍보에 나서자, 다른 매체들도 연일 비슷한 취지의 발언을 쏟아냈다.

물론 그러한 환호에 조소를 보내는 경제학자나 투자 전문가도 있었다. 특히 프랑스의 금 예찬론자들은 라퐁텐La Fontaine의 여우와 신 포도 우화까지 들먹이며 빈정거림의 수위를 높였다. 하지만 내 판단에 따르면 이 사건의 경우 어느 날 여우는 포도를 손에 들고 실제로 신 맛이 난다는 사실을 확인해야 했다. 트로츠키Leo Trotzky는 자신의 저서 《유럽과 미국Europa und America》에서 파운드화의 평가절하를 영국의 쇠퇴를 입증하는 증거로 보았지만, 내 눈에는 오히려 정반대로 비쳤다.

사실 그것은 통화체계를 금으로부터 분리시키기 위해 내디딘 첫걸음이었다. 오래지 않아 통화체계는 금과 완전히 분리되고, 노란 금속은 평범한 상품이 되고 말았다. 이제는 누구나, 오랫동안 그것이 금지되어 왔던 미국에서조차도 원하기만 하면 자신의 금고에 금을 보관할 수 있게 되었다.

1980년대의 금사재기 열풍이 지나간 후 요즘은 정반대의 분위기가 감지된다. 다시 말해 모든 사람이 차츰 금에 대한 맹신으로부터 자유로워지는 것 같다. 비록 경제 전문가는 아니었지만 비스마르크Otto von Bismarck의 다음과 같은 지적은 이 문제에 대해 정곡을 찌른다. "정화준비正貨準備[13]는 두 사람이 함께 덮는 이불과 같다. 왜냐하면 서로 자기 쪽으로 이불을 끌어가기 때문이다." 주제넘다고 흉볼지 모르지만 나는 여기에 이렇게 덧붙이고 싶다. "금본위제도는 코르셋과 같다. 이것은 여성에게 아름다운 자태를 선사하는 반면에 활동의 자유를 빼앗기 때문이다."

다시 본론으로 돌아가보자. 간단히 말해 파운드화의 가치가 40%로 떨어졌다는 것은 제대로 짚은 투자자들에게는 엄청난 이익을, 반대로 파운드화의 강세를 예상한 외환거래상들에게는 끔찍한 재앙을 의미했다. 당시 암스테르담에 있던 수많은 투자회사들이 이 사건으로 치명타를 입고 파산했다. 원래는 독일회사였지만 암스테르담에 둥지를 틀고 있던 쇤베르거Schönberger가 대표적인 경우였다.

이와 관련하여 나만 알고 있는 에피소드 하나를 소개해보겠다. 열정적인 투자자인 오랜 친구 하나가 강세장을 예상하여 70만 파운드를 투자했다. 그는 네덜란드 굴덴화를 담보로 한 선물거래로 파운드화를 매수한 다음 파운드화와 굴덴화 사이의 이자차액으로 수익을 올리려고 3개월 단위로 계약을 계속 연장했다(이자차액은 연 4%였다). 이 방법은 오랫동안 중부 유럽 사람들이 암스테르담을 무대로 벌인 투자수법과 유사했다. 굴덴화와 라이히스마르크화 사이의 이자차익을 노린 거래가 그것이다(이 주제와 관련해서는 나중에 보다 상세히 다룰 것이다).

예리한 감각과 과감한 판단력을 겸비한 내 친구는 파운드화의 평가절하가 발표되기 며칠 전부터 뭔가 불길한 예감을 느꼈다. 그

---

13 중앙은행이 발행한 은행권을 바꿀 수 있도록 금이나 은화 등을 준비해 두는 일.

래서 그는 노련한 투자자라면 당연히 하는 조처로서 불과 몇 분만에 투자한 돈을 회수하기로 결심했다. 그는 곧바로 쉰베르거 사에 전화를 걸어 보유주식을 전량 매도해달라고 주문했다. 그 결과 거래처인 투자회사는 파산했지만 내 친구는 오랜 경험과 예리한 감각 덕분에 재앙을 면할 수 있었다. 내가 좌우명으로 삼고 있는 "나의 코가 곧 나의 성(내 코가 보물)"이라는 말이 얼마나 명구인지를 다시 확인할 수 있는 대목이다.

일반적으로 정보는 투자에 크게 도움이 되지 않는다는 게 나의 지론이지만, 라발의 파운드화 투기는 특별한 경우였다. 특정한 상황과 최고위층의 결정이 맞물렸을 뿐만 아니라, 이해당사자인 여러 정부들 중 한 나라의 수장까지 개입되었으니까 말이다. 이런 식의 조합은 그야말로 가뭄에 콩 나듯 아주 드문 일이다.

정부당국이나 재무장관의 공식적인 발표마저도 대중을 오도하는 것이거나 새빨간 거짓말일 수 있다. 불과 몇 주일 전에 영국의 재무장관 스타포드 크립스Stafford Cripps 경이 그와 관련한 풍문을 진지한 표정과 강한 어조로 부인했음에도 불구하고, 1949년 9월 17일에서 19일 주말에 전격적으로 두 번째 파운드화 평가절하가 단행되었다. 대부분의 은행가들과 투자자들로서는 전혀 예상치 못한 결정이었다. 영국 의회의 재무 분야 수장이라는 사람이 그처럼 어마어마한 거짓말로 국민을 우롱할 수 있으리라고 누가 상상이나 했겠는가? 하지만 아이러니하게도 재무장관의 거짓말 덕분에 나는 그 사건에서 이익을 챙긴 극소수의 사람에 속할 수 있었다. 투자세계에서는 종종 냉소주의가 빛을 발하기도 하는 것이다.

재담가들의 흥을 북돋아주려고 그랬는지 이번의 평가절하도 우연히 유대인들의 축제인 욤 키푸르 기간에 이루어졌다. "기독교인들은 정말이지 단 하루도 우리를 그냥 내버려두는 법이 없단 말이야." 증권거래소를 빗대어 유대인들이 주고받는 농담이다.

| 몬테네그로 왕 니키타의 약세장 투기

정치와 주식은 바늘과 실처럼 서로 얽혀 있어서, 정치적 비밀을 알게 되면 그것을 이용해 돈을 벌고 싶은 유혹이 따르게 마련이다. 예를 들어 현재 워싱턴에만 수백 명의 로비스트들이 활동하고 있다. 그들은 회사로부터 고액의 연봉을 받으며 정부의 고위 관료들로부터 티끌만한 정보라도 얻기 위해 동분서주하고 있다. 주로 룸살롱에서 이루어지는 사교모임에는 수백 명의 주식투자자들이 모여드는데 그들의 목적은 단 한 가지, 오직 정보를 얻기 위해서다. 다음날 아침이면 그들은 다시 정보를 찾아 또 다른 사무실들을 기웃거린다. 그러나 그들이 얻는 정보는 대부분 과장되었거나 엉터리이기 일쑤다.

돈을 벌려는 사람들은 속임수도 마다하지 않는다. 거부할 수 없는 어떤 힘이 사람들을 이윤을 남기는 곳으로 몰아간다. 투자 혹은 투기보다 더 쉬운 방법이 또 어디 있을까? 특히 엄지손가락을 한 번만 움직여 운명의 흐름을 뒤바꿀 수 있는 상황에서라면 무슨 말이 더 필요하랴.

목적이 수단을 정당화하는 곳이 투자세계다. 이곳에서는 통화조작, 무역협정, 온갖 종류의 규정, 국가적인 혹은 심지어 국제적인 결정사항, 살롱 첩보활동, 연애 스캔들, 아니 필요한 경우에는 무력 충돌도 이용 가능하다. 또한 놀랍긴 하지만 전쟁도 투자의 대상이 될 수 있다. 그러나 전쟁이 투자의 결과라면 누가 믿겠는가?

1912년 발칸반도를 무대로 일어났던 이야기다. 발칸반도는 인종, 국가, 종교가 모자이크처럼 서로 얽혀 있다. 당시 발칸반도 4개의 국가들은 공동의 적인 터키에 대항하여 동맹을 맺고 있었다. 기독교 국가인 그리스, 세르비아, 몬테네그로, 불가리아는 오토만 제국에 대항해 군사동맹을 맺고 있었던 것이다. 그러던 중 1912년에 드디어 포성이 울리게 된다. 아드리아 해의 소왕국 몬테네그로 왕에게 당시 투자는 곧 생존의 문제였다. 국고가 바닥난 지 이미 오래였던 것이다. 바로 이 몬테네그로 왕이 이야기의 주인공이다.

그는 그야말로 '용돈'을 마련하기 위해 기발한 방법을 찾아냈다. 당시 국가 간에는 포스트 클리어링Post Clearing 협약이 체결되어 있었다. 국제적인 우편환은 12개월 동안 장부에 기재해두었다가 연말에 일괄적으로 정산한다는 게 협약의 내용이었다. 니키타는 전 세계에 포진하고 있는 자신의 대리인들에게 자국에서 발행한 우편환을 보냈다. 그러면 외국의 우체국들은 우편환에 기재된 금액만큼 화폐로 계산한 다음 그 금액을 몬테네그로의 부채계좌에 기입해두었다. 그런 식으로 니키타의 대리인들은 각국에서 돈을 끌어모았다.

얼마 후 당시 몬테네그로 수도였던 체티네Cetinje의 우체국으로 각국에서 계산서가 쏟아져 들어오자, 니키타 왕은 체신부 장관을 통해 자국은 지불능력이 없다는 점을 통보하는 동시에 모라토리엄을 선언해버렸다. 그의 계략은 적중했다. 엄하기로 유명했던 황제

프란츠 요제프Franz Joseph마저 너그럽게 웃으며 어려움에 처한 동료가 오스트리아-헝가리 제국의 국영 우체국에 진 부채를 탕감해주었던 것이다.

나는 어릴 적에 니키타 왕과 관련된 수없이 많은 일화를 들었다. 그중 하나는 너무 동화 같아서 어린 나이에 들었음에도 불구하고 아직도 기억이 생생하다.

미국의 유명한 사업가였던 한 백만장자가 발칸반도를 여행하며 몬테네그로에 잠시 들렀다가, 니키타 왕의 초대로 성대한 만찬에 참석했다. 만찬이 끝난 후 왕과 손님은 왕궁 발코니로 나란히 걸어나갔다. 그러자 왕궁 앞 작은 광장에 모여 있던 시민들이 그들을 향해 환호성을 보냈다. 그 분위기에 감동을 받은 나머지 백만장자는 주머니에서 금화를 끄집어내어 군중 위로 뿌렸다. 그리고는 흡족한 미소를 지으며 왕을 향해 얼굴을 돌렸다. 그런데 옆에 있어야 할 왕의 모습이 보이지 않는 것이다. 한참을 이리저리 두리번거리고 있는데, 놀랍게도 왕이 군중들 틈바구니에서 금화를 줍고 있는 게 아닌가! 믿거나 말거나 한 이야기지만, 어쨌든 이 일화가 당시의 분위기를 잘 반영하고 있다는 점만은 분명하다.

니키타 왕은 좀 더 큰돈을 벌기 위해 다른 방법을 찾았다. 이번에는 주식투자였다. 그는 자신과 친분이 두터운 은행가들인 빈의 라이츠Reitz 형제와 파리-런던의 로젠베르크O. A. Rosenberg (나는 주식 초보자 시절이었던 1930년대에 그를 개인적으로 알게 되었다)에게 발칸반도에 얽힌 정치적인 비밀정보를 알려주었다. 서로 협력하여 앞으로 전개될 세계 증시의 추이를 이용해 큰돈을 벌어보자고 제의했다.

1912년 9월 어느 날 아침, 니키타 왕의 외아들인 다닐로 왕자(그는 헝가리 출신 작가 프란츠 레하르Franz Lehar의 오페레타 〈유쾌한 미망인Die lustige Witwe〉에 등장하는 남자 주인공의 실제 모델이었다)가 왕의 특사 자격으로 빈에 있는 라이츠 은행 문을 밀치고 들어섰다. 같은 날 아침, 또 다른 왕의 특사가 파리에 있는 로젠베르크의 사무실을 찾아가 동일한 소식을 전해주고 있었다. 왕의 편지에는 이렇게 적혀 있었다.

"터키와의 전쟁이 임박했음. 모조리 투매하고 공매도할 것!"

로젠베르크와 라이츠 형제는 왕과 자신들과 친구들의 명의로 전 유럽의 주식시장을 대상으로 대량의 투매와 공매도에 들어갔다. 그들은 빈, 프랑크푸르트, 파리, 런던의 증권거래소에서 세르비아, 터키, 불가리아를 포함한 여러 나라의 채권과 온갖 종류의 유가증권을 대상으로 투매했다. 심지어는 당시 파리와 상트페테르부르크 사이에서 거래가 활발하게 이루어지고 있던 러시아 유가증권에도 손을 댔다.

그 뒤로 이어진 일련의 사건들은 니키타 왕의 정보를 뒷받침해주는 듯했다. 터키 당국이 국경에 군대를 결집시키기 시작하자 발칸반도의 4개의 국가도 10월 1일자로 일제히 일반 동원령을 내렸다. 그 여파로 유럽 증시는 하향곡선을 그렸다.

그런데 얼마 후 뜻밖에도 프랑스-러시아 동맹이 체결되었다. 두 나라 정상은 발칸에서의 위기상황을 피하자는데 의견을 함께한 것이다. 러시아 황제 니콜라우스와 프랑스 공화국 대통령 푸앵카레는 발칸에서의 국경 변경 행위나 '보스포러스 해협의 환자'인 터키에 대한 모든 공격 행위를 거부하기로 합의했다. 푸앵카레 대통령은 개인적으로 마케도니아의 개혁을 지지하고 있었다. 그런 분위기가 고조되자 사람들은 점차 전쟁은 물 건너갔다고 인식했으며, 그와 더불어 주식시장도 다시 달아오르기 시작했다. 니키타 왕과 손을 잡은 은행가들도 슬슬 걱정하기 시작했다. '혹시 왕이 우리를 속인 것은 아닐까?'

푸앵카레 대통령이 개입한 이후 실제로 주가가 급등하면서 약세장을 예상한 투자자들은 막대한 손실을 입었다. 그때 로젠베르크와 라이츠 형제 앞으로 한 장의 전문이 도착했다. "걱정할 것 없음. 계속 투매 요망, 니키타"라는 내용이었다. 그들은 왕의 요구를 실행에 옮겼다. 반드시 전쟁이 일어날 것이라는 왕의 확언에도 불구하고 일말의 불안감은 지울 수 없었다. 그럼에도 모든 자금력을 동원해 투매와 공매도를 계속해나갔다.

마침내 1912년 10월 18일, 몬테네그로의 대포들이 아드리아 해에 인접한 터키의 한 아름다운 소도시 위스키다르를 향해 일제히 불을 뿜기 시작했다. 몬테네그로가 강대국들의 단언적 결정을 가볍게 무시해버리고 터키에 선전포고를 한 것이다. 그러자 발칸의 동맹국들인 세르비아, 그리스, 불가리아도 어쩔 수 없이 화염 속으로 뛰어들었다. 그 여파로 전 유럽의 주식시장이 다시 휘청거리기 시작했다. 특히 러시아, 터키, 세르비아, 불가리아, 네 나라의 주식시세는 그야말로 바닥까지 곤두박질쳤다. 하지만 니키타 왕, 로젠베르크, 라이트 형제 및 그들의 작전에 동참한 투자자들은 엄청난 이익을 챙길 수 있었다.

분별력 있는 독자라면 여기서 한 가지 의문이 들 것이다. 만약 니키타 왕이 개인적인 투자수익을 위해 포문을 열지 않았더라면 과연 발칸전쟁을 피할 수 있었을까? 그에 대한 답은 오늘날까지도 여전히 수수께끼로 남아 있다. 물론 그동안 이 문제를 다룬 글이 지면에 실린 적은 없지만, 60년 전부터 지금까지 입소문을 타고 증권가에 널리 알려져 있다. 특히 내 가족들은 이 이야기를 자주 화제로 삼곤 했다. 어머니께서는 가족들이 모이기만 하면 어김없이 이렇게 말씀하셨다. "발칸전쟁이 몇 주만 더 일찍 터졌다면 오스카와 그 아들은 지금쯤 억만장자가 되어 있을 텐데!"

제1차 세계대전 이전 시대에 억만장자라니! 삼촌 오스카는 당시 전 세계를 누비고 다녔던 투자 전문가였다. 그는 곧 발칸전쟁이 터질 것이라고 예상하고 엄청난 금액을 담보로 약세장을 겨냥한 투자를 했다. 하지만 발칸전쟁이 물 건너간 이야기처럼 여겨지면서 주식시장이 급격한 상승곡선을 그리기 시작하던 그 운명적인 몇 주일 사이에 엄청난 손해를 감수하며 계약을 해지했고, 그 결과 파산하고 말았다. 운명의 여신은 늘 이런 식으로 인간을 시험한다. 위기를 견뎌낼 담력과 인내력이 부족한 투자자는 나중에 행운의 여신이 손을 내밀어도 그 기회를 잡지 못한다.

이 이야기에 등장하는 은행가 로젠베르크는 그로부터 2년 후에 또 한 번 증권가 스캔들의 주인공으로 세인의 주목을 받는다. 1914년 제1차 세계대전이 발발하자 로젠베르크가 프랑스 공채를 대상으로 약세장을 예상한 대규모 투기를 하고 있다는 소문이 나돌았다. 그 무렵 대규모 증권붕괴 사건이 터지면서, 특히 프랑스 연금채권의 가격이 곤두박질쳤다. 그래서 사람들은 남들이 흘린 눈물의 대가로 로젠베르크가 이번에도 어마어마한 돈을 벌어들였을 것이라고 생각했던 것이다.

전쟁이 터진 그 다음 날 증권거래소에 나타난 로젠베르크는 사람들로부터 썩은 달걀 세례와 함께 거친 야유와 욕설을 들어야만 했다. 특히 그가 오스트리아-헝가리 제국의 시민이라는 사실이 공분을 부채질했다. 그는 황급히 증권거래소를 빠져나갔다. 실제로 로젠베르크가 프랑스 연금채권에서 거액을 챙겼는지는 솔직히 나도 잘 모르겠다.

| 프랑스 수상 라니엘의 자충수

자산가들이나 은행가들만이 주식시장을 주도하는 것이 아니며, 때로는 대통령이나 정치가가 주인공이 되기도 한다. 이들의 가장 큰 특징은 자신만이 신의 비밀을 알고 있다는 착각에 빠져, 주식 투자자의 행동수칙 제1조 1항인 "아무리 확실한 정보라도 전혀 예상 밖의 결과를 낳을 수 있다"라는 사실을 무시해버린다는 점이다. 프랑스의 어떤 수상도 정확히 같은 오류에 빠졌다.

한때 프랑스의 수상을 지내다가 나중에는 대통령 후보로까지 거론되던 조셉 라니엘Joseph Laniel에 얽힌 다음 이야기만큼 투자, 특히 외환 거래에서는 아무리 은밀한 정보라도 전혀 가치가 없거나 심지어는 위험할 수 있다는 사실을 입증하기에 더 좋은 사례는 없을 것 같다. 그로부터 거의 40년의 세월이 흘렀으니 이제는 실명을 거론해도 무방하지 않을까 생각한다. 지금까지 이 이야기의 전모를 제대로 파악한 사람은 아무도 없었다. 그러던 차에 우연히 여러 정보원들에게서 얻은 단편적인 정보들을 취합하여 하나의 이야기로 구성하는 기회를 갖게 된 것이다.

가깝게 지내던 프랑스인 친구가 한 명 있었다. 당시 그는 멕시코에서 성공적인 사업가로 활동하고 있었다. 그는 멕시코 정부와 프랑스 기업들을 연결해주는 대형 사업들을 벌이는 과정에서 족벌경영체인 라니엘 가문이 운영하던 여러 다양한 자회사들과 끈끈한 유대관계를 형성할 수 있었다. 1952년 부활절을 며칠 앞둔 어느 날, 나는 칸에 있는 칼튼 호텔 로비에서 우연히 그와 마주쳤다. 안부인사를 나누기가 무섭게 그가 불쑥 물어왔다.

"여보게 앙드레, 프랑스 프랑화에 대해 어떻게 생각하나? 곧 평가절하될 것 같지?"

나는 놀라 어깨를 으쓱하며 이렇게 응수했다.

"왜? 내가 보기엔 그럴 이유가 없는 것 같은데."

"그렇지 않아." 그가 계속 말을 이었다. "그 이유에 관해서는 이견이 분분하고, 또 여기서 설명하기에는 사안이 너무 복잡해. 그렇지만 한 가지 사실만은 틀림없어. 프랑화의 가치가 곧 떨어질 테니 두고 보라고."

"정말이지 난 이해가 안 되네. 대체 왜?"

나는 여전히 고개를 갸웃거렸다. 하지만 그는 고집스럽게 자신의 주장을 밀고 나갔다. 가을이 되기 전에 무조건 환율인하가 단행된다는 것이었다. 그로부터 한참이 지난 후에야 나는 그가 그토록 호언장담한 이유를 알게 되었다. 라니엘 가문과 친밀한 관계였고, 어쩌면 그 족벌회사가 계획하고 있던 모종의 거래행위에 관여하고 있었기 때문에, 그 문제에 관한 내막을 훤히 꿰고 있었던 것이다.

그로부터 며칠 후인 부활절 월요일 저녁에 그가 카지노로 나를 만나러 와서는 놀란 표정으로 이렇게 말했다. "내가 듣기로는 멕시코 정부에서 페소화를 35% 평가절하했다네." 그는 제정신이 아니었다. 그 소식이 그에게는 엄청난 재앙을 의미했던 것이다. 나는 그 이유를 한참 후에야 알 수 있었다.

그 무렵 상원의원 라니엘은 수상직을 맡고 있었다. 정치적인 불안정 때문에 당시 프랑스는 재정적인 어려움을 겪고 있었는데, 그건 비단 프랑스뿐만 아니라 전 세계 거의 모든 나라들이 당면한 문제였다. 하지만 그것을 해결할 의지와 능력을 갖춘 나라는 그리 많지 않았다.

라니엘이 수상 자리에 오른 것은 1950년대 초엽이었다. 그는 여러모로 그의 전임자들과는 달랐다. 라니엘은 명문세도가 출신으로 여러 개의 탄탄한 회사들을 거느린 거대한 족벌회사의 수장이기도 했다. 국가의 이익을 위해서였는지 아니면 개인적인 이익을 위해서였는지는 확실하지 않지만, 어쨌든 그는 대대적인 환율인하를 희망하면서 그것을 실현하기 위해 암중모색하고 있었다. 그와 관련된 갖가지 소문에도 불구하고 당시의 여러 정황으로 볼 때 그런 조처를 취할 만한 근거는 전혀 없었다. 극비리에 진행된 일이었지만 고위 관료들과 연줄이 닿아 있던 발 빠른 소식통들은 정부의 의도를 미리 꿰고 있었다. 그리고 그들이 캐낸 정보가 옳았다는 사실이 이내 드러났다.

추측하건대 수상이 프랑화 평가절하를 그처럼 간절히 원한 것은 아마도 그의 회사가 프랑화의 약세장을 예상하여 대규모로 투자를 했기 때문이었을 것이다. 자신의 의지를 관철시키기 위해 라니엘 수상은 가문의 족벌회사와 관련하여 기발한 방법을 동원했다. 당시 수상이 거느린 족벌회사의 자회사 중 하나가 엄청난 양의 물품을 멕시코로 수출하고 있었다. 멕시코 수입업자들은 물품대금으로 페소화가 지불수단으로 기재된 환어음을 지급했다. 당시 페소화는 국제적으로 신용도가 확실한 화폐였다. 수출업체는 다시 자국의 중앙은행을 통해 그 어음들을 자국 화폐로 할인했다.

정리하면 그 족벌기업이 멕시코의 페소화로 예금을 가진 반면 자국의 중앙은행에 대해서는 자국 화폐로 빚을 지고 있는 셈이었다. 이쯤 되면 금융에 문외한이라도 수상과 그의 가족들이 왜 그토록 필사적으로 환율인하에 매달렸는지를 짐작할 수 있을 것이다. 더군다나 그 '사업'에 걸린 자금의 액수가 천문학적이었으니 말이다. 멕시코 페소화로 예금을 가지는 대신 프랑화로 빚을 진다는 것은 프랑화의 시세폭락을 노리고 외환투기를 했다는 의미이다.

처음에는 모든 일이 순조롭게 진행되는 듯했다. 하지만, 어느 순간 전혀 예상치 못한 복병을 만나 하루아침에 공든 탑이 무너지고 말았다. 바로 재무장관 에드가 포르Edgar Faure가 거부권을 발동해 환율인하에 제동을 걸었던 것이다. 여러 해가 지난 후 에드가 포르는 내게 "그럴 필요를 전혀 느끼지 않았다"고 털어놓았다(그는 당연히 멕시코의 환어음에 대해서는 전혀 아는 바가 없었고, 단지 환율인하를 주장하는 수상 라니엘의 지나치게 강경한 어조만 기억하고 있었다).

그다음에 이어진 상황은 이보다 훨씬 더 극적이었다. 아무런 사전경고도 없이 부활절 전날 토요일에 멕시코 정부에서 35% 환율인 하라는 폭탄선언을 한 것이다. 수상과 그 가족에게는 사형선고나 다름없었다. 수상과 가족들의 페소화 예금은 앉은자리에서 환율이 인하된 만큼 줄어든 반면에 자국 화폐로 진 빚의 액수는 한 푼도 줄 어들지 않았기 때문이다. 차액이 엄청나서 그야말로 무한정인 것처 럼 여겨졌던 가족의 재산도 그것을 메우느라 바닥이 나고 말았다. 누가 감히 이런 일을 상상이나 할 수 있겠는가? 명색이 한 나라의 수장이라는 사람이 자신의 사욕을 위해 자국 화폐의 가치를 떨어뜨 리려고 하다니 말이다.

만약 라니엘이 프랑화의 시세하락을 예상하여 투기성 투자를 했다는 사실을 사전에 알았다면, 모든 정보는 다 엉터리라고 확신 하던 내가 과연 그 달콤한 유혹을 뿌리칠 수 있었을까 하고 반문해 본다. 정보란 다 그런 것이다. 다시 한 번 강조하지만 정치와 주식 은 너무나 가깝게 얽혀 있어서, 정치적 비밀을 알게 되면 그것을 이 용해 돈을 벌고 싶은 유혹이 따른다. 돈을 벌기 위해서는 모든 수단 이 동원되며 니키타 왕의 경우에서 살펴보았듯이 심지어는 무력충 돌까지 이용한다.

시간과 공간을 이용한 '확실한' 차익거래들

Kostolanys beste
Geldgeschichten

| 베이컨과 옥수수의 시소게임

주식시장과 관련한 보도보다 더 확실한 것은 없다. 수확지수와 소비지수, 재고량 등은 한치의 오차도 없이 논리정연하게 나열된다. 콩, 냉동 가재 혹은 돼지 뱃살의 시세변동을 미리 계산하는 것은 마치 어린애들 놀이처럼 간단한 일이다. 단지 사람들은 예측 불가능한 요소들을 간과하기 쉬운데, 실제로 투자에서는 이런 변수들이 아주 정확한 통계보다 훨씬 더 중요하다.

내가 기억하는 이야기들 중 한 가지를 통해 이 점을 확인해보자. 영국과 미국에서는 베이컨이 아침 식탁에 반드시 올라야 하는 식품 중 하나다. 1933년 초엽에 베이컨이 투자 열풍의 중심에 섰던 적이 있다. 시카고 출신의 증권브로커들이 미국과 유럽을 돌아다니면서 자신들의 정보를 선전하고 다녔다. 그들이 발견한 이른바 '세기의 투자'를 통해 이익을 올릴 수 있다며 고객들을 끌어모았다.

이 세상이 존재한 이래로 옥수수와 베이컨 사이에는 늘 일정한 가격관계가 형성되어 오고 있다. 왜냐하면 '돼지라는 경이로운 공장'에서는 옥수수가 돼지의 뱃살로 만들어지기 때문이다. 이를테면 옥수수의 시세가 100이라고 가정하면, 베이컨의 시세는 당연히 120이라야 한다. 예나 지금이나 항상 그래왔다.

하지만 믿기 힘든 일이 벌어졌다. 옥수수의 시세가 90인데 베이컨의 시세가 130이 된 것이다. 투자자라면 누구나 하늘이 준 절호의 기회를 붙잡을 수밖에 없었다. 방법은 아주 간단했다. 시카고의 상품거래소에서 옥수수를 매입하여 강세장을 겨냥한 투자를 하고, 다시 선물거래로 베이컨을 공매도하여 약세장을 예상한 투자를 하는 식이었다. 현재의 시세차이가 너무 크고, 오래지 않아 그 차이가 줄어들 것이라는 예상은 삼척동자라도 할 수 있었다.

여러 친구들과 마찬가지로 나 또한 그러한 유혹을 뿌리치지 못했다. 하지만 모든 사람들의 기대와는 달리 운명의 여신은 우리를 위해 고통스러운 일격을 준비해두고 있었다. 옥수수 가격은 계속 추락한 반면에 베이컨 가격은 연일 고공행진을 벌였다. 그리고 그 결과는 비참했다.

도대체 원인이 무엇이었을까? 바로 루스벨트Franklin D. Roosevelt라는 새로운 인물이 워싱턴의 백악관에 입성했던 것이다. 그의 등장과 함께 경제부문에서도 새로운 시대가 열렸다. 뉴딜New Deal 정책을 이끈 수많은 법령들 가운데는 수백만 마리의 새끼 돼지를 도살하게 한 규정도 있었다. 그 결과 옥수수를 먹어 치울 돼지의 숫자가 절대적으로 부족해졌다. 옥수수 가격이 급락한 것도 바로 그 때문이었다. 뿐만 아니라 제대로 비육된 돼지의 숫자가 감소하는 바람에 돼지기름까지 부족해지면서 베이컨 가격이 급등했던 것이다. 지방가 공산업이 된서리를 맞았다. 거의 완벽해 보였던 투자가 참패로 끝난 것은 외견상 아무리 확실한 조합이라도 신중하게 검토해야 한다는 사실을 우리 모두가 잠시 잊었던 탓이다.

투자에 세계에서는 이런 일들이 비일비재하다. 그리고 솔직하게 말해서 이처럼 예기치 못한 변수들이 있기에 투자가 성립되는 것이다. 그렇지 않다면 무미건조한 일상적인 상행위만 존재할 터이기 때문이다.

| 프랑스 국채를 두고 벌인 헤지

헤지거래는 주가변동의 위험을 피하기 위해 선물시장에서 주식시장과 반대되는 거래 형태를 취하는 것을 말한다. 다시 말해 미래의 주가상승에 따른 위험을 최소화하기 위해 선물을 매수하거나, 또는 미래의 주가하락에 따른 위험을 최소화하기 위해 선물을 매도해서 주식투자에서 입는 손실을 상쇄한다는 것이 원래의 취지다. 동일한 특성을 지닌 서로 다른 종목들 사이의 시세차이가 지나치게 크거나 작다는 판단 아래 이루어지는 헤지거래도 있다. 내가 전 세계 증권거래소를 상대로 벌인 헤지거래를 일일이 기록한다면 족히 책 한 권 분량은 될 것이다. 다른 투자의 손실위험을 최소화하기 위해 헤지거래가 반드시 필요한 경우도 종종 있었다. 나는 헤지거래로 많은 돈을 벌기도 하고 날리기도 했지만, 가장 큰 소득은 그로 인해 많은 경험을 쌓을 수 있었다는 점이다.

유가증권을 둘러싸고 우연히 벌어진 사건 하나를 소개하겠다. 제2차 세계대전이 발발하기 전에 파리 증권거래소에서 일어난 사건으로, 당시 내 동료 여러 명이 그 거래에 동참했다.

1930년대에 프랑스 국채를 대상으로 한 대대적인 투기 붐이 일어났다. 속된 말로 '개나 소나 할 것 없이' 주식시장으로 몰려들었다. 그 채권은 주식처럼 가격이 오르내렸으며 종류도 3%, 4%, 4.5% 등 다양했다. 투자자들은 주로 갈아타기를 하면서 소액의 차익을 챙겼다. 굳이 복잡하게 생각할 것도 없었다. 동일한 채권(동일한 채무자, 동일한 통화, 동일한 보증)이었으므로 다른 것들과 비교할 때 가격이 지나치게 높거나 낮은 것만 골라내면 되었다. 가격이 낮은 유형은 매수하고 가격이 높은 유형은 공매도 처리해서, 다시 말해 '울타리를 치면hedge' 그만이었다.

그러다 1930년대 말엽 어느 날, 아주 절묘한 조합이 이루어졌다. 4.5% 채권이 80을, 그리고 3% 채권이 70을 기록한 것이다. 전자와 비교할 때 후자는 상업학교 학생이라도 쉽게 알아챌 만큼 터무니없이 높은 가격이었다. 어쨌든 한가지 분명한 것은 한쪽은 가격이 지나치게 높은 반면에 다른 한쪽은 가격이 지나치게 낮았다는 사실이었다.

이런 절호의 기회를 놓치고 싶은 사람이 어디 있겠는가? 모두들 앞다투어 4.5% 채권을 사들이는 동시에 3% 채권을 공매도했다. 그후 기대감에 부푼 채 시간이 지나가기만을 기다렸다. 결과가 너무 뻔한 승부라 긴장감이 떨어진다며 농담 삼아 불평하는 사람도 있었다. 그렇다면 그 '확실한' 투자의 결과는 어떠했을까? 한마디로 대재앙이었다. 4.5% 채권의 가격은 계속 떨어지다가 70까지 내려앉았고, 3% 채권의 가격은 계속 오르다 급기야는 90까지 치솟은 것이다. 도저히 믿을 수 없는 상황이었지만 사실이었다.

그러나 내막을 들여다보면 그것은 당연한 결과였다. 4.5% 채권은 대량으로 유통되어 여분의 물량이 시장으로 쏟아져 나온 반면, 3% 채권은 가장 오래된 프랑스 채권으로서 1825년에 발행된 이른바 '잠자는 채권'이었던 것이다. 따라서 상품이 더 이상 시장에 나오지 않아 공매도한 사람들은 어쩔 수 없이 비싼 가격으로 다시 사들여야 했다.

당연히 엄청난 손실이 났다. 왜냐하면 그 헤지거래는 위험이 전혀 없다는 판단으로 쟁쟁한 투자 전문가들까지 가세했기 때문이다. 이 사건은 '아무리 확실한' 거래라도 전혀 예상치 못한 결과를 낳을 수 있다는 점을 보여주는 대표적인 사례라고 하겠다. 철저하게 계산한 주식투자로도 손해를 볼 수 있는데, 이는 계산상의 오류가 아닌 기술적인 측면의 주식논리가 때때로 투자의 기본이 되는 사항들을 압도해버리기 때문이다. 제아무리 최고의 컴퓨터라도 사전에 그런 상황까지 계산해낼 수는 없는 법이다.

| 왜 이웃집 잔디가 더 푸른가?

"남의 떡이 커 보인다"는 속담을 실천이라도 하듯이, 특히 주식투자자들은 자신보다 다른 사람이 더 나은 정보를 가졌다고 믿는 성향이 강하다. 그 대표적인 사례로 제2차 세계대전이 끝난 후에 일어난 일을 소개하겠다.

당시 프랑스에서는 외환보유고 부족으로 인해 외국통화에 대

시간과 공간을 이용한 '확실한' 차익거래들

해 엄격한 규정들을 적용하고 있었다. 프랑스인들은 국가감독 아래 의무적으로 각 개인이 소유하고 있던 외국 유가증권들을 자국의 은행금고에 보관해야 했다. 의무보관목록에서 제외된 것은 현재 외국에서 유통되고 있지 않거나 외환수익을 기대할 수 없는, 그야말로 별 볼일 없는 주식들과 채권들뿐이었다. 다시 말하자면 세인의 주목을 전혀 받지 못하는 이른바 '쓰레기' 유가증권들만 엄격한 규정을 피해갈 수 있었다.

또한 외환관리의 여파로 외국 유가증권의 반입과 반출도 엄격히 통제되었다. 예컨대 외국 유가증권을 파리로 반입하려면 반드시 같은 금액의 다른 유가증권을 반출하여 외화유출을 막아야 했다. 그리하여 거의 자동적으로 프랑스 정부가 의도한 외환 수입지출의 균형이 이루어졌다.

그 무렵 프랑스에서 가장 인기 있는 종목은 석유증권, 특히 로열 더치Royal-Dutch 주식이었다. 하지만 그 주식을 반입하려면 필수적으로 같은 금액의 외국 유가증권을 반출해야 했다. 별 볼일 없는 몇몇 일본 채권들이 규제목록에서 제외되어 있었다. 게다가 프랑스 정부와 일본 정부 사이에 진행되던 협상도 지지부진하여 아무런 성과도 내지 못했다. 파리 증권거래소의 그 누구도 이 잊혀진 채권들에 주목하지 않았으며, 다른 나라의 증권시장도 비슷한 상황이었다.

그러다가 어느 순간 갑자기 스위스 증권시장에 앞서 말한 일본 채권들이 등장했다. 마치 판도라의 상자가 열리기라도 한 듯 점점 더 많은 물량이 쏟아져 들어와 시장에 넘쳐흘렀다. 사태를 주시하던 관망자들 가운데 그 이유를 아는 사람은 아무도 없었다.

파리 증권가에서는 스위스인들이 구매자로 등장할 것이라는 소문이 파다했다. 실제로 국제적인 차익거래에 도가 튼 몇몇 프랑스 은행들이 계속 사재기를 하기 시작하자, 눈치 빠른 정보통들은 스위스에서 되팔기 위한 것이라고 판단했다.

반대로 스위스에서는 파리가 구매자일 것이란 소문이 나돌았다. 실제로 차익거래를 주업으로 삼던 몇몇 스위스 은행들이 계속 사재기를 시작했고, 눈치 빠른 정보통들이 이번에는 파리에서 되팔기 위한 것이라고 판단했다.

얼마 후 다시 파리에서는 다가올 일본과의 협상에 대해 스위스 사람들이 더 많이 알고 있다는 소문이, 반대로 스위스에서는 프랑스인들이 도쿄와의 협상 진행에 대해 더 유익한 정보를 갖고 있을 것이라는 소문이 급물살을 탔다. 구체적으로 알 수는 없지만 뭔가가 은밀히 진행 중이라는 데는 모두가 공감했다. 외관상 잘 짜인 각본대로 돌아가는 완벽한 상황에 미혹되어 많은 사람들이 그 흐름에 동참했다. 여기에 순진한 개미투자자들까지 합류하면서 시세가 점차 상승하더니, 어느 시점에 이르러서는 이성적인 판단의 한계를 넘어섰다.

그런데 정작 해당 채권들의 당사국이라 할 수 있는 일본에서는 특별한 움직임이나 규제조치가 전혀 없었다. 그렇다면 진실은 무엇인가? 내막은 이랬다. 프랑스 증권시장은 로열 더치 주식이 필요했고, 차익거래상들은 오로지 파리에서 되팔 목적으로 스위스 증권거래소에서 해당 주식들을 사 모았던 것이다. 파리에서 스위스로 반출한 다른 외국 증권의 구매대금으로 받은 외환으로 지급한다는 조건만 충족시키면 그 거래는 완전히 합법적이었다.

따라서 파리에서 구입하여 아무런 손실 없이 스위스에서 되팔 수 있는 충분한 물량의 유가증권을 확보하는 것이 관건이었다. 그리고 거기에 아주 제격인 대상으로 선택된 것이 바로 일본 유가증권들이었다. 누구나 재량에 따라 적정량을 프랑스에서 구입한 다음 그대로 고스란히 스위스에서 되팔면 그만이었다.

왜 그랬을까? 그 이유는 아주 간단하다. 스위스에서 또 다른 차익거래상들이 그 증권들을 구매한 다음, 교묘한 방법을 동원하지만 어쨌든 합법적으로 프랑스로 보내 파리 증권거래소에 유통시켰다. 그리고 그 증권들의 판매대금은 암시장에서 프랑스 프랑화의 현재 가치에 해당하는 외화로 바뀌어 스위스에서 다시 그 증권들을 구입하는 자금으로 사용되었다. 말하자면 동일한 증권들이 계속 반복적으로 프랑스와 스위스를 오갔던 것이다. 차익거래를 전담하는 대형 은행들이 일본 증권들을 파리에서 취리히로 보내면, 암시장 차익거래상들이 바로 그 증권들을 다시 파리로 되돌려 보내는 왕복운동이 반복되었다. 파리 발 스위스 행 이동이 법적규정을 어기지 않고 순조롭게 진행되면 스위스 발 파리 행도 별로 문제될 게 없었다. 논리상 시세변동은 일어날 수가 없었다. 왜냐하면 양쪽 저울판 위에 놓인 구입량과 판매량은 한치의 오차도 없이 동일했기 때문이다.

하지만 그 대형 거래에서 뭔가 달콤한 냄새를 맡고 한몫 단단히 챙겨보자고 작정한 사람들에 의해 한동안 유지되어 오던 균형이 일시에 허물어졌다. 한쪽 저울판에 단 몇 그램만 더 올려도 저울추는 급격히 기울어지기 마련이다. 어느 순간부터 일본 증권의 시세가 천정부지로 치솟았다. 급기야는 해당 증권 보유자와 투자자들에게 아주 불리한 조건으로 일본 정부와 타협을 해야 하는 지경에까지 이르렀다. 협상에서 제시된 조건에 따라 해당 증권들의 가격은 액면가의 대략 50% 수준으로 하락했다.

이 사건은 다른 주식시장의 동료들은 자신들보다 더 좋은 정보를 가졌을 것이라는 착각에서 벗어나지 못하는 사람들에게 좋은 교훈을 남겼다. 우리 주위에는 이웃집 잔디가 더 푸를 것이라고 생각하는 사람이 의외로 많다.

| 완벽한 차익거래

어떤 특정한 상황 혹은 어떤 특정한 시기가 도래한다면 나는 차익거래arbitrage trading[14]를 학문 혹은 과학이라 부를 용의가 있다. 말하자면 벼락치기 전화통화 그 이상의 것이 요구되고, 차익거래 전문가들이 다방면의 정확한 기술적인 지식을 갖춰야만 하는 경우에 그럴 수 있다는 것이다. 20세기를 거쳐오는 동안 통화정책, 조세규정, 그리고 여타 여러 유사한 조처 등 각종 제한사항들이 증가하면서 차익거래도 점점 더 복잡한 양상을 보였다. 이런 여건에서 성공적인 투자를 하려면 다양하고 노련한 전략전술이 필요하다는 것은 너무

---

14 동일한 상품에 대해 두 시장에서 서로 가격이 다를 경우, 가격이 저렴한 시장에서 그 상품을 매입하고 가격이 비싼 시장에서 그 상품을 매도해 이익을 취하는 거래수법이다. 재정거래라고도 불린다. 차익거래는 환차익거래와 금리차익거래로 나눠진다. 전자는 환율의 공간적 불균형을 이용하여 차익을 얻는 외환거래인 반면에 후자는 시간적 불균형 즉, 현물환시세와 선물환시세의 차이를 국제단기금리의 차이와 비교하여 그 차익을 취하는 외환거래다.

시간과 공간을 이용한 '확실한' 차익거래들

도 당연하다.

차익거래는 비록 통화시세 간의 불균형을 토대로 한다는 점에서 거의 환차익거래의 양상을 띄지만, 그동안 전 세계적인 네트워크를 형성하면서 일반적인 환차익거래의 틀을 벗어나는 추세로 나아가고 있다. 차익거래 투자자들은 거래종목에 따라 이리저리 바삐 뛰어다니면서 원자재를 유가증권으로, 국채를 주식으로, 귀금속 혹은 다양한 개방형 통화open currency와 폐쇄형 통화closed currency를 채권으로 바꾼다. 주식 초보자들은 이처럼 현란한 윤무를 도저히 좇아갈 수 없다. 이런 마술쇼가 전 세계 80여 개의 증권거래소를 순회하며 공연되는 과정에서, 작품을 고안하고 설계하고 무대에 올린 사람들은 적지 않은 수익을 손에 쥐었다. 그 대표적인 사례가 다음 이야기다.

제2차 세계대전의 마수에서 벗어나자마자 프랑스는 빠른 속도로 이전의 자유로움과 활기를 되찾았다. 전쟁 중에는 현실적이고 심리적인 이유에서 자금의 순환회전이 중단되어 있었다. 외국 유가증권들에 대한 이자환급이 어려워지면서 위기감이 고조되자 일반 투자자들은 일단 숨기고 보자는 보호본능을 가동하기 시작했다. 나무 아래에 파묻히고 마른 우물 속에 감춰진 채로, 혹은 우거진 숲속 어느 은밀한 장소에 안전하게 보관된 상태로 유가증권들은 상황이 좋아져 다시 햇빛을 보게 될 날만 기다리고 있었다.

하지만 유가증권(대부분 남아프리카의 금광주식) 보유자들은 곧장 은닉장소로 달려갈 만큼 어리석지는 않았다. 그들은 그 전에 먼저 그처럼 많은 물량이 한꺼번에 시장에 풀리면 혹시 정부에서 그것들을 무조건 압수해버리려는 유혹을 받지 않을까 고민했다. 예나 지금이나 마찬가지로 당시 일반 서민에게 유일한 도피처는, 다시 말해 어쩌면 곧 다시 닥칠지도 모르는 폭풍우에서 자신들의 재산을 안전하게 보호해줄 유일하고 확실한 항구는 다름 아닌 금이었다. 그들이 원하는 것은 프랑화도 달러화도 아닌 오직 순수한 금으로서, 금괴 혹은 나폴레옹 주화를 선호했다(당시 프랑스에서는 나폴레옹 주화가 오늘날 독일의 크뤼거-란트 주화처럼 큰 인기가 있었다).

따라서 동화나라에서 깊은 잠에 빠져 있는 엄청난 양의 이 유가증권들을 흔들어 깨워 현실적인 노란 금속으로 바꾸는 일이 급선무였다. 볼포네[15]와 메르카데[16]를 비롯한 많은 사람들로 하여금 인간의 모든 불운을 막아줄 것이라 믿게 만든 금의 마력이 다시 한 번 위력을 과시하는 순간이었다. 가장 깊고 은밀한 금고 속에서 금광주식들이 양질의 금괴나 주화로 바뀌었고, 은신처를 벗어난 주식들은 다시 황급히 세계 각처로 여행길에 올랐다. 밀무역 전문가들의 안내로 프랑스 국경을 넘어 제네바에 무사히 도착한 금광주식들은 이번에는 한 미국 차익거래상의 손에 들어간다. 그는 그 대금을 달러화로 지불했다.

내 친구이기도 한 차익거래 전문가 레이시 쿡스Lacy Kux는 보스턴 출신도 텍사스 출신도 아니었다. 그는 슬로바키아에서 태어나 빈에

---

15 영국 작가 벤 존슨(Ben Jonson)의 풍자극 〈볼포네(Vilpone)〉에 등장하는 남자 주인공으로, '볼포네'는 여우라는 뜻.
16 프랑스 작가 발자크(Honore de Balzac)의 〈주모자(Der Macher)〉에 등장하는 남자 주인공.

서 초등학교 및 중고등학교를 마친 후 런던 대학과 라이프치히 대학에서 국민경제학을, 그리고 소르본 대학에서 고전문화를 공부했다. 그 후 암스테르담에 입성하여 한 증권거래소에서 견습사원으로 일하다, 다시 런던으로 건너가 싱어 앤드 프리들랜더Singer & Friedlander 사의 금융담당자로서 경력을 쌓았다. 그리고 제2차 세계대전 중에는 다시 미국으로 건너가 수트로 브라더스Sutro Brothers 사에서 차익거래를 진두지휘했다.

한마디로 말해 레이시 쿡스는 완벽한 차액거래 전문가였다. 뿐만 아니라 그는 요하네스버그에 형제 한 명, 시드니에 사촌 한 명, 런던에 처남 한 명, 그리고 수많은 친구, 동료, 지인들을 전 세계에 포진해놓고 있었다. 나 또한 그들 중 한 명이었다.

레이시 쿡스는 잔디가 움을 틔우는 장소와 그 잔디가 자라는 소리를 들을 수 있었고, 단 1초 내에 결정을 내릴 수 있는 담력과 판단력을 소유하고 있었다. 그는 또한 전 세계 모든 나라의 갖가지 규정과 법령들을 훤히 꿰뚫고 있었으며, 관련된 까다로운 문제들을 손쉽게 해결하는 요령을 터득하고 있었다. 큰돈이 걸린 차익거래에 관한 정보는 아무나 쉽게 접근할 수 있는 성질의 것이 아니다. 마치 중요한 특허품을 개발하듯이 철저한 보안 속에서 은밀하게 진행되기 때문이다. 차익거래는 분야의 전문가가 직접 찾아내거나 경우에 따라서는 직접 '고안'하기도 한다. 내 친구 레이시 쿡스는 이 복잡하고 까다로운 거래행위에 관한 한 그야말로 천재적인 대가였다. 또 그것이 그의 직업이기도 했다.

바로 그의 달러화 덕분에 프랑스인들이 그처럼 애타게 갈망하던 금이 금괴와 나폴레옹 주화의 형태로 프랑스에 무사히 도착할 수 있었다. 당시 일반 대중들의 금화에 대한 수요가 얼마나 컸던지 심지어는 원래의 금 가치에 거의 100%의 프리미엄까지 붙었다. 그리고 거기에다 주화를 제네바 혹은 경우에 따라서는 아프리카 북서부 끝에 위치한 모로코의 항구도시 탕헤르Tanger에서 밀수입해온 암거래상인들에게 지급할 10%의 수수료까지 추가로 더해졌다.

호사스럽지만 몰개성적인 사무실들이 빼곡히 들어찬 유리 새장들로 삭막한 모자이크를 이루는 월스트리트의 한 고층 건물의 32층에서, 레이시 쿡스는 차익거래 전문가로서의 인생행로에서 어쩌면 가장 멋지다 할만한 이번 작전이 과연 성공할 수 있을지 생각하고 있었다. 그는 금광주식들을 제네바에서, 특히 세금문제에 덜 까다로운 나라인 쿠바의 수도 하바나로 보낼 궁리를 하고 있었다.

왜냐하면 전쟁 중 프랑스에서 해당 주식들이 잠들어 있는 동안 '긴 수염'이 자라났기 때문이다. 다시 말해 주식마다 지급이 보류된 이자쿠폰들이 주렁주렁 매달려 있었던 것이다. 우선 긴급피난 항구인 쿠바에 들러 쿠폰을 말끔히 정리한 후에 런던으로 보내진 주식들은 그곳(쿠바의 계좌로 결산이 이루어진다)에서 세금이 면제된 달러화로 이자가 지급되었다.

쿠폰에서 자유로워진 금광주식들은 먼저 뉴욕으로 향했다. 레이시 쿡스는 사령부에서 다음 단계를 준비했다. 다시 대서양을 건너게 하여 런던 증권거래소에 풀어놓는다는 계획이었다. 영국 구매자들은 그 주식들의 현재가치를 '스위치 스털링switch sterling'이라고도 불리는 '폐쇄형 파운드 스털링closed pound sterling'으로 계산했다. 스위치

스털링은 다른 유가증권의 구입에만 사용이 가능했다. 다시 말해 미국 회사의 계좌로 들어간 순간 '폐쇄된closed' 것이다.

레이시 쿡스는 폐쇄형 파운드화로 런던 증권거래소에서 브라질의 국채와 양조, 제분, 철도 등 온갖 종류의 아르헨티나 주식들을 매수했다. 폐쇄형 파운드 스털링을 달러화로 직접 바꿀 경우 40%의 할인을 감수해야 했기 때문이다.

그런 다음 그는 그 유가증권들을 맨해튼의 고층빌딩에서 부에노스아이레스와 리우데자네이루로, 다시 말해 그것들을 되찾으려고 안달하는 원래의 주인들에게 되돌려 보냈다. 브라질과 아르헨티나에서 그 유가증권들은 폐쇄형 크루제이로화와 폐쇄형 페소화로 지불되었다. 이번 경우 폐쇄된 이유는, 이 두 나라에서는 해당 화폐들이 커피, 카카오, 브라질의 면화 혹은 아르헨티나의 냉동고기 같은 수출장려 품목들을 구매하는 데만 사용될 수 있었기 때문이다. 레이시 쿡스는 현재 폐쇄형 크루제이로화와 폐쇄형 페소화만 가지고 있을 뿐, 제네바에서 지출한 달러는 아직 되돌려 받지 못하고 있었다.

그렇다면 그 크루제이로화와 페소화로 대체 무엇을 해야 했을까? 그는 여기서 당시 브라질과 아르헨티나 정부가 시행하고 있던 엄격한 규정들에 발목을 잡혔다. 그 두 나라 입장에서 미국은 곧 달러를 의미했다. 그리고 그건 예나 지금이나 변함이 없다. 두 나라 정부는 "양키들이 우리 커피를 마시고 우리 고기를 먹으려면, 당연히 안정된 현찰인 달러로 지불해야 한다. 그러지 않으면 우리는 아무것도 팔지 않을 것이다"라는 식으로 배짱을 부렸다. 하지만 일본,

핀란드, 러시아 같이 전후에 비슷한 처지에 놓여 있던 가난한 나라들의 경우에는 예외적으로 폐쇄형 화폐로 브라질과 아르헨티나에서 물품을 구입할 수 있었다.

내 친구 레이시 쿡스는 즉시 보유하고 있던 폐쇄형 화폐들을 헬싱키, 도쿄, 모스크바 등지로 보내 브라질과 아르헨티나에서 수입해온 카카오, 면화, 커피 혹은 냉동고기로 바꾸었다. 하지만 여정은 거기서 끝나지 못하고 계속 이어지기도 했다. 예를 들어 핀란드는 옛날 빚을 청산하기 위해 구매한 물품 일부를 러시아로 보냈다. 비록 패전국으로 가난하긴 했지만 뉴욕의 내 친구에게 달러화로 지불할 여력은 있었다. 핀란드는 북부 고산지대 숲에서 나온 제지용 펄프용액을 전 세계로 수출하고 있었기 때문이다.

그렇다면 과연 이와 같은 식으로 돈이 유통된 이유는 무엇일까? 자국에서 보유한 달러화로도 충분히 가능했음에도 불구하고 일본 혹은 핀란드 정부가 굳이 폐쇄형 화폐를 사용하여 물품을 구입한 까닭은 무엇일까? 그 이유는 간단했다. 폐쇄형 외환들이 현재가보다 엄청나게 할인되어 있었던 것이다.

이 순환운동의 메커니즘을 요약하면 대충 다음과 같다. 프랑스 대중들은 자신들이 감춰두고 있던 금광주식들을 처분하여 금으로 바꾸고 싶어 안달했다. 그 때문에 주식들은 헐값으로 팔린 반면에 금괴나 주화의 형태로 시장에 나온 금 가격은 지나칠 정도로 높게 책정되었다. 이 거래를 주도한 내 친구 레이시 쿡스는 그 과정에서 크루제리오화와 페소화를 아주 저렴하게 확보하였으며, 그것을 일본, 핀란드, 러시아 등지에서 되팔아 큰 수익을 남겼다. 한편 이들

시간과 공간을 이용한 '확실한' 차익거래들

국가들도 브라질과 아르헨티나에서 물품을 사면서 그 대금으로 달러화 대신 내 친구에게서 구매한 화폐들로 지불하여 상당한 이익을 보았다. 어쨌든 내 친구는 멋지게 작전을 성공시킨 셈이었다. 돈의 순환거래는 이로써 마무리되었고, 그는 자신의 달러화를 되돌려 받았다.

하지만 같은 주제에 대한 또 다른 여러 변형들이 있었다. 당시 근동의 스위스라고 불리던 베이루트의 한 금속무역 전문업체가 법망에 허점이 있다는 사실을 알아냈다. 어떤 특정한 상황에서 영국 파운드화가 덴마크의 한 은행에 흘러들어올 경우 1917년 영국과 덴마크 간에 체결된 협약에 따라, 그 돈으로 대영제국에서 생산되는 원자재를 구입할 수가 있었던 것이다. 그것은 곧 현금을 의미했다. 덴마크 국기를 휘날리며 싱가포르의 주석과 말레이반도의 고무가 로테르담으로 향했다. 당시까지만 해도 싱가포르와 말레이반도는 대영제국의 속국들이었다. 미국인들이 달러화로 물품들을 인수하면서 다시 순환거래는 마무리되었다.

또 다른 허점이 두 번째 변형을 가능하게 했다. 영국 은행과의 협약에 의해 앞서 언급한 폐쇄형 파운드화로 극동지역인 인도와 중국에서 금을 구매하는 것이 가능해졌다. 이 백색 금속은 빈으로 보내져 마리아 테레지아 탈러Maria-Theresia-Taler로 주조되었다. 이 주화는 다시 배에 실려 아프리카 지부티 공화국 수도인 지부티Djibouti로 향했고, 그곳에서 아비시니아Abyssinia[17]에서 물품을 구입하려는 사람들의 손으로 넘겨졌다. 아주 이상하게 들릴지는 모르지만, 합스부르크 가문 출신 여황제의 옆모습이 새겨진 이 주화는 당시 니거스Negus[18]

왕국에서 통용되었다. 그곳에서 탈러 구매자들이 달러화로 지불하면서 또 한 번의 순환거래가 마무리되었다.

전쟁이 끝난 후 돈과 물품들의 순환하고 이동하는 과정 중 런던에서 팔린 금광주식들은 과연 어떻게 되었을까? 주식의 일부는 요하네그부르크에 도착하여 영국 국채로 바뀐 다음, 다시 대영제국의 품으로 되돌아갔다. 전쟁이 끝난 후 몇 년 동안 각국 유가증권들의 귀국행이 대규모로 이루어졌다. 아르헨티나 정부는 자국의 양조업과 철도산업에 관련된 채권들을, 브라질 정부는 자국의 국채를, 남아프리카 정부는 자국의 광산주식을, 그리고 영국은 자국 경계선 밖에 있던 가능한 한 모든 유가증권들을 다시 사들였다.

유가증권들의 이런 대대적인 귀환 움직임은 전 세계 증권시장을 무대로 진행되었다. 이것은 처음 겪는 일은 아니었다. 이미 1930년대에 채무국들이 자국 유가증권들을 다시 사들이려는 과정에서 중부 유럽 국가들과 미국 사이에서도 비슷한 움직임이 있었다.

금광주식의 나머지들은 무기명 채권에서 기명식 채권으로 전환되어 파리로 되돌아갔다. 그리고 다시 일반 투자자들이 그것을 구매했다. 하지만 이번에는 예전과 달리 아무런 비밀도 없이 국가에서 인정한 통용화폐로 당당히 거래되었다.

---

17 에티오피아의 옛 명칭.
18 에티오피아 왕의 옛 칭호.

시간과 공간을 이용한 '확실한' 차익거래들

금과 은, 그리고
원자재에 얽힌 경험담들

Kostolanys beste
Geldgeschichten

| 루스벨트가 나를 망하게 한 방법

주가가 하락하면 사람들은 또 다른 투자 방법인 상품선물거래로 눈을 돌린다. 상품선물거래란 카카오, 밀 혹은 돼지 비계살과 같은 물품을 대상으로 하는 투자를 말한다.

나는 꼬마 적부터 상품선물거래에 대한 이야기를 자주 들었다. 우리 가족의 전통과 관련이 깊었기 때문이다. 내 유년시절의 헝가리는 유럽 지역의 거대 곡물 생산지였으며, 부다페스트의 곡물거래소는 유럽에서 가장 활기찬 선물거래 시장이었다. 사람들은 밀, 귀리, 자두잼 등에 열정적으로 투자했으며, 개중에는 간혹 시카고와 리버풀까지 활동 무대를 넓히는 적극적인 사람도 있었다. 수확전망, 소비통계, 일기예보 등이 일상적인 화젯거리였다. 너무 무더운 여름이나 오랜 가뭄은 투자자들에게 일확천금 혹은 파산을 의미했다.

그로부터 오랜 시간이 흐른 후, 나는 멋지게 차려 입은 파리 중권거래소의 신사들이 틈만 나면 거리로 몰려나와 심각한 표정으로 하늘을 살펴보고 다시 들어가는 동작을 반복하는 것을 보고 깜짝 놀랐다. 당시 인기 있는 투자종목은 설탕이었다. 비가 오면 설탕의 원료가 되는 사탕무가 잘 자랐다. 그래서 날씨가 맑으면 설탕가격이 오르고, 반대로 먹구름이 잔뜩 끼었거나 몇 방울이라도 비가 내리면 설탕가격이 하락했다. 그것이 주식시장의 논리였다. 물론 단기적인 관점에서 그렇다는 말이다. 왜냐하면 주머니 속에 아무리 정확한 바로미터를 갖고 다니는 사람이라도 그것에 기대어 부자가 된다고는 확신할 수 없기 때문이다.

구약성경에 등장하는 이집트의 요셉은 분명 역사상 최초의 투자자 혹은 투기꾼이었다. 그는 파라오의 재정고문을 지냈을 만큼 탁월한 능력이 있었으며, 파라오의 꿈에 나타났다는 7년간의 풍년과 7년간의 흉년에 대한 이야기를 듣고 대규모 곡물투기를 기획하여 대단한 성과를 거두었다. 풍년이 든 7년 동안 많은 양의 곡식을 사재기해두었다가, 그 뒤로 7년 동안 흉년이 들자 비축한 곡식을 팔아 엄청난 수익을 남겼던 것이다.

하지만 그로부터 4000년이 흐른 지금, 우리 투자자들은 요셉처럼 정확한 내부정보를 접할 수 없다. 20세기의 주식투자자들은 통계와 컴퓨터에 의존한다. 그런데 통계와 컴퓨터는 그리 믿을 만한 것이 못 된다. '베이컨과 옥수수의 시소게임'에 관한 이야기를 하면서 강조했듯이, 사람들은 그것들에 지나치게 의존하느라 실제로 투자에서 훨씬 더 중요한 요소인 예측 불가능한 변수들을 쉽게 간과한다. 내가 기억할 수 있는 것만 해도 이것을 입증해줄 증거들은 수

두룩하다. 그중 하나만 예로 들겠다.

1940년과 1941년 사이에 일어난 일이다. 유럽은 한창 전쟁 중이 었으나 당시 내가 살았던 미국은 아직 중립적인 입장을 취하고 있었다. 나는 여유자금이 꽤 많이 있어서 뭔가 투자할 대상을 물색하고 있었다. 미국에서도 이미 화약냄새가 났다. 그런 상황에서 굳이 유가증권에 투자할 이유가 없다고 판단한 나는 상품시장을 검토하기 시작했다. 단순히 현명한 차원을 넘어 노련해지고 싶다는 게 솔직한 심정이었다. 미국에서 대량으로 생산되어 공급이 달리는 경우가 거의 없는 밀, 옥수수, 면화 등과 같은 작물들은 피했다. 대신 열대지방이나 미국에서 멀리 떨어진 나라에서 생산되는 물품들의 수입이 점점 어려워지는 상황을 기다렸다. 잠수함 전쟁의 위험과 그로 인한 화물운송료 및 보험료의 상승 때문에 중립국인 미국도 물가가 천정부지로 치솟았다. 게다가 미국도 곧 참전할 것이라는 소문까지 나돌았다.

그런 어수선한 상황에서 나는 선물거래로 구매할 물품목록을 작성했다. 전략품목 제1호는 고무였고, 일본과의 적대관계를 고려하여 견직물이 두 번째 자리를 차지했다. 그다음으로는 자바로부터의 수입이 어려울 것이라 예상되는 후추와 주석이었다. 그리고 마지막으로 본격적인 전쟁에 돌입할 경우 군복 제작용으로 엄청난 수요가 발생할 양모가 낙점되었다.

이론은 흠잡을 데 없이 완벽했다. 하지만 안타깝게도 현실이 따라주지 않았다. 먼저 고무는 전략적으로 너무나 중요한 물품이었기 때문에 미국이 전쟁에 참여하기도 전부터 정부가 개입해 가격을 대폭 떨어뜨려 놓았다. 평상시라면 상상도 할 수 없는 조처였다. 미국의 세계적인 화학 기업인 뒤퐁 드 느무르Du Pont de Nemours가 시장에 나일론을 대량으로 푸는 바람에 천연견사에 대한 수요가 급감하면서 견직물의 가격도 안정세를 유지했다. 그러다 일본과의 전면전이 시작되고 틀림없는 시세의 폭락이 예견되는 상황에서, 갑자기 주식시장에서 견직물의 거래가 중단되고 강제 공정시세가 발표되었다. 물론 정부에서 제시한 시세는 너무 낮았다. 양모도 뜻밖의 복병을 만나 고전을 면치 못했다. 오스트레일리아로 탄약을 운반하던 대형 화물선들이 미국으로 돌아오는 길에 빈 공간을 메우려고 선미에 엄청난 물량의 양모를 실었던 것이다. 그 결과 재고량이 증가하면서 잠시 반짝하던 양모가격의 상승세가 그대로 내려앉고 말았다. 후추와 주석도 비슷한 상황이었다.

반면에 순수 미국산 품목들이 올바른 투자대상으로서의 가치를 제대로 입증했다. 물론 논리에는 어긋나는 현상이었지만 말이다. 루스벨트 대통령은 대단한 권위를 가졌음에도 불구하고 어쩔 수 없는 상황에서 선동정치를 했다. 자신이 구상한 영국 친화정책을 추진하기 위해서는 미국 남부와 중서부 지역의 지지표가 필요했던 것이다. 그런 이유로 루스벨트는 면화농장 소유자들과 농부들에게 생산물에 대한 가격보장 및 신용대출 보증을 약속했다. 그 결과 나는 전 재산을 거의 날리고 말았다. 루스벨트 대통령이 나를 망하게 한 셈이었다.

이번에도 또, 외견상 아무리 완벽해 보이는 계산이나 전략이라도 예측하기 어려운 돌발변수가 등장하면 단번에 모든 것을 물거품으로 만들기도 한다는 사실이 입증되었다. 나는 이와 비슷한 상황을 열 번도 넘게 경험했다. 투자자에게는 전쟁이나 전쟁의 위험 혹은 평화, 혁명 혹은 사회적 안정, 국내정치 및 국제정치, 그리고 여타 수많은 요소들이 실제적인 정보 못지않게 중요하다. 아니 어쩌면 더 중요할지도 모른다. 바로 이 지점에서 학문 혹은 과학은 중단되고 직관이 시작된다. 그리고 직관은 수십 년 동안 축적된 경험의 산물이다.

┃ 금, 무대에서 내려오다

금의 역사는 수천 년 전으로 거슬러 올라간다. 하지만 40년 전, 몇 년간 일어난 일은 한 편의 모험소설을 연상시킨다. 흥미롭게도 이 소설의 1장은 제2차 세계대전이 끝난 이후에야 쓰여지게 되었다. 그 이유는 1939년 직전이나 전쟁 중에는 '금'이나 '금값'이라는 말이 아직은 일상적인 대화의 단골메뉴는 아니었기 때문이다.

전쟁이 터지기 전 몇 주일 동안, 다시 말해 전 세계 사람들이 모두 전쟁이 임박했다고 확신하던 무렵이었다. 좀 과장하여 표현하자면 환장할 정도로 금을 사랑하는 나라인 프랑스에서는 금이 그 수요를 충족하고도 넘쳐났다. 누구나 금을 덩어리, 가루 혹은 아름다운 세공품(원통형 상자나 함 등)의 형태로 공시가격보다 저렴하게 구입할 수 있었다. 나는 지금까지도 금으로 만든 한 벌의 함을 보관하고 있는데, 당시에 꽤 괜찮은 가격에 산 것으로 기억한다. 물론 내가 그것을 구입한 것은 금에 대한 집착 때문이 아니라 아주 매력적인 작품이었기 때문이다. 당시 소액 예금주들인 일반 대중들은 전쟁에 대한 공포심에 금보다는 현금을 선호했다. 그래서 전시에도 금은 유럽 전역에서, 특히 미국으로 향하는 화물선들의 출발지였던 리스본을 중심으로 미국의 공시가격인 온스당 35달러보다 몇 퍼센트 낮은 시세로 거래되었다.

유럽 정부들, 특히 독일제국과 이탈리아는 금이 아닌 달러화가 필요했다. 달러만 있으면 전쟁을 치르는데 필요한 모든 것을 구입할 수 있었던 것이다. 프랑스에서는 제1차 세계대전을 경험한 세대인 노인들만 금을 샀다. 하지만 전쟁을 치르고 있던 각국 정부의 엄청난 달러화 수요와는 비교조차 할 수 없는 금액이었다.

리스본에서의 금값이 미국의 구매가격보다 낮을 수밖에 없었던 데는 또 다른 이유가 있었다. 운송비용과 전쟁으로 인한 높은 보험료, 대서양을 횡단하는 데 소요되는 7~10일 동안의 이자손실, 그리고 거래를 성사시킨 차익거래상에게 떨어질 마진 등도 계산에 넣어야 했기 때문이다. 유럽 각국의 은행들이 앞다투어 금을 시장에 내놓자 미국 중앙은행이 나서서 전량을 매수했다. 1914년에 나는 형에게 오스트리아-헝가리 제국은행이 왜 금을 필요로 하는지 물어보았다. 그러자 그는 너무나 당연하다는 듯이 "그야 달러화를 사기 위해서지!"라고 대답했다. 나중에야 알게 되었지만 그 말이 정답이었다.

하지만 전쟁이 끝나고 브레턴우즈 협정Bretton Woods Accord이 체결된 이후부터 금에 대한 수요가 조금씩 생겨나더니, 해를 거듭할수록 금을 구매하려는 열기가 점점 더 고조되어 갔다. 그것이 금괴든 주화든, 아무튼 금이 가장 활발하게 거래되던 곳은 당시까지만 해도 아직 중립국에 속했기 때문에 모든 것이 허용되는 조세피난처^{tax} heaven, Steueroase였다. 이 역할을 맡아 한 곳은 탕헤르와 역시 중립국의 도시라 그 어떤 제약이나 외환규정도 없었던 취리히였다. 그 분야의 전문가들은 금을 탕헤르, 취리히, 그리고 제네바에서 몰래 빼내와 유럽 전역으로 밀반입시켰다. 그중에서도 특히 금 거래는 물론 금의 반입과 반출까지 엄격히 금지하고 있던 프랑스가 가장 중요한 공략대상이었다. 프랑스 대중은 탕헤르와 취리히에서 1.5배 내지 2배의 높은 가격으로 금을 샀다. 그런데 탕헤르와 취리히의 거래시세도 이미 공시가격보다는 한참이나 더 높아져 있던 상황이었다. 왜냐하면 브레턴우즈 협정에 따라 오직 중앙은행들만 공시가격으로 구매할 수 있었기 때문이다. 그런 이유로 프랑스인들이 특히 선호했던 나폴레옹 주화의 경우, 주화에 함유된 실제 금값에 50% 내지 100%의 웃돈까지 얹혀져 거래되기도 했다.

문학작품들과 각종 신화들(그중에서도 특히 게르만 신화)이 입증하듯이 오랜 옛날부터 금은 인간에게 거부할 수 없는 마력을 행사했다. 그것은 부정할 수 없는 사실이다. 하지만 투자대상으로는 그렇게 높은 점수를 받지 못했고 그건 지금도 마찬가지다. 오늘날의 자본주의 체계에서 투자의 가치는 수익성 혹은 미래의 잠재적인 수익성에 따라 평가된다. 다이아몬드처럼 금의 가치도 시장의 상황에 따라 가변적이다. 게다가 종종 대규모 시세조작의 대상이 되기도 한다. 수요와 공급이 심리적인 동요에 의해 결정된 경우가 빈번하다는 점이 시세조작을 더욱 쉽게 만든다. 소유재산에 대해 민감하게 반응하는 일반 대중을 불안에 떨게 만드는 대표적인 요인으로 전쟁에 대한 공포, 혁명, 내전, 환율인하 등을 꼽을 수 있다. 노련한 투기꾼들은 이와 같은 핑계거리들을 내세워 금값을 조작한다. 투기꾼들이 선호하는 가장 효과적인 방법은 자신들이 직접 사재기를 하여 가격을 끌어올림으로써 금에 대한 일반 대중의 수요를 부추기는 것이다.

금은 남아프리카공화국의 가장 큰 외화벌이 수단이다. 국제시장에서의 금 시세는 국가의 생존문제와 직결되기 때문에 이전부터 남아프리카공화국 정부는 가능한 한 금 가격을 올리기 위해 모든 수단을 동원했다. 하지만 채굴되는 물량이 산업적인 수요보다 훨씬 많으므로 정부의 금고에는 금괴가 늘 산더미처럼 쌓일 수밖에 없었다. 가격을 올리려면 일반 수요자의 욕구를 부추기는 것이 유일한 방법이었다. 일반 대중의 구매욕이 다시 살아난다고 판단되면 몇몇 국가의 중앙은행들이 구매자로 나선다. 이 전쟁에서 가장 효과적인 무기는 항상 그래왔듯이 국제적인 통화위기에 대한 공포심이다. 1980년대 초엽에 드레스덴 은행이 골드신디케이트의 주도적인 역할을 하면서 실제로 이 무기를 사용했다.

언젠가 나는 남아프리카공화국의 백인지도자들이 시세조작에 관여한다는 사실을 아주 권위 있는 사람으로부터 확인한 적이 있다. 1972년 10월 런던에서 개최된 금을 주제로 다룬 한 토론회에서 나는 당시 스위스 은행협회(남아프리카공화국의 주거래 은행)의 수장을 맡고 있던 발터 프라이Walter Frey에게 최대 생산지인 남아프리카공화국도 금을 구매하는지 물어보았다. 그의 대답은 간결했지만 의미심장했다. "남아공 정부가 직접 금을 사는 것이 아니라, 우리 은행들이 남아공 정부의 주문을 받아 대신 산답니다." 그러고는 좀 더 구체적이 설명이 이어졌다. "예를 들어 장애요인(평화, 물가안정, 사회적인 안정 등을 의미)이나 러시아의 집중적인 매도가 시세를 압박하면 우리가 금 시장에 개입하여 가격하락을 막아야 합니다. 그러다 우리에게 유리한 시점이 오면(전쟁, 혁명, 사회적 불안, 인플레이션, 홍수, 혹은 대형화재 등을 의미) 다시 팔 수 있습니다."

이 과정을 쉽게 설명하기 위해 재미있는 우스갯소리 하나를 소개하겠다. 그린이라는 젊은이가 돈을 벌기 위해 지방의 소도시를 떠나 부다페스트로 가서 장사를 시작했다. 몇 주일이 지난 후 그는 아버지에게 전화를 걸어 그동안의 성과를 보고했다.

"아버지, 장사가 잘 되어 갑니다. 꽤 많은 양의 염소가죽을 100에 샀는데 벌써 110으로 올랐어요."

"장하다, 내 아들. 아주 잘하고 있다."

몇 주일이 지난 후 그는 다시 전화를 걸어 기쁨에 들뜬 목소리로 이렇게 말했다.

"아버지, 염소가죽이 벌써 120이 되었어요."

"장하다, 아들아. 너는 천재다."

그리고 2주일 후 다시 전화를 걸어 환호성을 질렀다.

"아버지, 지금은 염소가죽이 150이에요."

"아주 환상적이다." 아버지가 말했다. "그럼 이제 팔아서 이익을 챙겨야지."

"팔다니요? 누구에게요? 제가 그걸 계속 샀는걸요."

| 나의 은밀한 금 투자 이야기

나는 타고난 투자자다. 나의 활동무대는 증권거래소다. 나는
또한 이상주의자로서 아무런 소득도 없는 일들에 열정을 쏟기도 한
다. 나는 오로지 금에만 매달려 인생을 보내는 사람들을, 다시 말해
돈에 눈이 멀어 이론적인 확신으로, 혹은 단순히 투기 목적으로 금
값을 부추겨 올리려고 기를 쓰는 사람들을 경멸하고 싶다. 나는 텔
레비전, 신문, 단골 커피숍 등에서 여러 차례 그들의 잘못된 행태를
지적한 바 있다.

러시아 정부와 남아프리카공화국 정부가 그들 입장으로서는
무한대로 수출이 가능한 유일한 물품인 금 가격을 올리려고 하는
것은 당연하다. 잘 알다시피 최근 러시아 정부는 국제적인 금 시세
를 자국에 유리하게 조정하려고 금을 내놓는 대신 빚을 지는 쪽을
선택하기도 했다.

1967년에서 1968년 무렵에는 이러한 흐름이 대세가 되었다. 솔
직히 고백하건대 전 세계를 휩쓸아친 그 회오리바람은 평소 안정된
금값을 열렬히 옹호하던 나마저도 비껴가지 않았다. 물론 나는 확
고한 신념이 있었다. 그래도 어쩔 수 없이 나약한 존재인 인간이 아
니던가? 언젠가 고대 그리스의 한 철학자가 자신은 자신이 아무 것
도 알지 못한다는 사실만을 알 뿐이라고 고백했듯이, 진정한 투자
자라면 자신이 아무리 확고한 신념을 가졌더라도 경우에 따라서는
그것이 흔들릴 수도 있다는 사실을 알아야 한다. 당시 미국 중앙은
행의 총재였던 윌리엄 마틴^{William Martin}이 바젤을 방문한 후 다시 워싱
턴으로 날아가던 그날 아침, 나는 나만의 공간인 서재로 돌아가 골

똘히 생각하기 시작했다. 사람들이 모든 논리를 무시하고 금값을 계속 부추겨 올리려고 혈안이 되어 있는 상황에서, 평소에 귀에 못이 박힐 정도로 자주 나의 '황금이론goldene Theorien'에 관한 설교를 들어왔던 지인들이나 만나러 태연히 단골 커피숍으로 어슬렁거리며 걸어갈 수 있을까?

그럴 수는 없는 노릇이지! 나는 즉시 스위스로 전화를 걸어 금을 샀다. 정말이지 뭔가에 단단히 홀렸던 모양이다. 순진한 서민들을 불안하게 만들어 이익을 챙기려는 엉터리 예언자들과 이론가들의 장단에 놀아나는, 저 멍청하기 짝이 없는 투자자들처럼 금에 투자를 했으니까 말이다.

나는 제네바에 있는 크레디트 스위스Credit Suisse의 신용보증으로 1만 온스(약 283kg)의 금을 구매했다. 당연히 극비리에. 하지만 내 친구 중 한 명이 파리 어느 대형 일간지에서 나의 배신행위를 까발리는 바람에, 비록 잠시 동안이었지만 지인들로부터 악의적인 즐거움의 대상이 되고 말았다. 변명처럼 들리겠지만 나는 결코 배신하거나 변절하지 않았다! 나는 금을 산 것이 아니라 단지 그를 통해 프리미엄을 챙겼을 뿐이다. 당시 금값은 오르기만 할 뿐 내려갈 수는 없는 상황이었다. 프리미엄이 저절로 굴러들어오는 마당에 그걸 마다할 투자자가 세상천지 어디 있겠는가? 설령 그게 쾰른 성당 꼭대기에 매달려 있을지라도 달려들 판인데 말이다.

뿐만 아니라 나는 또 다른 복안을 갖고 있었다. 뜻밖의 복병이 등장하여 사적인 영역에서의 시세변동을 불러올 수도 있다는 사실을 잊고 있었던 것은 결코 아니었다. 하지만 가격이 계속 오른다는 가정 아래, 이왕지사 감수할 수밖에 없는 상황이라면 그런 치욕의 대가로 최소한 어느 정도의 금전적 보상은 받아야 한다는 게 내 생각이었다. 금의 가격이 오르면 당연히 내 주머니도 저절로 두둑해질 터였다.

그 뒤로 전개된 상황은 두고두고 화젯거리가 된다. 며칠 후 금에 대한 수출입을 금지한다는 조처가 발령되면서 암시장에서의 거래가격은 소폭 상승했지만, 투자자들이 꿈꾸어왔던 공개시장에서의 금값 폭등은 희망사항으로 끝나고 말았다. 앞으로도 그럴 가능성은 거의 없어 보였다.

나는 내 분석이 옳았다는 사실에 만족한다. 하지만 요즘은 진퇴양난에 빠져 있다. 금값이 오르면 이론가로서 화가 나고, 금값이 떨어지면 실무자로서 화가 나는 것이다. 하지만 명색이 투자자라는 사람이 이론을 내세우고 자신의 생각을 남들에게 떠벌리고 다니니, 어쩌면 당연한 결과가 아니겠는가?

| 백색의 금속, 은

이번에는 같은 귀금속이며 한때는 금과 라이벌 관계까지 형성하기도 했던 백색의 금속, 은으로 눈을 돌려보자. 지난 55년 동안 나는 은과 관련한 숱한 모험들을 직접 목격하거나 소문으로 접할 수 있었는데, 그 가운데 몇 가지는 내 개인적인 경험과도 관련이 있는 것들이었다.

백색 금속의 역사는 그 자체로 장중한 영웅의 서사시다. 고대 그리스인들도 이미 은화를 주조하긴 했으나 본격적인 영웅시대는 스페인이 식민지 개척에 발을 들여놓으면서부터다. 좀 더 구체적으로 말하면 자신들이 발견한 동화 같은 아메리카에 매료된 정복자들이 스페인 국왕에게 도저히 믿을 수 없는 소식을 전하는 순간부터 시작되었다. 그들이 발견한 환상적인 은 광맥으로, 신비로운 나라 페루의 포토시부터 마드리드까지 은으로 만든 다리를 놓을 수도 있다는 것이다.

그로부터 400년이 흐른 후 백색 금속은 다시 한 번 매력을 뽐내게 되는데, 이번에는 루스벨트 대통령의 막역한 친구 헨리 모겐스 2세Henry Morgenthau Jr[19]가 조연으로 등장했다. 그는 평소에 자신이 즐겨하는 생각들을 실행에 옮길 줄 아는 인물이었다.

뉴욕 증권시장이 붕괴한 1929년의 '검은 목요일'과 더불어 시작된 대공황은 1933년에 절정에 달했다. 비극적인 자금부족을 의미하는 통화디플레이션이 그렇지 않아도 신용위기로 몸살을 앓고 있던 미국경제의 숨통을 조여오기 시작했다. 헨리 모겐스 2세는 은의 가격이 오르면 상황이 호전될 수 있을 것으로 믿었다. 더군다나 은 생산지인 몇몇 주에서 이기적인 이유로 모종의 정치압력을 가해오던 상황이었다. 또한 미국 정부는 멕시코와 같은 은 생산국들과 은을 다량 보유한 국가들의 구매력을 높이려고 했다. 중국인들의 비장의 보물도, 인도인들의 비밀지갑도 모두 은이었다. 극동지역에서는 은이 서양의 금과 동일한 가치를 지녔다(인도의 지불수단인 루피와 중국의 달러는 은본위였다).

---

19 1934~1945년 동안 루스벨트 행정부의 재무장관이었다.

금과 은, 양 본위제도에 관한 구체적인 계획도 없이 모겐소는 연방준비은행Federal Reserve Bank과 미국 국고가 금 보유고와 비슷한 정도의 은을 보유할 수 있도록 도왔다. 법령을 통해 은 시세가 고정되었다. 정부는 오직 미국에서 생산되는 은만 구매할 수 있었으며, 더불어 외국에서의 은 반입도 엄격히 금지되었다. 이전보다 훨씬 더 높은 가격이 책정되었는데, 영국 증권거래소에서 은은 온스당 약 70실링에 공시되었다(당시 미국의 공식적인 증권시장에서는 은이 거래되지 않았다).

큰 시세차이가 전 세계 투자자들을 열광시킨 것은 당연한 일이었다. 그들은 런던 시장의 은을 노리고 벌떼처럼 달려들어(나 역시 그 무리 속에 끼어 있었다) 모겐소의 구매가격보다 훨씬 더 낮은 가격으로 엄청난 양의 은을 앞다투어 사들였다. 다들 현재의 시세차이가 시간이 흐르면 자동적으로 없어지거나 줄어들 것으로 봤다.

그러나, 아뿔싸! 전혀 예상치 못한 장애물이 나타나 발목을 붙잡았다. 중국과 인도의 비밀창고에서 조금씩 빠져 나오던 은이 어느 순간 엄청난 물량이 되어 미국에 상륙한 것이다.

중국인들은 예나 지금이나 전 세계에서 가장 노련하고 탁월한 밀거래 전문가다. 은의 흐름을 홍콩에서 미국으로 돌려놓는 것은 그들에게 식은 죽 먹기나 다름없었다. 다시 말해 이번에는 은이 페루에서 마드리드로 간 것이 아니라, 극동지역에서 미국으로 흘러들어갔다. 사람들은 각 지역의 은들을 전혀 구별할 수 없었다. 중국에서 반입된 은은 몬태나에서 반입된 은과 색깔이 똑같았고, 다시 몬태나의 은은 봄베이에서 밀수입된 은과 믿을 수 없을 정도로 겉모

금과 은, 그리고 원자재에 얽힌 경험담들

양이 똑같았다. 미국 재무당국이 나서서 전량을 매수했다. 통화량을 대폭 늘림과 동시에 이번에는 금이 아니 은으로 보증한다는 계획이었다.

그런데 여기에 작은 막간극이 등장하면서 이야기에 흥미를 더한다. 중국인들은 은을 판매한 대금으로 다시 독일에서 무기와 탄약을 구입했다. 내전이 코앞까지 다가와 있었던 것이다. 그들은 독일에서 비밀리에 생산되고 있던 전쟁물자들을 충분히 확보하려고 가능한 한 은을 비싼 가격으로 팔려고 했다. 당시 히틀러 정부는 제3제국의 군비산업에 투입된 노동자들에게 무기 수출에 집중하라고 독려했다. 그런데 그 무기의 수입단가가 너무 높아서 중국인들로서는 은 밀무역을 통해 그 비용을 충당하는 방법 외에는 다른 도리가 없었다. 그리하여 한 재무장관의 경솔한 금융정책으로 인해 돈이 은밀하게 흐르면서, 결국에는 나치를 강화하는 형국에까지 이르고만 것이다.

은이 계속 유입되는 바람에 미국 재무당국은 국고에서 천문학적인 액수의 달러화를 쏟아부어야 했고, 곤경에 처한 모겐소는 그 타개책을 고심하느라 연일 밤잠을 설쳤다. 그러다 어느 날 갑자기 의회에서 법령이 철회되었다. 국가 차원의 은 매입이 중단된 것이다. 그러자 그 즉시 홍콩, 봄베이, 그리고 또 당연히 런던에서 은 가격이 폭락했다.

다른 많은 동료들과 마찬가지로 나 역시 서류상으로는 백만장자가 되어 있었다. 런던의 은 시세가 온스당 50달러까지 치솟으면서 그야말로 천문학적인 수익을 남길 수 있었기 때문이다. 그러다

단 하루 만에 백만장자의 꿈이 신기루처럼 사라져버렸다. 불행 중 다행으로 완전한 파산만은 겨우 면할 수 있었다. 시세가 하향곡선을 그리기 시작하는 순간 위기를 느끼고 비록 소량이지만 공매도를 해둔 덕분이었다.

물론 그때의 참담한 패배를 온전히 되갚아줄 수는 없었지만 그로부터 약 30년 후에 설욕할 기회가 왔다. 나는 다시 은을 샀다. 이번 구매가는 시세를 안정화하기 위해 미국 정부가 인위적으로 설정한 최고 한계가 온스당 90센트였다.

당시 몇 가지 징후와 상황이 나를 그쪽으로 끌어당겼다. 번창하던 화학산업이 엄청난 양의 은을 필요로 했으나 보유고는 그리 넉넉하지 못했다. 게다가 한 친구(그는 투자전문회사 메릴린치에서 근무하고 있었다)가 내게 전화로 정보를 알려줬다. 연방준비은행의 브로커들에게 미국 시민이나 영주권자를 위해 은-계약증서를 구매하지 말라는 지시가 떨어졌다는 내용이었다. 이런 경우에 투자자는 어떻게 해야 할까? 나는 평소 두터운 친분을 쌓아온 스위스 로잔의 인도차이나 은행Banque de l'Indochina에 전화를 걸어 내 명의로 꽤 많은 양의 은(다시 말해 자유롭게 처분이 가능한 현물)을 구매하고, 그 대금에 대한 지급보증을 해줄 수 있느냐고 문의했다. 긍정적인 답변과 함께 즉시 내가 주문한 거래가 이루어졌다. 그로부터 14일 후 미국 정부가 구매한도액을 33% 올리면서 최고가는 온스당 120센트로 상향 조정되었다. 비록 큰 액수는 아니었지만 어쨌든 그 거래에서 해묵은 마음의 빚을 청산할 수 있었다.

내가 처음으로 은을 상대로 모험을 시도한 지 약 40년이 지난 후, 전 세계 모든 언론매체들이 은 투기와 관련한 헌트 형제Hunt Brothers[20]의 행적을 앞다투어 보도하면서 다시 세인들의 뜨거운 주목을 받기 시작했다. 저 유명한 텍사스 백만장자들은 몇 번의 또 다른 대규모 작전을 통해(공략대상은 기름, 콩 등이었다) 세간에 이미 잘 알려져 있던 터였다. 1980년대 초엽에 그들은 전 세계를 무대로 매점매석으로 은의 가격을 최대로 끌어올린 다음, 그것을 다시 소비자들에게 팔아 천문학적인 돈을 챙긴다는 계획을 세웠다. 이러한 종류의 거래행위는 증권시장의 은어로 '코너Corner'라 불린다.

'코너(독일어로 Ecke)'에 해당하는 독일어의 은어는 '링Ring'이다. 이는 여러 명의 투자자들이 특정한 종목을 겨냥하여 그 생산물은 물론이고 가능하면 재고물량까지 사재기한 다음, 공격적인 선전과 선동을 통해 일반 대중이 해당 상품을 선물거래를 하도록 한다. 다시 말해 외상으로 구매하도록 유도하는 것을 의미한다.

헌트 형제의 기본적인 생각은 다음과 같다. 이를테면 전 세계적으로 확산되는 추세인 사진 열풍과 화학산업의 여타 다른 생산품들에 수요로 인해 생산과 소비의 간극은 점점 더 커질 수밖에 없다는 것이었다. 그들은 여러 개의 광산을 통제하여 은의 채굴을 차단했다. 그리고 교묘한 선전을 통해 일반 대중을 투자로 끌어들이는 데 성공했다. 강세장을 예상한 투자자들의 눈에는 실패할 확률이 전무한 게임으로 비쳤다. 중개인들은 고객들에게 전화를 걸어 무조

---

20 텍사스 석유재벌인 넬슨 벙커 헌트(Nelson Bunker Hunt)와 윌리엄 허버트 헌트(William Herbert Hunt).

건 은을 사라고 부추겼다. 헌트 형제도 대량으로 사고 있는데, 그들이 살 때면 반드시 그럴만한 이유가 있다는 식으로 말이다.

그와 시기를 같이하여 또 다른 투자자들은 약세장을 겨냥하고 있었다. 다시 말해 그들은 나중에 훨씬 더 낮은 가격으로 되살 수 있다는 희망으로 현재 갖고 있지도 않은 은을 미리 팔았다. 이런 투자자들이 미국에만 해도 수천 명에 달했고, 그 외에도 봄베이, 홍콩, 멕시코시티 등 은을 생산하는 곳곳에서 무수한 사람들이 그 흐름에 동참했다. 그들은 한결같이 은의 가격이 지나치게 높다고 생각하고 있었다.

하지만 가격은 계속 치솟았고, 그럼에도 신디케이트는 물량을 더욱더 줄여나갔다. 급기야는 시장에서 은이 완전히 사라졌다. 가격이 계속 더 오르자 약세장을 겨냥한 투자자들도 이에 뒤질세라 더 저돌적인 자세를 취하면서 선물거래 공매도 양을 오히려 더 늘려나갔다. 중개인들도 몸이 달아 고객들에게 틈만 나면 전화를 걸어, 머지않아 시세하락을 예상하고 투자한 사람들은 헌트-신디케이트에 의해 쪽박을 차는 신세가 되고 말 테니 두고 보라는 식으로 호언장담하면서 계속 더 사두라고 꼬드겼다. 정말 고전적인 수법이었다.

다시 매수주문이 쇄도했고 덩달아 시세도 상승곡선을 그렸다. 사람들은 서류상의 수익금으로 또 다른 계약을 체결했다. 겨우 10%의 보증금만 지불하면 그만인 너무나 쉬운 게임이었다. 이런 식으로 짧은 기간 동안에 은 시세가 온스당 5달러에서 50달러까지 치솟았다. 전 세계 주식투자자들은 이 거대한 포커게임이 어떤 식으로 끝날지 마음 졸이며 지켜보고 있었다. 친구들 중 금융 저널리스트였던 한 명은 내게 온스당 500달러까지는 오를 것이라며 호언장담했다. 나는 그에게 일각에서는 벌써부터 폭리를 노리는 '사기행각'이라는 말까지 나도는 것을 보아 곧 관계당국에서 개입할 가능성이 높다고 경고했지만, 씨알도 먹히지 않았다. 당연히 신디케이트에서 어떤 식으로든 당국에 손을 쓰지 않겠느냐는 게 그의 대답이었다. 정련소마다 가정용 은제품들을 상상도 하기 힘들 정도의 비싼 가격에 팔아보려는 사람들로 장사진을 이루고 있었다.

그러한 은 열풍이 정부나 금융감독원의 개입을 통해 언제라도 막을 내릴 수 있다는 사실을 염두에 두는 사람은 아무도 없었다. 새로운 신용대출 규정과 같은 여러 조처들이 한꺼번에 쏟아져 나오자 헌트 형제가 주도한 링은 한 순간에 맥없이 허물어졌다. 그들은 무엇보다도 하나의 '링'을 성공적으로 마무리 짓기 위해서는 거의 무한대의 자금력과 세계시장에 대한 절대적인 통제력이 요구된다는 사실을 잊고 있었다. 약세장 투자자들로 하여금 아주 비싼 가격으로 투자대상 물품을 사도록 강제할 능력이 있어야만 그들을 궁지로 내몰아 쓰러뜨릴 수 있는 것이다. 그 작전은 그들보다 훨씬 더 강력한 자금동원력을 가진 경우라야 가능한 것으로서, 앞에서 언급했듯이 미국 정부가 그 대표적인 예다. 미국 정부는 연방준비은행이라는 든든한 후원군을 등에 업고 거의 무한대의 자금을 조달할 수 있다.

장담하건대 헌트 형제는 분명 부다페스트 증권시장의 재담꾼들 사이에서 유행하던 '백전백패의 링'이라는 말을 전혀 들어보지 못했을 것이다.

| 백전백패의 링

제1차 세계대전 이전 선물거래의 경우 중부 유럽에서 가장 중요한 곳은 부다페스트 곡물거래소였다. 부다페스트가 당시 유럽의 곡물창고였기 때문이다. 그리고 선물거래시장이 존재하는 곳이라면 어디에서나 시세조작의 가능성도 늘 따라다녔다. 시세조작이란 증권거래소에서 거래되는 유가증권의 시세를 부당한 방법으로 인위적으로 올리고 내리는 행위로서, 그중에서도 이익단체들이 개입하는 경우를 말한다. 귀리가 종종 이러한 조작의 표적이었다. 당시에 귀리는 군대의 교통수단이던 말의 사료로서, 오늘날의 기름에 해당되었기 때문이다.

세기 전환기에 몇 명의 투자자자들은 작황통계, 일기예보, 오스트리아–헝가리 군대의 예상 소비추정치 등을 토대로 귀리가격이 오를 수밖에 없을 것으로 판단했다. 그들 계산대로라면 이제 가격 상승세를 예상한 투자를 하는 동시에 인위적으로 가격을 가능한 한 높이 끌어올리기만 하면 그만이었다.

그리하여 아주 치밀한 작전계획으로 무장한 신디케이트가 결성되었다(당시 사람들은 이를 코너 혹은 링이라 불렀다). 신디케이트 참여자들은 대리인들을 통해 전국 각지에서 귀리를 매점매석하여 현물의 시장 진입을 차단하는 동시에, 증권시장에서는 그 양을 점점 더 늘려가며 선물계약서들을 사들였다. 시세가 서서히 상승하자 약세장을 겨냥하여 투자한 사람들은 깜짝 놀랐다. 그들은 오스트리아–헝가리 군대가 이미 충분한 양의 귀리를 확보했을 것으로 믿고 있었을 뿐만 아니라, 시카고의 통신원들로부터 미국 중서부 지방에서

금과 은, 그리고 원자재에 얽힌 경험담들

풍작이 기대된다는 정보까지 확보해놓고 있었던 것이다.

그럼에도 가격이 점차 오르는 것을 보고 어느 순간 그런 움직임 뒤에 뭔가 비밀스러운 음모가 도사리고 있다는 사실을 알아챘다. 하지만 그들은 작전이 절대 성공하지 못할 것이라는 확신 아래 오히려 이전보다 더 많은 귀리 선물계약서를 공매도했다. 그리하여 '링'에 전형적인 상황이 또 한 번 이루어졌다. 앞에서 살펴보았듯이 헌트 형제가 금을 대상으로 기획한 '코너'도 이와 똑같은 상황을 맞은 바 있는데, 두 경우 모두 신디케이트가 표적 종목의 실제 재고량보다도 더 많은 선물계약서를 사들였던 것이다. 이것이 바로 오랫동안 부다페스트 증권거래소를 중심으로 사람들의 입에 자주 오르내렸던 '귀리-링' 사건이다.

헝가리의 기상예보들은 하나같이 비관적이었으며, 약세장 투자자들로서는 그것만으로도 치명적인 시세폭등을 우려하기에 충분한 이유가 되었다. 시세하락을 예상하고 투자한 사람들도 팔짱만 끼고 있을 수는 없는 노릇이었다. 코너를 멈추게 할 방법을 두고 고심하던 차에 누군가가 묘책을 떠올렸다. "군대의 고혈을 짜내는 파렴치한들"이라는 제목의 호소문을 헝가리 신문들에 대문짝만하게 게재한 것이다. 그리하여 불법적으로 가격을 부추기는 야바위꾼들을 몰아내자는 운동을 전개하는 한편, 전쟁부의 아우펜베르크^{Auffenberg} 장군에게 대표단을 보내 군대의 약탈자들을 응징해달라고 탄원한다는 계획이었다. 하지만 그들이 철썩 같이 믿고 있던 정보, 다시 말해 군대가 이미 충분한 양의 귀리를 확보해두고 있다는 말은 사실 틀린 정보였다.

약세장을 밀고 나가던 측의 투자자들은 매일 아침 증권거래소 근처의 한 작은 커피숍에 모여 간단한 식사를 하며 작전회의를 열었다. 그러던 어느 날 아침 모든 헝가리 일간지에 파렴치한 방법으로 국가의 기둥인 군대를 약탈하려는 주식시장의 악당들을 규탄한다는 내용의 호소문과 그와 관련한 기사들이 실렸다. 기사 내용은 간단히 말해 그러한 반국가적인 행위를 중단시키기 위해서는 상급 기관으로부터 특별한 조처가 취해져야 한다는 것이었다. 집중적인 공격대상은 당연히 신디케이트의 수장인 아르민 산도르Armin Sandor였다. 그는 노련하고 약삭빠른 투자 전문가로서, 특히 그 분야와 관련해서는 온갖 요령들을 훤히 꿰고 있었다. 사람들은 모욕적이고 거친 표현들을 동원하여 그를 비난했다.

신디케이트 동료들은 단골 커피숍에 앉아 수장의 반응을 기다렸다. 마침내 그가 나타나 동료들 곁에 앉더니, 마치 아무런 일도 없다는 듯이 태연하게 우유의 막(과거 중부 유럽에서는 커피에 생크림 대신 우유를 끓일 때 생기는 얇은 막을 넣어 손님에게 제공했다)을 띄운 한잔의 커피와 크로아상을 주문했다. 참다 못한 한 동료가 마침내 입을 열어 신문에 실린 내용에 대해 어떻게 생각하느냐고 물었다. 그러자 툭 내던진 그의 대답이 걸작이었다. "나는 테임스Taims만 읽어요(이로 미루어 보아 산도르는 분명 영어를 한 마디도 하지 못했다)."

그 말이 산도르 자신의 일은 처리했을지 몰라도, 그가 주도해온 코너에 대한 해결책은 될 수 없었다. 우여곡절 끝에 약세장 투자자들이 보낸 대표단과 아우펜부르크 남작과의 공식회견이 성사되었다(그 이후부터 링 참가자들은 그를 '산 위의 당나귀'라고 불렀다). 그는 곧 헝가리 정부에 압력을 넣어 부다페스트의 은행들로 하여금 현물 구입용으로 신디케이트 측에 제공한 지급보증을 즉시 철회하게 만들었다. 엄청난 손실과 함께 코너는 무너졌고, 약세장 투자자들은 이번에도 '다시' 큰 수익을 챙겼다. 내가 굳이 '다시'라는 표현을 강조한 것은 이유가 있다. 귀리를 표적으로 삼은 코너는 예전에도 이미 여러 번 결성되었는데, 그때마다 돌발변수가 작용하여 항상 실패로 끝나면서 약세장 투자자들의 배만 불려주었기 때문이다. 그런 이유로 사람들은 귀리를 표적으로 삼는 코너를 '백전백패의 링'이라 부른다.

흥미롭게도 그로부터 80년이 지난 후에 나 자신이 이 이야기로 이익을 얻게 되었다. 당시 나는 〈런던타임스The Times of London〉의 편집장과 우연히 알게 되었는데, 아주 매력적이고 호감이 가는 인물이었다. 내가 이 이야기를 들려주자 몹시 즐거워하며, 그 보답으로 내게 1년 무료구독권을 선물했다. 그리고 그 선물에 대한 답례로 나는 다시 〈타임스〉[21]와 관련된 두 번째 일화를 들려주었다.

파리에서 알고 지내던 뢰벤가르트라는 증권거래소 동료는 독일 프랑크푸르트 태생이었지만 '영국 신민British Subject'이었다. 1914년 제1차 세계대전이 시작되자 뢰벤가르트는 독일 출신으로서 프랑스나 영국에 체류하는 것이 두려운 나머지, 스위스로 건너가 전쟁기간 내내 그곳에서 지냈다. 그리고 전쟁이 끝난 1918년에 유효기간이 지난 영국여권을 갱신하러 취리히 영사관을 방문했다. 그러자 영사가 여권을 훑어보더니 차가운 눈빛으로 딱딱하게 물었다.

---

21 〈런던타임스〉를 약칭해서 〈타임스〉라고 부른다.

"전쟁 중에 당신이 영국을 위해 한 일이 뭐요?"

내 친구는 아주 당당하게 대답했다.

"아침마다 〈타임스〉를 읽었습니다."

그러자 내 새로운 친구인 편집장이 박장대소하며 무료구독 기간을 2년으로 연장시켜주었다. 나는 그에 대한 감사의 표시로 이번에는 부다페스트의 한 주간신문에서 가장 인기있는 코너의 제목을 인용했다. "Was ist Intimes in Times(What is Intimate in Times)?"[22] 이 코너는 주로 부다페스트에서 발생하는 불륜 스캔들이나 그와 관련한 갖가지 풍문들을 다루었다. 이왕 말이 나온 김에 한마디만 덧붙이자면, 헝가리의 언론인들과 각종 신문과 관련하여 현재 나돌고 있는 일화나 우스갯소리만 해도 십여 가지가 넘는다. 그중에 다음 일화가 단연 압권이다.

주민이 채 3천 명도 되지 않는 어느 지방 소도시의 지역 홍보신문 편집장이 어느 날 저녁 단골 술집에 나타났다. 그는 침을 튀기며 열변을 토한다.

"러시아 황제는 곧 권좌에서 물러나게 될 겁니다. 장담하건대 틀림없이 그렇게 될 겁니다."

"도대체 무슨 일인데요?"

술집에 모인 모든 사람들이 이구동성으로 물었다.

"그를 신랄하게 성토하는 사설을 우리 신문에 실었거든요."

---

22 일종의 언어유희로써 'What is Intimate in Times?'를 독일어로 옮겼다고 이해하면 된다(Intimes-in Times). 우리말로 표현하자면 "타임스(혹은 현재)에서 가장 은밀한(뜨거운) 뉴스는 무엇일까?" 정도 된다.

2장;

투자모험가로서의 나날들

어떤 통화도 자신을
영원히 지키지는 못한다

Kostolanys beste
Geldgeschichten

| 제1차 세계대전 이후의 외환거래

독일, 오스트리아—헝가리, 불가리아, 터키로 구성된 중구제국[23]
이 전쟁에서 패하면서 1918년 가을에 도나우군주제Donaumonarchie도
붕괴되었다. 그 무렵 "달러화 시세는 어때?"라는 질문이 유럽 전역
에서 가장 큰 화젯거리가 되었던 것은 단순히 호기심 때문은 아니
었다. 상인이나 투자자는 물론 일반 소비자들에게도 아주 절실한
문제였다. 왜냐하면 달러 시세는 독일제국의 마르크화나 오스트리
아—헝가리의 크로네화 가치를 결정했을 뿐만 아니라, 달러화 대비
환율은 해당 국가의 미래가 국제적으로 어떻게 평가되는지에 대한
가장 확실한 지표였기 때문이다.

---

23 제1차 세계대전 때의 독일과 그 동맹국.

어떤 통화도 자신을 영원히 지키지는 못한다

외환거래가 가장 활발하게 이루어진 곳은 취리히와 암스테르담이었으며, 거기서 결정된 시세는 해당 국가들의 재정건전도를 진단하는 기압계이자 체온계임과 동시에 투자의 대상이기도 했다. 통화를 대상으로 하는 대규모 투자는 해당 국가의 환율을 결정했을 뿐만 아니라 대부분의 경우 그 국민의 운명과도 직결되어 있었다.

유럽의 외환거래는 갈수록 복잡해졌다. 특히 오스트리아—헝가리 제국이 붕괴한 후 그 전에는 철저히, 혹은 부분적으로 오스트리아—헝가리 크로네를 통화로 사용해오던 국가(이를 테면 신생 폴란드에서는 오스트리아—헝가리 크로네, 라이히스마르크, 루블이 통용되었다) 들이 이제는 자국만의 고유한 화폐를 도입하려고 했기에 더더욱 그랬다. 처음에는 이들 통화가 기존의 은행권에 소인을 반복적으로 찍어나가는 과정을 통해 재생되었으며, 그 소인들 또한 하루가 멀다 하고 바뀌었다. 그러다 어느 시점에 이르면 다양한 색상과 독일—오스트리아, 체코슬로바키아, 폴란드, 유고슬라비아 등 새로 탄생한 국가들의 수장의 모습으로 꾸며진 새로운 은행권이 도입되었다.

그야말로 혼돈 그 자체였다. 사람들은 그 혼돈에서 허우적거릴 수밖에 없었다. 하지만 직접 경험했거나 심지어는 그것을 극복한 사람들에게는 그런 혼돈이 오히려 큰 혜택으로 작용했다. 그를 통해 외환시장에서는 모든 것이 가능하며, 예상과는 정반대의 상황이 전개될 가능성도 늘 열려 있다는 사실을 배울 수 있었을 터이기에 하는 말이다.

중부 유럽 및 동부 유럽의 화폐가치가 마치 추풍낙엽처럼 제로 상태로까지 추락하곤 하던 시기에도 그와는 정반대의 흐름을 타는 경우들은 있었다. 그러한 반대흐름은 과열된 투자로 인한 경우도 있었지만, 특정한 경제적 혹은 정치적 사건들이 원인으로 작용하기도 했다(지난 20년 동안 우리는 이와 똑같은 상황을 경험할 수 있었다).

예를 들어 나는 1920년대 파리 증권거래소에서 한때 잘나가던 투자자였다가 일순간에 빈털터리가 되고 말았다는 어느 가난한 중개인을 알게 되었다. 러시아 10월 혁명 이후 그는 러시아 로마노프−루블화의 폭락을 예상한 대규모 약세장 투자에 가담했다. 옛 황제 시대 화폐의 가치가 제로로 떨어질 것으로 예상하고 엄청난 액수의 공매도를 한 것은 사실 옳은 판단이었다. 그런데 약속된 인도 날짜를 지킬 수가 없었다. 어떤 기술적인 이유들로 인해 루블화가 시장에서 완전히 사라져버린 것이었다. 그는 '강제처형'을 당함과 동시에 파산하고 말았다. 몇 달 후 루블화의 가치는 그의 예상대로 제로로 추락했지만 이미 늦은 후였다. 내가 그를 처음 만났을 때는 이미 빈털터리 상태였다.

이 이야기는 아무리 예리한 감각과 합리적인 판단력을 갖춘 사람이라도 너무 과도하게 투자하거나 일시적이나마 정반대의 흐름을 견뎌낼 수 없으면, 모든 것을 일순간에 날려버릴 수도 있다는 것을 보여주는 전형적인 사례다. 이 책에서 앞으로도 몇 차례 더 다루게 되겠지만 이와 유사한 일들은 비일비재하다. 독일의 위대한 시인 하인리히 하이네Heinrich Heine는 실연의 고통을 다음과 같이 노래하고 있는데, 내가 볼 때는 마치 투자실패의 상실감을 토로하고 있는 것 같다.

아주 오래된 이야기지만

늘 새롭게 되살아난다네.

그리고 여기에 잠깐 스치기만 해도

그 사람의 심장은 둘로 쪼개진다네.

비단 개인뿐만 아니라 정부 차원에서도 이와 유사한 형태의 파산이 이루어지기도 한다. 예를 들어 20세기 초엽의 헝가리가 그 대표적인 경우다. 당시 헝가리가 장기적인 인플레이션으로 신음하던 차에 롤란트 헤게뒤스Roland Hegedüs 교수가 새로운 재무장관으로 화려하게 등장했다. 모든 신문이 앞다투어 천재로 부각시켰다. 그는 무엇보다도 크로네화 구출에 주력했다. 하지만 그의 실험(과격한 통화긴축정책)은 잠깐 동안 성공하는가 싶더니 곧 완전한 실패로 끝나고 말았다. 통화팽창률은 다시 끝없는 고공행진을 벌였다. 패전과 그로 인해 거의 2/3에 달하는 헝가리 영토를 상실한 것이 통화팽창률을 가속화시킨 것이다. 그 가련한 장관은 국민들의 조롱을 받으며 정신병원에서 남은 삶을 마감해야만 했다(그렇다고 해서 인플레이션과의 전쟁이 모두 이런 식으로 끝난다는 말은 결코 아니다. 이 전쟁의 승패는 일개 재무장관의 능력이 아니라 해당 국가 국민들의 미덕과 악덕에 달려 있다).

물론 이런 기회를 이용하여 성공한 투자자도 많다. 예를 들어 지난 70년 동안 가장 위대한 경제학자라고 할 수 있는 케인즈John Maynard Keynes는 제1차 세계대전 이후 몇 년 동안 중부 유럽의 경제몰락과 화폐가치 폭락에 투자하여 엄청난 돈을 벌었다.

| 달러화 거래가 금지되었단 말인가요?

경제와 금융 영역에서 부침은 다반사듯이 제1차 세계대전 이후 암거래시장이 한때 번성했다. 부다페스트, 베를린, 빈, 혹은 파리 등 유럽 어느 곳에서든 엄청난 액수의 달러화가 거래되었다. 당시 나는 보슈코비츠Boschkowitz라는 아주 신뢰할 만한 외환거래상을 알고 있었다(암거래 전문가들은 신용이 확실하다. 심지어는 증권거래소 중개인들보다 더 믿음직스럽다고 말할 수 있을 정도다. 그들에게 돈을 빌려주면 한 푼도 어김없이 정확한 날짜에 되돌려 받을 수 있다).

어느 날 보슈코비츠는 경제경찰에 체포되어 경찰서로 연행되었다. 담당경찰관은 그를 쏘아보면서 위협적인 어조로 말했다. "보슈코비츠 씨, 당신! 달러 거래했죠?" 보슈코비츠는 깜작 놀라는 표정을 지으며 진지하게 되물었다. "그게 무슨 말이에요, 경찰관 나리! 그렇다면 달러화는 거래가 금지되었단 말인가요?" 그러자 그 경찰관은 갑자기 머리를 한 방 얻어맞은 듯이 움찔하더니 잠시 생각한 후 이렇게 말했다 "뭔가 오해가 있었던 것 같습니다, 보슈코비츠 씨. 그만 가셔도 좋습니다."

외환거래상들이 얼마나 정직한지를 말해주는 또 다른 일화도 있다. 제2차 세계대전 이후 암거래 시장에서 큰손으로 통하던 니콜라우스 호프바우어Nikolaus Hofbauer라는 사람이 외환을 보유하고 싶은 여러 고객들로부터 많은 돈을 위탁받고 있었다. 그러던 어느 날 저녁 그는 경제경찰이 뭔가 냄새를 맡고 자신을 뒤쫓고 있다는 사실을 눈치챘다. 니콜라우스 호프바우어는 즉시 택시를 타고 자신이 맡고 있던 돈을 모두 고객들에게 되돌려준 후에야 외국으로 달아났다.

어떤 통화도 자신을 영원히 지키지는 못한다

| 참패로 끝난 프랑화 압살전쟁

대부분은 성공이 오래가지는 못했지만, 어쨌든 인플레이션으로 한 몫 잡은 사람들도 꽤 많았다. 그 가운데 몇몇은 나와 개인적으로 친분이 있었다. 가장 크게 성공한 대표적인 인물 중 하나가 앞에서도 언급한 프리츠 만하이머 박사였다. 슈투트가르트 출신의 젊은 독일인 만하이머는 암스테르담 증권시장에서 가장 노련한 외환거래 전문가들 중 한 사람으로, 1918년 전쟁 후 라이히스마르크가 대폭 평가절하한 것을 이용해 엄청난 부를 축적한 행운아였다.

슈투트가르트에서 소상인의 아들로 태어난 만하이머는 1914년 이전에는 파리의 한 회사에서 러시아 수출입을 관장하는 은행 업무를 맡았다. 전쟁이 터지자 독일로 돌아온 그는 라이히스방크에서 근무했다. 전쟁 이후에는 당시 중립국들의 가장 중요한 금융시장이었던 암스테르담으로 파견되어 라이히스방크를 위해 외환시장에서 국제적인 은행 업무 전문가로 활약했다.

마르크화가 평가절하되고 있던 그때 그가 맡은 임무는 노련한 외환관리로 라이히스마르크를 보호하는 것이었다. 그는 암스테르담에서 큰 상인으로 자리를 잡았으며, 라이히스마르크의 가치는 제로로 떨어졌지만 그 자신은 엄청난 부를 축적할 수 있었다(이 대목에서 문득 몇 년 전 독일 헤르슈타트 은행에서 일하며 큰 돈을 챙긴 다니 다텔Dany Dattel이 떠오른다. 그 경우도 은행은 파산하고 말았다). 물론 라이히스마르크의 붕괴요인은 여러 가지가 있어 만하이머 탓으로만 돌릴 수는 없다. 하지만 그는 거기서도 자신을 위해 수익을 챙겼다.

만하이머에 대한 일화는 수도 없이 많은데, 그중 대부분은 암스테르담 둘런 호텔의 아주 멋지게 차려 입은 안내서비스 관리자가 들려준 것이다(그 안내서비스 관리자는 얼마나 멋쟁이였던지 프로이센 장교처럼 외알 안경까지 착용하고 다녔다). 처음에는 만하이머도 빈털터리였다고 했다. 관리자가 말하길 너무 가난해서 "우리 호텔에 묵기 전에는 거의 노숙하다시피 했다"는 것이다.

몇 년 후 만하이머는 그때 벌어들인 돈으로 베를린에 본부를 두고 있는 멘델스존 은행(철학자이자 독일의 유명 극작가 레싱의 친구였던 모제스 멘델스존Moses Mendelssohndml의 후손)의 네덜란드 지점을 내고, 그곳에서 최고 금융가로서의 특별한 지위를 누렸다. 특히 프랑스와 벨기에 정부의 주거래 은행가로서 명성을 드날렸다.

당시 아주 중요한 금융시장이던 암스테르담에서 무관의 제왕으로 권좌를 누렸던 만하이머는 신출내기에 불과한 내게 아주 특별한 영감을 주었다. 그런 이유로 나는 그의 비극적인 종말에 놀라지 않을 수 없었다. 그는 제2차 세계대전 발발 몇 주 전에 사망했고, 이틀 후 그의 은행은 파산신고를 했다. 이 소식은 당시 전 유럽을 깜짝 놀라게 한 빅뉴스였다. 하지만 그가 기획한 가장 흥미로운 거래들 중 하나이자 동시에 외환거래 역사상 가장 주목할만한 작전 중 하나는 마르크화를 표적으로 삼지는 않았다.

한편 프랑스 프랑화에 무리한 투자를 한 만하이머의 동료 카미오 카스틸리오니Camillo Castiglioni는 이탈리아의 트리에스트 출신으로 랍비의 아들이었다. 그는 오스트리아에서 인플레이션으로 부자가 된 행운아였다. 나와 같은 세대의 빈 사람들은 지금도 그를 기억할 것이다. 그는 젬페리트Semperit 타이어 공장의 대리상으로 출발했

어떤 통화도 자신을 영원히 지키지는 못한다

으며, 전쟁이 끝난 후에는 화폐의 평가절하를 이용해 부자가 될 수 있다는 사실을 간파했다. 마치 독일의 휴고 스티네스Hugo Stinnes[24](실제로도 사람들은 카미오 카스틸리오니를 '오스트리아의 슈티네스'라고 불렀다)처럼, 그는 오스트리아에서 가격과 종목과는 상관없이 신용으로 유가증권을 마구 사들인 다음 나중에 거의 무가치로 전락한 화폐로 그 부채를 상환했다.

그는 빈의 전설이었다. 한동안은 말이다. 누구나 그를 알아봤다. 내 기억이 틀리지 않는다면, 1922년에 나와 함께 빈의 젬머링에 체류하고 있었다. 그가 쥐트반Suedbahn 호텔의 로비나 식당에 들어서면 모든 사람들이 고개를 끄덕이며 "저 사람이 카스틸리오니야!"라고 귀엣말을 주고받곤 했다. 그는 인생을 즐겼으며, 우아한 프린츠 오이겐 슈트라세에 있는 저택에서 마치 성주인양 행세하며 살았다. 인근에는 로스차일드 가문의 대저택이 자리잡고 있었다.

뿐만 아니라 그는 대단한 예술 애호가이기도 했다. 훌륭한 미술품들을 수집했고 잘츠부르크 페스티벌을 재정적으로 후원하기도 했다. 지금까지도 독일어로 된 최고 수준의 연극을 공연하는 것으로 잘 알려진 알트 요제프슈테트 극장이 개관했을 때, 극장장인 막스 라인하르트Max Reinhardt는 무대에서 개관식 환영사를 하면서 관람객들에게 공손히 인사를 한 후, 다시 카스틸리오니의 좌석을 향해 한 번 더 인사를 했다. 옛날에 성주에게 했던 의례처럼 말이다.

---

[24] 독일의 기업가로 엄청난 재산을 쏟아 부어 국가에 봉사했다. 대다수 언론과 경제 전반을 통제한 막후 실력자로 경제적 지위를 이용해 정계를 지배하려고 했다.

이처럼 화려한 성공에도 불구하고 그 역시 다른 수많은 '공동 투자자들'과 외환투기꾼들처럼 비극적인 종말을 맞았다. 친구인 만하이머와 함께 프랑화 평가절하를 노리고 벌인 투기가 결국 실패로 끝났기 때문이다. 이렇게 실패로 끝난 프랑화 압살 작전은 외환투자 역사에서 매우 흥미로운 사건으로 기록되었는데, 프랑스에서는 이 사건을 일컬어 '마른 전투' 혹은 '마른의 기적'이라고 부른다(실제 '마른 전투'는 제1차 세계대전이 시작된 1914년에 있었다. 프랑스군 참모부는 파리의 모든 택시를 동원하여 군인들을 마른 강 전선으로 실어 날랐다. 이 전투의 승리는 향후 전쟁의 흐름에 중요한 역할을 한 것으로 평가된다). 카스틸리오니의 동료였던 넬켄Nelken 박사가 몇 년 전 내게 이들의 투자모험에 대해 상세히 설명해주었다.

1924년 2월, 카스틸리오니의 초대로 빈을 방문한 만하이머 박사는 어느 날 이런 제안을 받았다.

"우리 프랑화로 사업 한 번 해봅시다! 이것은 확실한 겁니다. 독일 마르크화와 크로네화가 그랬던 것처럼 프랑화도 틀림없이 완전한 폭락을 겪게 될 겁니다. 프랑스는 전쟁에서는 이겼지만 잃은 것이 너무 많고 피를 상당히 흘렸거든요. 프랑스는 상당한 양의 금을 보유한 나라이긴 하지만 지금은 경제가 바닥을 기고 있습니다. 아마 프랑화는 오래 버티지 못할 겁니다. 공동으로 투자해서 1억 프랑을 공매도합시다! 난 1억 프랑을 더 조달할 수 있으니 상환을 몇 년 뒤로 연기할 수 있을 겁니다."

만하이머는 잠시 생각한 후 곧장 손을 마주잡고 그 제안을 받아들였다. 얼마 후 암스테르담, 스위스, 빈 등에서 다른 은행가들과

어떤 통화도 자신을 영원히 지키지는 못한다

투자자들이 두 사람의 사업에 합류했다. 이렇게 해서 프랑화를 평가절하시키기 위한 신디케이트가 결성된 것이다.

그들은 공격적으로 수백만 프랑을 바젤, 암스테르담, 제노바, 마드리드, 뉴욕, 런던 등에서 3~6개월 인도조건으로 팔아 치웠다. 동원할 수 있는 프랑화는 다 동원해서 외국 주식(금광, 국제 유가 등) 및 달러와 파운드를 증권거래소에서 선물로 최대한으로 사 모았다. 이와 동시에 그들은 세계 언론을 통해 프랑스 재정이 위험 수위라는 경고기사를 내보내게 했다. 그 결과 프랑스 일반 대중도 두려운 나머지 쌈짓돈까지 풀어 외국 유가증권을 사기 시작했고, 프랑스로부터의 자금이탈이 한층 더 가속화되었다. 그리고 이것은 다시 프랑화의 시세를 압박했다.

모든 것은 연쇄적으로 일어났다. 프랑화의 가치가 떨어지자 비관론이 퍼졌고, 비관론이 다시 프랑화 매도를 부추겼다. 30스위스라펜이던 1프랑이 불과 몇 달 만에 바젤에서 20라펜으로 하락했다. 프랑화에 대한 경고 기사는 금새 퍼졌으며, 빈에서 그에 대한 반응이 제일 먼저 일어났다. 당시 빈에서는 은행가들은 물론 조금이라도 여유자금이 있는 사람은 누구나 프랑화를 표적으로 한 노름판에 끼어들었다(최근까지도 시카고, 프랑크푸르트, 혹은 취리히에서 이와 아주 유사한 형태의 달러화를 표적으로 삼은 투기가 성행했다). 빈의 일반 대중은 노회한 스틸리오니의 손에 이리저리 끌려 다녔다. 상인, 기업가 등 투자의욕이 있는 사람은 누구나 이 게임에 뛰어들고 싶어했다. 이것 말고는 그 어떤 거래도 할 것이 없어 보였다. 빈의 증권거래소는 이미 몇 달 전부터 급격한 하락세를 보였다. '놀이하는 인간homo ludens'들에게 프랑화 약세는 뜨거운 감자였으며, 누구나 무조건 나눠먹고 보자는 식으로 덤벼들었다. 그야말로 광란의 투기축제였다. 그런 분위기는 곧 프랑크푸르트, 프라하, 부다페스트 등지로 번졌다. 여기저기서 경제의 안정성이 흔들렸고, 이 '확실하게' 보장된 수익을 위해 많은 사람들이 수중에 있는 몇 푼까지 기꺼이 투자했다. 그러나 예상과 달리 이들은 나중에 프랑화가 아닌 자신들의 화폐가 평가절하되는 상황을 넋 놓고 지켜봐야 했다.

프랑화를 평가절하시키기 위해 다양한 방법들이 동원되었다. 앞서 언급했던 것처럼 가장 일반적인 방법은 프랑화를 선물로 매도하는 것이었다. 빈의 증권거래소에서는 심지어 법적으로는 금지된, 프랑스 프랑화를 대상으로 한 수억대 규모의 외환거래가 활발하게 이루어졌다. 사람들은 수년 동안 마실 수 있을 정도로 엄청난 양의 와인과 샴페인, 팔지도 못할 최고급 자동차 등 프랑스에서 생산된 것이면 무엇이든 상관없이 외상으로 사들였다. 내 친구 하나는 내가 중국 한자에 대해 모르듯 도자기에 대해 전혀 아는 바가 없는데도, 도자기 공장을 통째로 매입하기도 했다. 매입대상이 뭐가 됐든 상관이 없었다. 중요한 것은 한꺼번에 모든 것을 외상으로 산다는 사실이었다.

대규모의 거래는 파리 상품선물거래소에서 이루어졌다. 고무, 평지, 밀, 그리고 특히 설탕이 인기종목이었다. 최소한의 보증금만 예치하면 수억 파운드의 설탕을 장기선물로 매입할 수 있었다. 확실한 것은 프랑화 가격이 하락하면 이들 종목의 가격은 오른다는 사실이었다(나의 부친도 친구의 조언을 믿고 설탕을 선물로 샀다).

원칙적으로 보면 이러한 구매행위는 상품거래가 아니라 외환투기였다. 이자는 높았고 또 점점 더 높아지고 있었으나 대단한 시세차익을 얻고자 하는 사람들은 이에 개의치 않았다. 프랑스에서는 정치가, 전문가는 물론 심지어 프랑스 은행조차도 자국 화폐의 가치폭락을 망연자실하게 바라만 볼 뿐이었다. 파리에서 미국 달러화 시세는 계속 상승해서 전쟁 이전에 달러당 5프랑이었던 것이 10프랑, 15프랑으로 올랐으며, 급기야 1924년 3월에는 상상조차 할 수 없었던 28프랑으로 치솟았다. 결국 프랑스 정부는 파리에서 가장 큰 민영은행인 라자르프레르Lasard Freres 은행에 외환시장에서 프랑화의 가치하락을 막기 위한 조처를 취할 권한을 위임했다. 이 회사는 지시에 따라 즉시 모든 시장에 매물로 나와 있는 프랑화를 전량매수했다.

그런 차에 뉴욕의 JP 모건J.P. Morgan & Co. 은행이 사태 해결을 위해 1억 달러(오늘날의 약 20억 달러에 해당)를 빌려준다는 소문이 퍼지자, 드디어 풍선이 터지고 말았다. 이제 광란은 끝이 나고, 프랑화의 하락세에 투자한 사람들은 공포에 휩싸였다. 그리고 그 바로 직전에 파리 라자르프레르 은행은 뉴욕 지점으로부터 "프랑스 프랑화 매도 불가!"라는 내용의 전보 한 통을 받았었다.

시장에서는 채 30분도 못 되어 상황이 반전되고, 전 세계 모든 기관 및 일반 투자자들이 갑자기 프랑화를 사들이기 위해 아우성을 쳤다. 바젤, 암스테르담, 제네바, 빈 등지에서 수백만 달러의 매수신청이 쇄도했다. 모든 직원들이 매달려 밀려들어오는 매수 전화 신청을 받느라 그야말로 북새통을 이루었다. 상황은 180도 바뀌었다. 파리에서 약 28프랑이던 달러화는 불과 며칠이 지난 1924년 3월 8일에 15프랑으로 떨어졌다. 프랑화가 구제된 것이다. 이것이 바로 저 유명한 '마른의 기적'으로서, 금융시장에서 프랑화 압살작전을 성공적으로 퇴치한 전형적인 사례였다.

다른 사람들, 특히 빈 시민들에게 이 사건은 이른바 '프랑화의 파산'이었다. 물론 여기서 파산한 것은 프랑화가 아니라 그들 자신이었지만 말이다. 빈과 프라하 전역에서 파산한 자들이 울분을 토했고, 심지어는 예비자금이 풍부한 암스테르담 은행가들조차도 막대한 손실을 입었다. 그중 일부는 재기불능의 치명타를 입기도 했다. 왜냐하면 그것이 외환거래든 아니면 와인, 고급 자동차, 도자기 공장이든 상관없이 프랑화로 진 빚은 배로 갚아야 했으니까 말이다. 수천 명의 고객들이 저축한 돈을 모두 날리고도 투자차액을 지불할 수 없었기 때문에 수백 개가 넘는 회사들, 수입업자, 은행가, 중개인 등도 막대한 손실을 감수할 수밖에 없었다.

나의 아버지 역시 설탕 투자로 상당한 피해를 보았으나 다른 쪽으로 그것을 보상받을 수 있었다. 파리의 한 중개인사무소와 맺은 인연 덕분에 나를 파리로 보내 증권수업을 받게 했던 것이다. 그리고 그 덕분에 나는 지금 편안한 마음으로 라신느Jean Racine[25]의 표현을 인용할 수 있다. "나는 술탄의 궁전에서 자라났다. 그래서 모든 술책을 터득하고 있다(파리에서 증권투자를 배운 덕분에 나는 제2차 세계

---

25 몰리에르(Moliere)와 더불어 17세기 프랑스 연극계를 대표하는 비극작가.

대전 이후 빈털터리가 된 부모님이 스위스에서 편안한 여생을 보낼 수 있도록 해드렸다)."

가장 큰 피해자는 물론 카스틸리오니였다. 이후 그의 인생은 급속도로 추락했다. 그의 명성은 서서히 잊혀졌으며, 오래지 않아 빈에서도 언급조차 되지 못했다. 제2차 세계대전이 끝난 후 이탈리아에서 활동을 재개했지만 예전과 같은 역할은 할 수 없었다.

| 두 번째 '마른의 기적'

프랑스 프랑화의 불행은 거기서 끝난 게 아니었다. 단지 다른 점이 있다면 프랑스의 통화를 압살하려는 주체가 이번에는 공격적인 투자자들과 사악한 증권투기꾼들이 아니었다는 것이다. 그보다는 오히려 정치가들, 좀 더 정확히 말해 정치가들의 경솔함과 당파 싸움이 새로운 프랑화 폭락의 주범이었다. 왜냐하면 카스틸리오니가 벌인 작전은 대규모 포커게임(카스틸리오니는 이 게임에서 참패했다)이었지만, 원칙적으로 통화란 오직 자신의 침대에서만 죽거나 회복될 수 있기 때문이다.

개인 투기꾼들이 외국 외환시장에서 벌인 도박으로 특정 통화의 기능을 마비시킬 수는 없다(투기를 통해 달러화를 압살시키는 것 역시 불가능하다). 대부분의 비극은 일반 예금주들의 불신에서 기인한다. 그리고 이러한 불신은 근본적인 경제 상황의 변화와 정치적인 사건에 의해 야기된다(하지만 경제적·정치적 이해와 맞아떨어질 경우 정부가 직접 개입하여 자국의 통화가치를 인위적으로 떨어뜨릴 수는 있다. 1985년 미국의 재무장관 베이커가 달러화를 계속 평가절하한 것이 그 대표적인 예다).

1924년 5월 프랑스 의회에서 이루어진 재선거로 이른바 좌파연합이 집권했으며, 그것은 다시 현직 대통령 알렉상드르 밀랑Alexandre Millerand의 강제퇴진으로까지 이어졌다. 새로 선출된 의원들의 눈에는 알렉상드르 밀랑이 너무 우파적으로 비춰졌던 것이다. 시민적인 급진주의자들(급진사회당)과 사회주의자들(사회당)을 이끈 두 지도자는 에두아르 에리오Edourd Herriot와 그 유명한 레옹 블룸Leon Blum이었다. 당시 리옹 시장이던 에두아르 에리오는 철학자, 음악학자, 베토벤 연구자이자 친 독일 성향의 인물이었고, 레옹 블룸은 상대적으로 약간 온건적인 사회주의자로서 그 역시 독일에 대해 우호적인 입장을 취했다. 불행하게도 두 사람 모두 예금주들의 신뢰를 얻지 못했고 국고탕진이라는 똑같은 실수를 저질렀다. 그 무렵 나는 이미 다음과 같은 확신을 갖게 되었으며 그건 지금까지도 변함이 없다. 사회주의자들이 집권하면 국가는 파산하고, 그들이 물러나더라도 파산은 그대로 남는다.

두 정치인 모두 지속적이고 변함없는 다수를 결집할 능력이 없었다. 그 때문에 정부가 비틀거리며 갈팡질팡하는 시기가 이어졌다. 하루가 멀다 하고 재무장관이 바뀌었다. 당시에 나는 좋은 재무장관이란 존재하지 않는다는 사실도 배웠다. 재무장관은 오직 나쁘거나, 그보다 좀더 나쁠 수 있을 뿐이다.

정부가 의회에 국가재정의 건전화를 요구할 때마다 번번이 다수당 의원들에 의해 거부당했다(당시 프랑스는 소규모 거래세 도입으로 하룻밤 사이에 재정적자를 메울 수 있는 오늘날의 미국과 같은 운신 공간이 없었다). 위기가 꼬리를 물고 이어졌다. 국가 재정지출은 늘어만 갔고 인플레이션이 다시 그것을 가속화시켰다. 모든 상인들의 책상 위에는 매일 아침 비서가 기록하는 달러화 시세표가 비치되어 있었다.

다시 한 번 말하지만 하루가 멀다 하고 장관이 교체되었다. 그런데 흥미로운 점은 약간만 다를 뿐 늘 같은 사람들이 돌아가면서 장관직을 맡았다는 것이다. 오늘 재무장관이던 사람이 내일은 법무장관이 되고, 오늘 법무장관이던 사람이 내일은 상무장관이 되는 식이었다. 그 나물에 그 밥이었다. 그리고 그런 와중에 프랑화의 가치는 계속 곤두박질 쳤다.

1926년 7월, 전쟁 전보다 무려 10배나 뛰어오른 달러당 50프랑이라는 전대미문의 환율을 기록하자 프랑스 전역에 공포 분위기가 감돌았다. 특히 파리의 분위기가 가장 험악했다. 이런 경우 늘 그래왔듯이 가만히 팔짱만 끼고 있을 파리 시민이 아니었다. 나는 당시 엘리제 궁과 국회 의사당 앞에 운집한 시위대를 직접 목격하기도 했다. '파리 시민Le people de Paris'이 분노한 것이었다. 사람들은 외국 여행객들이 탄 버스를 향해 돈을 던지며 "외국인들이 와서 우리의 빵을 빼앗아 먹는다!"라고 소리쳤으며, 미국 영화가 상영되는 영화관들의 유리창이 박살났다. 프랑스에서는 역사적으로 국가적인 위기 상황이 닥칠 때마다 맨 먼저 외국인들을 희생양으로 삼은 다음 나중에야 정치가들이 책임을 지는 양상이 반복되었다.

정부가 여러 차례 바뀐 후 다시 에리오가 총리직을 맡고 드 몬지Anatole de Monzie가 재무장관으로 발탁되었다. 드 몬지는 아주 탁월한 인물로 나중에 나와도 개인적인 친분을 쌓게 되었다. 심지어 나의 고문변호사를 맡기까지 했다. 유머감각이 뛰어난 드 몬지는 의

회 첫 번째 연설에서 "존경하는 의원 여러분, 국고가 텅 비웠습니다!"라며 말문을 열었다. 하지만 그것이 재무장관으로서 하는 그의 마지막 연설이었다. 다음날 에리오 정부는 퇴진해야 했기 때문이다.

혼란이 가중되면서 걷잡을 수 없는 상태로 치닫는가 싶더니 또 한 번 기적이 일어났다. 2년만에 다시 '마른의 기적'이 되살아난 것이다. 1926년 7월 23일 엘리제 궁에서 레몽 푸앵카레Raymond Poincare가 새로운 정부를 구성하여 재무장관을 겸직한다고 발표했던 것이다.

1924년 3월과 똑같은 상황이 재현되었다. 하룻밤 사이에 외환시장 흐름이 180도 바뀌었다. 프랑화 시세는 그로부터 30일만에 50%나 상승했고, 10월 말(다시 말해 5개월 만에)경에는 도합 100%가 상승했다. 처음에 50프랑으로 출발한 달러화 시세가 10월 말경에는 25프랑으로 하락했던 것이다. 오늘날의 외환투기꾼들은 단 2년 동안에 이루어진 이러한 급격한 시세변동을 상상도 할 수 없을 것이다. 그러나 1980년대에 달러화 시세는 1,70 독일 마르크에서 3,40 독일 마르크로 뛰어올랐다. 물론 그 후로 다시 급락했지만 항상 주의를 요한다. 프랑스 프랑화의 경우 두 번씩이나 기적 같은 일이 연출되지 않았던가.

다시 1924년으로 되돌아가보자. 과연 어떤 일이 일어났을까? 재정 상황이 하룻밤 사이에 바뀔 리는 만무했다. 실제로도 그런 일은 일어나지 않았다. 다만 새로운 인물이 등장했다. 엄밀히 따지고 보면 새로운 인물이라고도 할 수 없었다.

제1차 세계대전이 진행되던 시기에 푸앵카레는 이미 대통령직을 맡은 적이 있었다. 1913년에서 1920년 동안의 재임시절에 그는 열렬한 애국자이자 독일 혐오주의자(당시 그것은 곧 애국주의를 의미했다)로서, 완전무결성의 상징적인 존재였다. 푸앵카레는 분명 천재는 아니었으며, 동시대인들의 평가에 따르면 정반대로 오히려 어리석기까지 했다. 그는 경제와 금융에 대해서는 전혀 이해하지 못하는 (물론 나중에 등장하는 미국 대통령 레이건보다야 나았다) 재미없는 법률 전문가였지만, 그의 이름 하나만으로도 충분했다. 중요한 것은 그가 '누구인가'가 아니라 그가 '어떤 사람인가(말하자면 간판)'였다. 프랑스인들과 외국인 투자자들의 대중심리적인 반응은 분위기 반전과 그에 따른 급격한 시세변동을 조성할만큼 강력했다.

다시 수천 명의 프랑화 채무자들이 상업적이거나 투기적인 이유에서 된서리를 맞았다. 그 당시 나는 이미 초보자(흔히들 말하는 사환)로서 파리 증권거래소에서 활동하고 있었는데, 양방향으로 진행된 극심한 시세변동과 그로 인한 공포 분위기를 아주 생생하게 체험할 수 있었다.

외국 유가증권과 외환은 수요가 없었던 반면에 프랑스 연금채권과 주식은 그 값을 매길 수조차 없었다. 아예 매물이 없었던 것이다. 늘 그래왔듯이 이번에도 모든 투자자들이 한쪽 방향으로만 향했고 쏠렸다. 프랑스 유가증권은 무조건 사들이고 반대로 외국 유가증권은 무조건 팔아 치우는 식이었다. 이번에 가장 큰 손해를 본 사람은 오로지 프랑화의 시세하락만 겨냥해 투자한 은행들의 외환거래상들이었다. 이 모든 일들은 새로운 인물이 정부를 인수하게 될 것이라는 엘리제 궁의 한마디에 의해 극히 짧은 기간 동안 일어났다(레이건이 백악관에 입성함과 동시에 분위기 쇄신이 이루어진 것과 똑같은 상황이 아닌가).

또 한 번의 '마른의 기적'을 통해 되찾은 프랑화의 가치는 거기서 머물지 않고 계속 상승세를 탔다. 심지어 증권가에서는 만하이머 박사가 이번에는 프랑화의 상승세를 예상하여 어마어마한 규모의 투기를 한다는 소문까지 나돌았다. 물론 나는 그것이 전혀 불가능한 일이라고는 생각하지 않는다. 그는 정말이지 오뚝이 같은 사람이었다. 한참 동안 풀이 죽어 있다가도 금세 훌훌 털고 일어나 세상이 떠나가도록 환호성을 질러대곤 했으니까 말이다.

얼마 후 프랑스 은행과 푸앵카레 정부 사이에서 파열음이 생기기 시작했다. 푸앵카레로서는 프랑화의 고공행진(그동안에 달러화 시세는 20프랑으로 하향조정되었다)이 아주 흡족했다. 그는 그 문제를 객관적이 시각이 아니라 극히 감정적인 시각으로 바라보았던 것이다. "프랑화가 곧 프랑스다Le franc, c'est la France"라는 것이 그의 고정관념이었다. 그는 프랑화 시세를 프랑스의 자긍심과 동일시했다(달러화의 가치가 급등한 시기에 레이건도 이와 비슷한 입장을 취했다).

푸앵카레는 삼색기(프랑스의 상징)의 명예와 노령의 연금수혜자들을 위해서 프랑화의 시세가 1914년의 수준(달러당 5프랑)으로 올라가야 한다고 생각했다. 반면에 경제 지도자들과 경제 전문가들의 지지를 받고 있던 프랑스 은행은 정반대의 생각을 갖고 있었다. 프랑스 은행은 경제적인 여러 이유와 미래지향적인 관점에서 투기로 인한 프랑화의 급격한 가치상승에 부정적인 시각을 갖고 있었다. 따라서 그런 흐름을 완전히 멈추게 하지는 못하더라도 최소한 그 속도에 제동은 걸어야 한다고 보았다(1985년 9월 22일에 미국 정부가 달러화 시세에 압박을 가한 것과 동일한 입장이었다).

2년 동안의 격렬한 논쟁 끝에(그동안 법률상으로는 변동시세였지만 실제적으로는 안정화되었다) 1928년에 프랑화는 법률적으로도 안정화되면서 금과 묶였다. '프랑 푸앵카레Franc Poincare'라고 불린 이 새로운 통화는 달러당 25프랑이었다.

프랑화 압살전쟁과 지난 몇 년 동안 달러시장에서 일어난 일련의 사건들 사이에는 유사점이 많다. 서로 다른 통화가 60년의 시차를 두고 이처럼 비슷한 상황을 겪는다는 것은 참으로 드문 일이 아닐 수 없다.

| 폐쇄형 마르크화 투자

제2차 세계대전이 끝나고 몇 년 후 내 머리 속에는 하나의 생각이 자리잡게 되었다. 나는 독일, 특히 독일연방공화국(서독)이 현재의 암울한 상태를 벗어나 곧 경제적으로 화려하게 부활할 것이라고 확신했다.

사실 나는 독일에 적대적인 분위기 속에서 성장했다. 헝가리에서 보낸 어린 시절에 한 여성 가정교사가 나를 가르쳤는데, 이웃사람들은 물론 심지어 가게 종업원들마저도 그녀를 미워했다. 독일인이란 것이 그 이유였다. 헝가리 민담에 "헝가리인이여, 독일인은 믿지 마라!"는 잠언이 있을 정도니 더 이상 무슨 말이 필요하랴. 부다페스트와 파리에서 대학시절을 보낼 때도 상황은 크게 다르지 않았다. 그러던 차에 저 끔찍하기 짝이 없는 히틀러가 등장했으니 이제는 독일 혐오주의에서 벗어나기가 불가능한 것처럼 보였다.

하지만 전쟁이 끝나자 모든 것이 기적처럼 변했다. 나는 이러한 변화의 직접적인 원동력은 다름 아닌 콘라트 아데나워Konrad Adenauer 라는 인격체, 그중에서도 특히 그가 추구하고 이루어낸 모든 것들 이라는 사실을 쉽게 확인할 수 있었다. 제2차 세계대전 직후의 몇 년만큼 투자를 통해 한 몫 잡을 수 있는 절호의 기회는 역사상 거 의 없었다. 독일카드로 게임을 벌이기만 하면 그만이었다. 나는 '투 자' 혹은 '투기'라는 말이 대부분의 건전한 일반인들의 귀에는 시끄 러운 소음으로밖에 들리지 않으리라는 것을 잘 안다. 그럼에도 감 히 독자들에게 고백하건대, 나는 독일이 곧 부흥하여 이전 독일의 국제적인 명성과 신뢰를 되찾게 될 것이라고 확신했다. 실제로 내 판단은 옳았고, 그 때문에 큰 돈을 벌기도 했다.

독일의 경제적 부흥을 예상하여 투자를 하는 데는 외국 통화로 독일 채권을 사거나 산업주식을 사는 등 여러 가지 가능성들이 있 었다. 하지만 그중에서도 가장 쉽고 확실한 방법은 독일 통화, 다시 말해 '폐쇄형 마르크화'에 투자하는 것이었다.

1948년 화폐개혁이 이루어진 이후 마르크화로 기명된 모든 외 국인 예금액은 은행에서 폐쇄되었다. 그리고 아주 엄격한 법규가 그 사용범위를 제한했다. 다시 말해 독일의 은행계좌를 보유한 외국인 은 독일의 유가증권이나 부동산을 사거나 독일에서 회사를 창립하 는 경우에 한해서만 이 폐쇄형 마르크화를 사용할 수 있었다. 여기 에 해당하는 마르크화만 해도 상당한 액수에 달했으며, 기존의 예 금액에 이자, 전쟁기간 중에 축적된 쿠폰, 그리고 전후 독일의 재건 과정에서 생겨난 새로운 예금액까지 더해졌다.

어떤 통화도 자신을 영원히 지키지는 못한다

여기에 계좌이체까지 허용하지 않으니 폐쇄형 마르크화의 운용 폭은 훨씬 더 좁아질 수밖에 없었다. 그럼에도 불구하고 투자자들은 그것을 보유한 외국의 대형은행들로부터 폐쇄형 마르크화를 구매할 수 있었다. 물론 이 경우 폐쇄형 마르크화를 구매자의 독일 은행계좌에 이체하지 않고 잠정적으로 매도 주체인 외국 대형은행에 그대로 둔다는 전제조건이 붙었다. 오직 해당 외국 은행의 장부상으로만 폐쇄형 마르크화의 계좌가 이동했을 뿐이다.

이런 형태의 제한된 거래는 독일 연방은행이 폐쇄형 마르크화의 자유로운 이체를 허용할 때까지 지속되었다. 규제가 풀리자마자 외국 시장에서 폐쇄형 마르크화가 대규모로 거래되기 시작했다. 거래 시세는 마르크당 $12\frac{1}{2}$센트로서, 당시 공식 환율은 마르크당 약 25센트였다.

이 시세로 폐쇄형 마르크화는 미국과 스위스에서 대량으로 거래되었다. 사람들은 폐쇄형 마르크화로 독일의 유가증권, 부동산, 그리고 여타 다양한 투자물건을 매수할 수 있었다. 그것은 상상력과 담력을 갖춘 투자자라면 누구나 도전해보고 싶은 욕구를 불러일으키기에 충분할 정도로 아주 넓은 운신의 폭을 제공했다. 나도 몇몇 친구들과 더불어 $12\frac{1}{2}$ 센트의 가격으로 꽤 많은 양의 폐쇄형 마르크화를 샀다. 우리뿐만 아니라 수많은 사람들이 그 대열에 동참했기 때문에 시세는 서서히 상승했다. 그러더니 얼마 후에는 14센트, 아니 심지어는 15센트에까지 이르렀다. 시작부터 조짐이 아주 좋아 보였다.

독일의 경제적 재건이 하나 둘씩 진행되었다. 도시들이 다시 건설되고 공장들이 현대화되면서 외국인 투자도 하루가 다르게 늘어 갔다. 오늘날 다국적 기업연합이라고 불리는 대기업들이 앞다투어 사업시설을 매입했고, 다양한 분야의 외국계 회사들이 독일연방공화국에 지점을 개설했다. 그리고 이를 위해 당연히 14~15센트에 달하는 폐쇄형 마르크를 사야 했다.

서서히 상승곡선을 그리던 폐쇄형 마르크화 시세가 어느 순간 갑자기 15센트에서 18센트로 폭등했다. 이런 종류의 통화가 불과 며칠 사이에 20%나 오른다는 것은 상상조차 하기 힘든 일이었다. 그런데 그처럼 엄청난 폭의 상승에도 불구하고 폐쇄형 마르크화에 대한 투자자들의 관심은 오히려 더 커져만 갔다. 폐쇄형 마르크화와 개방형 마르크화 사이에 여전히 큰 시세차이가 있었던 것이다. 갑작스러운 시세폭등이 있고 며칠 후 내 동료 하나가 전화를 걸어왔다. 주식투자를 함께하며 사귄 믿음직스러운 친구였다.

"폐쇄형 마르크화에 대한 연방은행의 입장표명을 어떻게 생각하나?" 그의 목소리에 불안감이 서려 있었다.

"뭐라고 했는데?"

"신문마다 실렸는데 뭔가 아주 찜찜해. 두 명의 독일 연방은행 고위 관료의 말을 빌리자면, 폐쇄형 마르크화의 폭등은 논리를 벗어난 비상식적인 상황으로서 현실과는 전혀 부합하지 않는다는 거야. 물론 다음 달부터 폐쇄형 마르크화에 대한 완화정책(사용제한의 해지)이 이루어질 터이지만 그것이 정도를 벗어난 시세폭등을 정당화할 수는 없다는 말도 덧붙였어."

"그게 뭐 어떻다는 거야?" 내가 대답했다.

"무슨 뜻인데?"

"걱정 마! 연방은행의 고위 관료들보다야 내가 상황을 훨씬 더 잘 알거든. 내겐 그 소식이 그리 나쁘지 않게 들리는데. 자네가 지금 약간 놀라면서 내가 너무 거만하게 군다고 느끼는 것 같아 다시 한 번 더 말해줌세. 나는 그들보다 잘 알고, 자네 역시 그들보다 잘 알아. 한마디로 투자자라고 행세하는 사람이라면 누구나 연방은행보다 더 잘 알 수밖에 없다는 말일세. 폐쇄형 마르크화의 완화범위를 줄일지 말지에 관해서 그들이 언급했다고 하는데, 그건 그들의 직업이니 당연하지. 하지만 시세와 관련한 문제에는 끼여들 여지가 없다고. 왜냐하면 그건 우리들, 다시 말해 우리 투자자들의 영역이거든. 투자자들의 판단이 그들의 판단과 같을 수는 없어. 아무리 연방은행의 고위직이라고 해도 말이야. 그들의 입장표명을 듣고 나니 나는 오히려 전보다 더 낙관적인 기분이 드는데 뭘 그래?"

내 친구는 그쯤에서 한발 물러섰다. 솔직히 나처럼 외고집인 사람을 상대하느라 그 친구도 속깨나 썩였을 것이다.

8개월 후 폐쇄형 마르크화는 마침내 25센트의 벽을 넘어섰다. 사실 그건 일반 개방형 마르크화의 시세였다. 그리고 곧 모든 족쇄가 완전히 풀리면서 폐쇄형 마르크화는 그 존재 자체가 사라졌다. 물론 그 직전에 아주 비정상적인 상황이 연출되기도 했다. 잠시 동안이긴 했으나 폐쇄형 마르크화의 시세가 일반 시장의 시세보다 3~5%나 높게 책정되었던 것이다.

이러한 시세차이는 쉽게 설명이 가능하다. 오랫동안 독일연방 공화국의 이자율은 국제 자본시장보다 높았다. 연방은행은 이를 통해 독일에서의 투자 열기와 신용대출 수요에 약간의 제동을 걸려고 했다(미국에서는 연방준비은행이 자주 이런 조처를 취하곤 했었다). 국제적인 투자자들이 이와 관련한 채권에 관심을 가진 것도 바로 그 때문이었다. 하지만 당시에는 오직 폐쇄형 마르크화로만 그런 채권을 살 수 있었다. 그래서 폐쇄형 마르크화에 대한 수요는 점점 더 늘어갔으며, 그 여파로 시세가 개방형 마르크화를 추월하는 역전 현상까지 벌어졌던 것이다. 투자자들로서는 폐쇄형 마르크화를 비싸게 사더라도 채권을 액면가로 살 수만 있다면 수익이 남는 거래였다. 잘 알다시피 오래지 않아 독일 마르크화는 전 세계에서 가장 안정된 통화 중 하나가 된다.

폐쇄형 마르크화를 대상으로 한 투자는 깊이 생각하고 철저히 계산된 외환거래였다. 무엇보다도 중요한 것은 확신과 열정이었다. 독일의 미래는 밝았고 예상되는 수익률도 아주 높았지만, 상황이 저절로 무르익을 때까지 기다리는 인내력이 필요했다. 놀랍도록 자주 반복되는 현상으로 특히 앞서 다룬 폐쇄형 마르크화의 사례에서 다시 한 번 입증되었듯이, 노련한 투자자라면 거시적인 안목으로 현재 시세가 과도한지를 정확하게 판단할 수 있어야 한다. 관료, 기술자, 경제학자, 전문경영자는 물론 대기업의 수장조차도 주식시세를 예상하는 능력에 관해서는 거의 문외한이나 다름없다.

너무 많이 아는 것이 오히려 불리하게 작용한다. 그건 마치 범죄사건의 경우와 흡사하다. 아무리 범죄현장에 있었다고 하더라도 목격자 혹은 증인은 그 범죄와 관련한 체계적인 지식이 없다. 반면에 전문가는 해당 분야에 대한 학문적인 혹은 과학적인 판단력은 갖추고 있지만, 그 범죄가 일어난 현장에 없었으므로 사건을 재구성하여 정확한 결과를 도출해내기가 사실상 불가능하다. 당연한 말이지만, 훌륭한 재판관은 객관적인 판결을 위해 전문가와 목격자 중 어느 쪽으로도 쏠리지 않는 중립적인 입장을 취해야 한다. 노련한 투자자도 이와 다르지 않다.

| 스위스 프랑화의 가치는 당연히 높아야 한다!

1960년대와 1970년대에 스위스 프랑화는 마르크화보다 그 가치가 낮았다. 그러다 시세가 점점 상승해 1975년에는 마르크화와 거의 비슷한 가치를 갖게 되었다. 많은 투자자들과 투기꾼들은 물론 통화와 관련한 문제들에 대해 전혀 알지 못하는 증권 초보자들까지 덩달아 스위스 프랑화의 시세가 지나치게 높게 평가되고 있다고 생각했다. 다시 한 번 더 강조하지만 이 문제에 대해 전혀 문외한인 증권 초보자들까지 그렇게 생각했다. 나의 오랜 경험에서 비추어볼 때, 갑작스러운 시세변동이 발생하면 전개되는 표면적인 상황의 이면을 꿰뚫어볼 수 있는 능력이 없는 일반 소비자들은 거의 언제나 그런 흐름이 비정상적이라는 생각부터 하게 된다.

따라서 그들 모두 이러한 시세변동에 거의 무방비 상태로 노출되었다. 더군다나 당시 스위스의 통화팽창률은 독일보다 높았으며, 그처럼 낮은 환율은 스위스를 전 세계에서 물가가 가장 높은 나라들 중 하나로 만든다는 것을 의미했다. '이런 상황이 이 나라를 파멸로 몰아가지는 않을까? 관광산업과 제조업이 결정타를 맞지 않을까?' 하나 같이 이런 생각을 하고 있었다.

하지만 정작 스위스 사람들은 그렇게 보지 않았다. 국제적인 기준으로 볼 때 시세가 이미 높은 편이지만 조금 더 올라야 한다는 게 그들의 생각이었다. 왜냐하면 스위스 사람들은 누구나 자국 통화의 질을 믿고 있었기 때문이다. 그들은 거대한 캠프촌을 건설할 필요도 없고, 싸구려 모텔에 묵으면서 점심식사로 소시지나 먹어대는 단체 관광객을 맞을 필요도 없다는 점이 오히려 국가경제에 도움이 될 것이라 생각했다. 최고급 숙박시설마다 제트족Jet-set[26]과 그 아류들로 넘쳐났다. 호화로운 장크트모리츠 호텔의 계산에 따르면, 이 호텔에 묵는 5명의 고객이 쓰는 돈이 버스 관광객 100명이 쓰는 돈과 거의 비슷했다.

그 뿐만이 아니었다. 도처에서 독버섯처럼 솟아나는 현대식 건축물로부터 아름다운 자연경관을 보호하고 목초지, 숲, 산, 하천 등이 오염되는 것을 막을 수 있다는 것도 그 이유 중 하나였다. 새로운 공장들은 스위스 돈으로 외국에서만 건설되어야 했다. 공장 굴뚝과 쓰레기 소각장이 즐비한, 산업화된 유럽의 한복판에 자리 잡은 멋진 정원인 스위스(마치 미국의 국립공원처럼)는 그 어떤 경우라도 목가적인 공간으로 보존되어야 한다는 것이 그들의 한결 같은 생각이자 소망이었다.

하지만 여기에는 낭만적인 전망과 관광산업 외에도 또 다른 요소가 개입되어 있었다. 전후의 폭발적인 산업성장으로 인해 당시 스위스에서 프렘트아르바이터Fremdarbeiter[27]라고 불린 외국인 근로자의

---

26 자가용 제트기를 이용하여 전 세계를 돌아다니며 유흥을 즐기는 국제적인 사교계층.

어떤 통화도 자신을 영원히 지키지는 못한다

숫자가 전체 취업인구의 15%까지 육박한 것이다. 650만 명의 인구 중 외국인 근로자가 86만 1천 명이라면 너무 많은데, 이는 독일연방 공화국의 약 800만 명에 해당된다. 이렇게 많은 숫자는 자칫 외국인 혐오증을 불러일으킬 수도 있다. 예를 들어 이탈리아인의 숫자가 과도하게 늘어나면 스위스 사람들 대부분은 언젠가 그들이 스위스 의 작은 마을인 테신Tessin의 병합을 요구할지도 모른다고 걱정한다. 1940년에 프랑스가 함락된 후 무솔리니Mussolini가 그런 선례를 남겼 기 때문이다. 1970년대 초엽에 스위스에서 외국인 노동력의 과감한 축소를 요구한 "외국인 노동자 관련 국민청원Fremdarbeiterinitiative"이 교 회, 정치가들, 경제계 지도자들 및 각종 언론매체들의 대대적인 반 대운동에도 불구하고 약 35%의 지지표를 얻었다는 사실도 전혀 놀 라울 것이 없다. 물론 대다수의 국민들은 여전히 국가의 경제적인 이익을 먼저 생각하지만, 35%라는 수치는 정부로서도 결코 무시할 수 없는 사안이었다.

위험을 미리 감지한 연방각료 넬로 셀리오Nello Celio가 수년 전 통 제되지 않은 경제팽창을 저지하는 계획을 세워야 한다고 요구했지 만 소용없는 일이었다. 당시에 그는 이탈리아인들만 염두에 둔 것 은 아니었다. 다시 말해 폭발적인 경제성장이 이루어지던 기간 동안 국가 기반시설의 확충에는 상대적으로 관심이 덜 쏠렸던 것이다. 1970년대 중반에는 이미 늦은 감이 있었다. 당시에 발표된 한 연구 보고서에 따르면 국가가 필요로 하는 인프라 구조를 제대로 확충

---

27 시민권이 없는 외국인 노동자.

하기 위해서는 노동자 1명당 최소 1만 프랑씩을 지불해야 했다.

모든 일에는 경계선이 있는 법이다. 그리고 이 경우 경계선을 긋는 가장 손쉬운 방법은 높은 프랑화 시세를 유지하는 것이었다. 스위스 프랑화의 시장은 역사상 그 어느 때보다도 거대해졌다. 스위스 중앙은행은 이 시장을 1년 내내 철저히 통제했다. 스위스 사람들은 특히 마르크화의 가치상승을 두려워했는데, 마르크화 시세가 오르면 국제적인 자본의 흐름이 급격하게 스위스로 쏠릴 가능성이 크기 때문이었다. 그렇지 않아도 이미 정치중립적인 입장, 절대적인 외환거래의 자유, 엄격한 은행비밀보장 등에 힘입어 국제적인 자본이 스위스로 지나칠 정도로 활발하게 유입되고 있던 상황이었다.

정부 당국과 중앙은행은 자국 국민들이 외국인 노동자들의 유입을 줄이는 대신 더 많은 자본을 외국으로 반출해야 한다고 판단했다. 그리고 앞서 언급했듯이 스위스 중앙은행은 프랑화 시장을 완전히 장악하고 있었기 때문에 프랑화의 시세를 임의로 높게 유지하는 것이 가능했다. 최고의 처방이었다. 그를 통해 모든 문제들이 한꺼번에 해결되었다. 더군다나 인종차별주의자라는 국제사회의 비난을 받지 않고서도 외국인 노동자 문제까지 깔끔하게 처리할 수 있었으니 스위스 정부로서는 그야말로 금상첨화였다.

이 조처는 신비의 영약은 아니었지만 그 효과는 대단했다. 스위스 프랑화의 시세는 외환기술적 문제가 아니라 인구통계학적, 사회적, 생태학적 문제였다. 그런데 당시 많은 외환투자자들과 외환투기꾼들은 이것을 깨닫지 못하고 스위스 프랑화의 가치가 곧 다시 1마르크 이하로 떨어질 것이라는 생각에만 사로잡혀 있었다. 하지만 독일 마르크화에 대한 스위스 프랑화의 가치하락을 예상한 투자가 늘어나면 날수록 그에 대한 반작용 또한 그만큼 더 강해졌다. 프랑화의 약세를 예상한 투자자들은 담보금을 계속 늘릴 수밖에 없었다. 지속된 이런 압박의 영향으로 프랑화의 가치는 급기야 1,25마르크까지 올라갔으며, 그 결과 많은 투자자들이 엄청난 손실을 입었다. 물론 스위스 중앙은행도 그처럼 높은 시세를 오랫동안 감당할 수는 없었다. 투자 열기가 어느 정도 진정되자 스위스 프랑화 시세는 다시 정상적인 상태로 돌아갔다.

인간적인 관점에서 볼 때 당시 스위스 국민들의 생각이 어떤 면에서는 옳았다고도 할 수 있겠다. 그 당시 나 자신도 비록 외국인이기는 했지만 그들과 똑같은 생각을 하고 있었다.

"스위스는 높은 생활수준을 유지해야 하고, 그러려면 당연히 프랑화 가치도 높아야 한다."

▌특정 화폐 평가절하에 대한 분석

외환시장에서 일어나는 사건들은 심리적인 요소와 불가분의 관계에 있다. 외환거래소에서 누군가가 "불이야!"라고 외치면 그곳에 꽉 들어차 있는 모든 사람들이 동시에 한 방향으로, 출입구를 향해 우르르 몰려간다. 실제로는 불이 일어나지 않았음에도 주변에 사망자와 부상자들이 즐비하다. 외환거래에서 이와 유사한 상황은 비일비재하다. 최근에 수차례나 반복된 하나의 전형적인 유형을 예로 들어 그 전개과정을 분석해보자.

1. 미국의 무역수지는 적자를 기록하는 반면에 독일연방공화국은 대외무역에서 엄청난 흑자를 낸다. 그 결과 마르크화를 확보하기 위해 달러화를 매도하려는 최초의 움직임이 일어난다. 수출을 통해 유입된 독일 마르크화의 유동성을 확보하기 위해 연방은행은 금리를 인상한다.

2. 높은 시중금리는 마르크화에 대한 투자를 부추기고 이것은 다시 달러화 시세를 압박한다.

3. 달러화가 계속 압박을 받자 기업가들과 상인들은 머지않아 달러화는 평가절하되고 마르크화는 평가절상될지도 모른다고 걱정한다. 미국 수입업자들은 현재의 직접적인 수요뿐만 아니라 예상되는 미래의 수요까지 계산해서 마르크화를 사재기하기 시작한다. 반대로 독일 수출업자들은 그에 뒤질세라 잽싸게 현재의 보유분은 물론 아직 생산조차 하지 않은 상품들의 예상 수익금까지 포함하여 달러화를 모조리 선물로 팔아 치운다. 시장에 매물로 나온 달러화의 액수가 점점 더 불어나면서 그로 인한 연쇄반응이 계속 이어진다.

4. 금융달러 보유자(채권 및 주식 보유자들)들도 두려움에 사로잡혀 재빨리 유가증권을 처분하고 그 대가로 받은 달러를 시장에 내놓는다. 이 금액만으로도 이미 독일연방공화국 무역흑자의 몇 배에 달한다.

5. 국제적인 투자자들이 달콤한 냄새를 맡고 오직 투기목적으로 빌린 수십억 달러를 매도한다. 나중에 훨씬 더 싼 가격으로 다시 사들일 수 있다고 확신하기 때문이다.

6. 연쇄반응이 집단적인 히스테리로 이어지자 연방은행도 더 이상은 달러를 감당할 수가 없다. 그 결과 달러화 시세가 곤두박질친다.

어떤 통화도 자신을 영원히 지키지는 못한다

이것이 바로 1973년 2월에 발생한 기념비적인 사건의 전모이다. 당시 하룻밤 사이에 달러화 가치가 10%나 급락했다.

앞에서 언급한 6단계의 전개 과정은 순차적으로 달러화를 치명적인 질식 상태로 몰아갔다. 당시 미국의 조지 슐츠George P. Shultz 재무장관은 동료들과 이 사태를 논의하기 위해 유럽으로 날아갔다. 그는 유럽인들에게 자국 통화들의 평가절상을 강요했다. 독일연방정부는 프랑스가 동참한다면 기꺼이 요구에 응하겠다고 했다. 독일 마르크화의 단독 평가절상은 곧 프랑스 측에 유리한 수출여건 조성을 의미했다. 프랑스 정부로서는 그 요구를 거절할 수밖에 없었다. 선거가 임박한 상황에서(당시 프랑스의 재무장관은 발레리 지스카르 데스탱이었다.) 프랑화 평가절상이라는 위험한 카드를 선택할 수는 없었던 것이다. 더군다나 만약 그럴 경우 좌익 반대세력들로부터 외부압력에 굴복하여 미국의 이익을 대변한다는 비난을 면치 못할 터이기도 했다.

그리고 거기에는 모종의 음모까지 가세했다. 미국 정부와 친밀한 관계를 유지해온 몇몇 대형 은행들이 유럽공동체 국가들의 통화동맹에 대한 합의가 이루어지지 않을 경우, 미국의 리처드 닉슨 대통령이 달러화의 평가절하를 심각하게 고려하게 될 것이라는 사실을 예측했거나 미리 알고 있었던 것이다. 신들의 온갖 비밀을 꿰뚫고 있던 은행들은 48시간 동안, 당시로서는 가히 천문학적인 액수인 약 100억 달러를 연방은행에 매도했다(그들은 외국통화를 충분히 확보해두고 있었다). 연방은행은 마지막 순간에 어쩔 수 없이 그 주문을 받아들일 수밖에 없었고, 다음날 달러화 가치가 10%나 하락했다.

작전은 성공했고 그들은 10억 달러라는 거금을 챙겼다.

이런 종류의 기회는 그야말로 가뭄에 콩 나듯 수십 년 만에 한 번씩 등장한다. 하지만 이런 정보가 투자자나 외환거래상의 손에 들어 오는 경우는 거의 없다. 이와 유사한 두 가지 사례를 앞에서 다룬 바 있다. 저 유명한 프랑스 수상 피에르 라발은 그 자신이 완벽한 소식통이었던 까닭에 파운드화를 대상으로 한 작전에서 성공했다. 반면에 또 다른 프랑스 수상 조셉 라니엘은 프랑스 프랑화의 시세급락을 겨냥한 투기에서 뜻밖의 복병을 만나 하루아침에 알거지 신세로 전락하고 말았다. 재무장관 에드가 포르가 거부권을 발동해 환율인하에 제동을 걸었던 것이다.

나는 외환거래상들과 투자자들에게 이와 유사한 정보에는 절대 흔들리지 말라고 충고하고 싶다. 왜냐하면 진짜 정보는 그들의 귀에까지 들려오지 않기 때문이다. 또한 1976년 파운드화 경우처럼 히스테리적인 대중심리에 휩쓸리지 말고 특정 통화가 어떤 상황에 놓여 있는지를 객관적으로 꼼꼼히 따져봐야 한다. 다시 말해 "나는 생각한다, 고로 나는 존재한다"라는 프랑스 철학자 데카르트의 명제를 마음속 깊이 새겨두어야 한다. 나는 데카르트의 말을 약간 수정하여 이렇게 표현하고 싶다.

"나는 생각한다, 고로 나는 투자자다."

독일 마르크화 대비 달러화 시세등락이 경제적인 논리와는 무관하게 얼마나 변덕스럽고 급격하게 이루어지는가는 다음 사례에서 잘 드러난다.

1986년에 프랑스 프랑화는 극심한 공격을 받았다(당시 자크 시라크 대통령은 대학생들에 의해 궁지로 내몰리고 있었다). 그리고 국제적인 외환투기꾼들이 100% 확실한 투자처에 떼거리로 몰려들었다. 그들은 독일 마르크화의 평가절상이나 프랑화의 평가절하, 혹은 두 가지 모두를 기대했다. 외환거래상들은 프랑스 프랑화로 수십억에 달하는 독일 마르크화를 사들였다. 프랑스 은행은 프랑화를 받아들이고 대신 독일 마르크화를 지불할 의무가 있었다. 하지만 보유한 독일 마르크화가 이미 바닥났기 때문에 100억 달러어치의 독일 마르크화를 다시 사들여야만 했다. 그것이 달러화 시세를 압박했다. 정리하면 달러화 시세변동에 결정적인 것은 오로지 기술적인 요인들이었지, 경제학적인 측면에서는 전혀 그럴만한 이유가 없었다.

독일의 재무장관 게르하르트 슈톨텐베르크Gerhard Stoltenberg는 이러한 사건들의 영향을 인정하려 하지 않았다. 그는 한 치의 인플레이션도 허용하지 않으려고 했으며, 시장의 감자 가격이 5페니히[28] 쌀 경우 자신을 높이 평가하는 주부들 사이에서의 인기를 아주 자랑스럽게 여겼다. 하지만 그런 주부들도 몇 달 후 남편이 실직자가 될지도 모르는 상황까지 달가워하지 않을 게 분명했다. 우리는 최근 몇 년간 달러화 급락과 관련한 몇몇 발언에서 슈톨텐베르크 재무장관이 얼마나 근시안적인 생각을 하고 있는지 확인할 수 있다. 그는 독일에게 대미 수출이 그리 중요하지 않기 때문에 낮은 달러화 시세가 독일경제에 미치는 영향도 미미할 뿐이라고 주장했다.

---

28 유로화 이전 구 독일의 화폐단위로 1페니히는 1마르크의 1/100.

달러화 평가절하의 문제를 독일과 미국 양자 간의 무역거래라는 국지적인 차원에서 판단하는 것은 무의미하다. 우리는 이 문제를 좀 더 거시적인 관점에서 바라보아야 한다. 이를테면 프랑스의 무역수지는 이미 엄청난 적자를 내고 있다. 프랑스의 수입이 추가로 감소할 경우 독일연방공화국도 당장 그 여파를 느낄 수밖에 없다. 프랑스가 가장 큰 고객이기 때문이다. 미국의 무역수지 적자로 인해 독일연방공화국을 포함한 전 세계 모든 나라들이 엄청난 이익을 얻었다. 미국의 경제성장과 높은 달러화 시세는 전 세계 경제의 행운을 의미했다.

20년 전인 1971년, 미국 대통령 리처드 닉슨이 수입관세를 10% 올리자 전 세계 수출상들이 비상사태에 돌입했다. 닉슨은 이를 통해 단지 수입에 대한 약간의 제동을 걸려고 했을 뿐 수출과 경쟁력 향상을 위한 추가조치는 시행하지 않았다. 이 경우 대외무역에 대한 독일 마르크화의 40% 인상은 전혀 다른 역할을 하는데, 그것은 독일경제의 약 30%가 수출에 의존하는 까닭에서다. 이 수치가 실망스럽게 여겨진다면 다음 사항도 고려해야 한다.

1986년에 달러화가 1,80 마르크로 급락한 것은 순수한 경제적 요인들 때문이 아니라 두 가지 기술적인 사건들의 결과였다. 앞서 언급한 프랑화를 압살하려는 공격에 대한 프랑스 은행의 반응이 그 첫 번째 사건이었다면, 미국의 제임스 베이커James Baker 재무장관이 일본과 독일연방공화국을 상대로 조속히 경제를 활성화시키지 않을 경우 달러화를 추가로 평가절하하겠다고 경고한 것이 그 두 번째 사건이었다. 그 결과 전 세계 모든 수출상들이 천문학적인 액수의 달러를 팔아 치웠는데, 특히 일본인들이 그런 분위기를 주도했다.

결국 그것은 기술적인 요인들과 투자가 결합되어 나타난 현상이었다. 달러화는 늘 정당한 가치 이하로 평가되어 왔기 때문이다. 하지만 당시 재무장관 슈톨텐베르크는 그러한 사실을 결코 인정하려 하지 않았다.

ㅣ 황금빛 날개

경제 전문가들과 증권거래소의 대가들은 항상 대결구도를 형성한다. 한쪽에서 인플레이션을 예측하면, 다른 한쪽에서는 극단적인 디플레이션을 예측하는 식이다.

그들은 마치 눈을 가린 검투사처럼 서로를 향해 칼을 마구 휘두른다. 그로 인해 그들의 예측은 갈팡질팡하며 도리어 혼란만 가중시킨다. 더군다나 그들 중 대다수는 일단 물을 흐려놓은 다음 먹이를 사냥한다는 전략에서 상황을 온통 어지럽게 만드는 데만 관심이 쏠려 있다. 물론 한 가지 점에서만은 모두가 일치된 견해를 보인다. 오래지 않아 큰 재앙이 닥친다는 것이다. 다만 차이라면 낙관주의자들은 그 시점을 2~3년 후로 예상하는 반면, 비관론자들은 그 시점이 당장 내일이 될 수도 있다고 생각한다.

이른바 예언자들은 1929년의 사건들을 자주 들먹이면서 당시와 비슷한 징후들이 지금 또다시 불안요소로 등장하고 있다고 주장한다. 하지만 그들이 내세우는 징후라는 것들은 단지 피상적인 현상에 불과할 뿐으로, 궤변적인 상상에 의해서 지나치게 과장된

면이 짙다. 그런 식의 접근으로는 현상을 파악하는 데 한계가 있으며, 그보다는 근본원인을 규명하는 것이 훨씬 더 중요하다. 어떤 사람이 머리가 아프면 그것은 건조한 열풍 탓이거나 아니면 뇌 속의 종양 때문일 수도 있다. 증상이 같다고 하여 원인까지 같을 이유는 없다. 다시 말해 오늘날의 증세, 즉 징후는 1929년 당시와는 전혀 다른 원인을 갖고 있는 것이다. 나는 이 문제와 관련하여 5명의 경제학 박사, 60명의 은행장, 그리고 2천 명의 경제학부 학생들을 대상으로 질문을 해보았지만 명쾌한 답을 내린 사람은 아무도 없었다. 그 차이점을 한마디로 표현하면 다름 아닌 '금본위제도'다.

당시 모든 국가경제 및 재정관리는 금본위제도에 토대를 두고 있었다. 다시 말해 각국 중앙은행의 금 보유고에 따라 금리의 인상과 인하, 통화량의 증가와 감소가 결정되었다. 금은 한 나라의 경제정책과 통화정책을 좌우하는 바로미터였다. 언젠가 저 유명한 자크 뤼에프Jacqes L'eon Ruef[29]가 이 제도를 일컬어 세계경제 질서의 파수꾼인 '절대군주'라고 극찬한 것도 같은 맥락에서 이해할 수 있다. 언젠가 텔레비전 토론 프로그램에서 나는 그에게 이런 질문을 던진 적이 있다.

"그렇다면 금을 국내에 붙잡아두기 위해 정부가 강력한 디플레이션 정책을 추진하도록 만드는 군주의 군대는 도대체 어디에 있습니까?"

---

29 '미스터 금본위'라는 애칭을 가졌던 프랑스 드골 정부의 통화 전문가.

어떤 통화도 자신을 영원히 지키지는 못한다

뤼에프는 1932년 소르본 대학에서 열린 강연에서 금본위제도를 끝없이 예찬한 적이 있다. 그는 독일을 예로 들면서 브뤼닝-루터 Brüning-Luther 정부의 디플레이션 정책을 높이 평가했다. 전 세계를 강타한 경제공황에도 불구하고 금 보유고를 늘렸다는 것이 그 이유였다. 그러나 그 당시의 정책이 얼마나 '성공적'이었는지는 이제 누구나 다 알고 있다. 그로부터 1년도 채 지나지 않아 히틀러가 권력을 장악했던 것이다.

일찍이 비스마르크는 비록 경제 전문가는 아니었지만 다음과 같은 천재적인 정의를 내린 바 있다. 어쩌면 그가 경제 전문가가 아니었기 때문에 이런 말을 할 수 있었는지도 모른다.

"정화준비는 두 사람이 함께 덮는 이불과 같다. 왜냐하면 서로 자기 쪽으로 이불을 끌어가기 때문이다."

1926년 이래 프랑스가 이 이불을 공격적으로 자기 쪽으로 끌어당기는 바람에 미국과 영국의 중앙은행은 자국의 경제와 은행들에 유동성 확보를 지원해줄 금이 부족해져 어려움을 겪었다. 철저한 금본위제도의 고수로 인해 정책의 탄력적인 운영이 사실상 불가능해졌다. 각국 정부는 오직 적정한 금 보유고를 확보한다는 한 가지 목적을 위해 파산과 실업자 양산도 무릅쓰면서까지 소비자와 기업가의 호주머니에서 돈을 짜낼 수밖에 없었던 것이다. 그러다가 1933년 미국의 루스벨트 대통령이 달러화를 금으로부터 분리시키는 순간 그동안 산재해왔던 모든 금융위기와 은행권의 위기가 일시에 사라졌다. 영국에서는 이미 1930년에 이런 조처가 이루어졌다.

많은 경제학자들과 정치가들이 금본위제도를 언급할 때마다 나는 다음의 예를 떠올리곤 한다. 어린아이가 피아노를 처음 배울 때는 앞에 메트로놈을 두고 그것에 맞춰 박자를 익힌다. 19세기의 세계경제와 금융시장들은 이와 같은 어린아이의 피아노 연주였다. 당시 사람들은 금본위제도를 두고 그것에 맞춰 박자를 조율했던 것이다. 하지만 거대하고 장중한 오케스트라의 경우에는 메트로놈으로는 부족하다. 천재적인 지휘자가 필요하다. 마찬가지로 수많은 문제들을 안고 있는 오늘날의 세계경제에는 천재적인 관리자와 정치가가 필요하다.

이런 천재들은 정말로 드물다. 그렇지만 한 가지 사실만은 분명하다. 즉 오늘날에는 각국의 통화정책 및 금리정책이 금과는 무관하게 해당 국가의 경제적 요구에 따라 연방은행이 결정한다. 인도의 시인이자 노벨상 수상자였던 타고르Rabindranath Tagore가 말한 다음 구절은 많은 의미를 시사한다(나는 어린 시절 그를 개인적으로 만날 기회가 있었다).

"새들의 날개에 금을 입혀보라. 그러면 다시는 창공으로 날아오르지 못할지니."

이제 금은 하나의 평범한 상품이 되어 그 가격이 오르거나 내리거나 한다. 그리고 금본위제도가 과거지사가 되면서 경제는 다시 창공으로 날아오를 수 있게 되었다.

| 미덕과 악덕이 반영된 화폐

"통화는 오직 자신의 침대에서만 죽을 수 있다"라는 말은 내가 대학시절부터 되새기는 유일한 명제다. 다행히도 대부분의 다른 말들은 이미 오래전에 잊었다. 그 덕분에 나는 낡고 진부한 편견들로부터 완전히 자유로울 수 있게 된 것이다.

통화가 자신의 침대에서만 죽을 수 있는 것처럼, 당연히 그 회복 또한 자신의 침대에서만 가능하다. 이 말은 각 나라마다 벌어들일 수 있는, 정확히 말해 주조할 수 있는 고유한 화폐단위를 갖고 있다는 의미이다. 따라서 특정 통화의 질이 해당 국가의 금 보유고에 달려 있다는 것은 전혀 근거가 없는 선동선전에 불과하다. 그럼에도 이른바 전문가라는 사람들이 금본위제도로의 귀환이라는 자신들 계획을 관철시키기 위해 이런 생각을 유포하고 있는 것이다. 이 문제와 관련하여 다양한 관점에서 논의가 가능하지만 과연 조목조목 따져볼만한 가치가 있는지는 의문이다. 금본위제도로 돌아가야 한다고 주장하는 사람들의 논리가 너무나 유치하고 단순해서 하는 말이다.

나는 통화체계로서의 금본위제도를 강조한다. 왜냐하면 투자나 투기 대상으로 금을 살 수 있느냐 없느냐 하는 문제가 아니기 때문이다. 이 두 가지는 전혀 별개의 사안이다. 그러나 금마저도 화폐가치를 보증하지 못한다면 과연 무엇이 그것을 대신할 수 있을까? 나는 이 문제를 아주 간단하고 해결해보려고 한다. 한 나라 화폐의 질을 결정하는 필수적 전제조건은 그 나라의 금융 관리와 국민경제 전체의 금융 수준이다. 그리고 이것은 그 나라 국민들의 미덕과 악덕의 불가분의 관계에 있다.

각 나라의 화폐와 관련한 국가의 장점과 특성, 그리고 자원은 무엇일까? 나의 주관적 견해를 요약하면 다음과 같다.

●미국 달러 | 미국의 정치적인 안정과 사유재산에 대한 절대적인 존중, 선진화된 기술과 풍부한 천연자원, 그리고 경영자들의 역동성

●독일 마르크 | 정치적 안정(어쨌든 지금까지), 독일 국민의 근면함, 절약정신, 원칙주의

●영국 파운드 | 과거 대영제국의 잉여재산, 국제무역과 '런던시 City of London', 세계적인 은행과 보험사, 항해 중심지로서의 런던의 명성, 비축된 북해의 석유

●스위스 프랑 | 수백 년간 이어져 온 중립국으로서의 정치적 위상, 절대적이지는 않지만 법적으로 보호받는 금융비밀

●일본 엔화 | 산업의 자동화, 경영자들의 겸손함

●이탈리아 리라 | 교회와 박물관, 궁전, 로마, 베네치아, 피렌체

●네덜란드 굴덴 | 식민제국의 유산, 거대한 무역함대, 엄격한 절약정신과 약간의 천연가스

●노르웨이 크로네 | 북해 석유와 석유 운송선

●오스트리아 실링 | 빈의 예법, 오스트리아–헝가리 제국 시절에 대한 향수, 전통에 굶주린 미국인들의 지출

●헝가리 포린트 | 헝가리 국민들의 빈틈없는 일 처리

●이스라엘 파운드 | 해외 동포들의 기부금(이스라엘은 해외 거주민들이 최고액 납세자들인 세계 유일의 나라다)

●러시아 루블 | 시베리아에 대한 불안, 독재, 그리고 많은 금(하지만 이 모든 것들은 거의 무의미하다. 암시장에서 루블은 공시가보다 훨씬 낮은 가격으로 거래되고 있기 때문이다). 이 대목에서 루블화와 관련하

여 내가 지은 짧은 시 한 편을 소개해볼까 한다.

어떤 통화도 그 가치가 영원할 수는 없는 법,
아무리 좋은 화폐라도 언젠가는 초라해진다.
루블화는 단지 그렇게 선택되었을 뿐으로,
말하자면 초라한 상태로 태어났던 것이다.

한마디로 말해 특정 화폐의 질은 그 화폐가 금으로 환원되는 가치가 아니라 해당 국가의 재정상태와 경제성장성, 그리고 국민의 도덕성에 달려 있다. 도덕성이 강화되면 통화의 가치가 상승하고 도덕성이 약화되면 통화의 가치도 하락한다. 금은 견실한 화폐를 지닌 나라로 흘러 들어가고, 도덕성이 상실된 나라는 떠나게 마련이다. 독일 연방은행은 금 보유고가 제로인 상태에서 출발했지만, 불과 몇 년 사이에 독일 마르크화는 유럽에서 가장 안정적인 화폐가 되었다.

물론 석유 채굴지의 존재 여부나 군사전략적으로 유리한 입지 조건과 같은 운명적인 요소들도 중요한 역할을 한다. 투기, 시세조작, 대중매체 등에 의해 가열된 집단적인 히스테리가 시세에 미치는 영향도 무시할 수는 없다. 하지만 대부분의 경우 단기적으로 끝난다. 솔직히 말해 금본위는 제대로 관리하지 못하면 쉽게 사라져버리는 환상에 불과할 뿐이다.

감옥과
정글

경제발전을 위해 완전한 자유가 유익한가 아니면 국가적 통제
가 유익한가, 혹은 학문 없는 경제냐 경제 없는 학문이냐 하는 논쟁
은 오래전부터 존재했다. 좀 더 극단적으로 표현하자면 정글이냐
감옥이냐 하는 양자택일의 문제로 단순화할 수도 있겠다.

이 양극단 사이는 너무나 멀다. 뿐만 아니라 두 이론의 옹호자
들은 각자 자신들의 주장을 뒷받침하기 위해 진지하게 고려할만한
무수히 많은 논증들을 끌어낼 수 있다. 완전한 자유방임경제는 정
글을 낳고, 그 결과 마침내 위험하기 그지없는 정치적 상황을 맞이
하기 마련이다. 이 정글 속에 천사 혹은 천사와 같은 생명체만 산다
면 이러한 선택도 나름대로의 이점이 있을 것이다. 하지만 유감스럽
게도 이곳에는 교활하고 난폭한 야수들이 돌아다니면서 자기들끼
리 물어뜯으며 싸울 뿐만 아니라 순진한 관람객들까지 무차별적으
로 공격한다.

그래서 나는 실용적으로 작동하긴 하지만 엄격한 법과 질서를 통해 강자로부터 약자를, 교활한 사람으로부터 순진한 사람을 보호하는 강한 국가를 선호한다. 과거에 숱한 독일인들이 자유라는 미명 아래 엄청난 경제적 손실을 입지 않았던가! 정체불명의 외국계 투자펀드, 각종 석유 관련 유가증권, 무모한 상품선물거래 등으로 인해 선량한 일반 투자자들은 그야말로 쌈짓돈까지 털렸다.

경제활동을 하는 모든 사람들의 최종 목적인 돈은 사실 그 자체로 중독성이 있을 뿐만 아니라 도덕적으로 부정적인 영향력까지 갖고 있다. 돈은 일반 개인은 물론 대형기관들까지도 수익률은 높을지 몰라도 사회 전체 이익에는 반하는 상거래로 이끈다. 오스트리아 빈 사람들이 "누구나 자신의 의지대로 할 수 있다Jeder Kan ton, was er will"는 표현을 빗대어 '스위스 시스템Schweizer System'이라고 하는 것도 비슷한 맥락에서다. 이미 18세기에 프랑스 계몽주의 정치학자 몽테스키외Charles Montesquieu는 이렇게 말한 바 있다. "거래의 자유란 상인들이 모든 일을 임의로 행할 수 있다는 것을 의미하지는 않는다. 그리고 상인의 자유를 제한하는 것이 무조건 거래의 자유를 방해지도 않는다."

자본주의 체계를 떠받치는 3개의 기둥인 자유로운 기업활동, 이익, 자유로운 경쟁에 전혀 손상을 가하지 않고서도 경제는 원활하게 통제될 수 있다. 아직도 중앙은행들이 통화정책과 금리정책을 통해 시장경제에 개입할 수 있다는 점만 제외하고는 사실상 철저한 자유방임주의의 시대는 이미 끝났다고 봐도 무방하다.

이 점이 아주 중요한데, 만약 이를 이용하여 어떤 정치적인 목적을 달성하려는 의도만 없다면 국가 혹은 국가기관의 적절한 개입이 오히려 바람직할 수도 있다. 여기서 정치적 의도란 국가가 통화정책, 신용정책, 관세정책, 조세정책 등을 통해 특정한 사회계층이나 산업 분야에 불이익을 주는 경우를 말한다. 위정자들이 이런 방법을 상용화하면 그 국가는 점차 사회주의로 변질되면서 해당 정부를 선택한 대다수 국민들의 기대를 저버리게 된다.

질서를 유지하는 것? 괜찮다. 경제의 흐름에 적절히 개입하는 것? 그것도 괜찮다. 하지만 이를 통해 특정한 정치적 목적을 달성하려는 것? 절대 좋지 않다!

대부분의 일들은 시간이 흐르면서 저절로 균형이 잡히기 마련이다. 수요와 공급의 상호작용이 신속히 균형점을 찾아내기 때문이다. 경제사적 흐름은 늘 이러한 순환운동 속에서 이어져오고 있다. 이와 같은 상승과 하강의 반복된 흐름은 필연적으로 많은 희생자를 낳을 수밖에 없다. 이 과정에서 자신을 온전히 지켜낼 수 있는 사람은 극소수에 불과하다. 모든 사람들이 그렇게 할 수 있다면 사실 상승과 하강이라는 경제사적 흐름 자체가 성립될 수 없을 것이다.

우리는 밀물과 썰물의 시간대를 분초 단위까지 정확히 계산해낼 수는 있지만, 순환 흐름 자체를 방해할 수는 없다. 우리는 그저 조수간만을 예측하여 그에 따른 적절한 예방조처를 취할 수 있을 뿐이다. 마찬가지로 특별히 재능이 있거나 똑똑한 사람은 경제의 흐름을 정확히 꿰뚫어볼 수 있다. 하지만 수십 년에 달하는 내 경험에 비추어볼 때 이런 사람은 극히 드물다.

그러므로 우리는 현실적일 필요가 있다. 잘 알다시피 아무리 바람직한 해결책을 제시하는 경우라도 대부분의 이론은 공허하다. 그 해결책이라는 것들도 현재 지배적인 정치적·심리적 여건과 부합되지 않아 단순한 공염불에 그칠 가능성이 매우 크다. 무엇을 해야 한다는 것을 안다고 해도 그것이 실제로 실행 가능하느냐는 문제가 여전히 남는다. 고전적 통화주의자들 스스로가 인정하듯이, 우리가 마주해야 하는 대부분의 조처는 정치적·사회적 이유에서 실행이 불가능한 것들이다. 그럼에도 불구하고 그들은 자신들의 논리를 앞에서는 떠들썩하게 선전하면서 뒤로는 "나중에 무슨 일이 일어나든 우리와는 무관하다"라는 자세로 일관한다.

자유방임주의냐 계획경제냐, 혹은 재정주의fiscalism냐 통화주의 monetarism[30]냐 하는 문제에 대해 아주 오래전 프랑스 시인이자 극작가인 알렉시스 피롱Alexis Piron이 그의 외설적인 풍자시에서 다음과 같이 재치 있게 답한 바 있다.

콜랭은 애인의 미끈한 허벅지를 두고 감탄사를 연발했다. 어떤 때는 왼쪽 허벅지가 더 아름다워 보였고, 또 어떤 때는 오른쪽 허벅지가 더 아름다워 보였다. 그러자 그의 애인이 이렇게 소리쳤다. "자기야, 뭘 그렇게 주저하는 거야? 내가 말해 볼게. 진실은 양쪽 허벅지 사이에 있다고!"

---

30 재정주의가 존 케인즈 주축의 재정 위주 경제정책이라면, 통화주의는 밀턴 프리드먼을 대표로 하는 시카고 학파의 경제이론이다. 학설사적으로 보면 서로 정면으로 배치되는 경제이론들이다. 케인즈는 자유방임주의의 종언을 고하고 정부의 직접개입을 제안했다. 반면에 프리드먼은 정부의 활동은 시장의 경제기제를 유지하거나 시장기구가 제공하기 어려운 서비스를 공급하는 데만 국한시키고, 나머지는 시장의 경쟁원리에 맡겨둠으로써 시장 스스로 자동조절 기능에 의해 최선의 결과를 이끌어내야 한다고 주장했다.

거대한 카지노,
옵션시장

지금까지 나는 옵션거래를 어떻게 생각하느냐는 질문을 수도 없이 받았다. 솔직히 말해 이런 식의 질문에는 답이 있을 수 없다. 왜냐하면 옵션시장은 주식거래소의 경우와 마찬가지로 언제나 극단적으로 마주선 양쪽이 힘을 겨루는 체계이기 때문이다. 한쪽 편에는 옵션을 위임하는 '슈틸할터(Stillhalter, 움직이지 않고 기다리는 사람)', 증권거래소 은어로는 '슈라이버(Schreiber, 펜대만 굴리는 사람)'가 있다. 또 다른 한쪽 편에는 옵션을 구입하는 사람들이 있다. 우리는 이 중 어느 쪽을 이야기하는지 구분해야 한다.

나는 이와 관련해 족히 한 권 분량의 이야기를 풀어낼 수도 있다. 이는 지난 70여 년 동안 나 자신이 양쪽 편 모두에 속해왔으며 특히 1920년대와 1930년대에 파리, 베를린, 취리히 등을 무대로 직접 엄청난 규모의 옵션거래를 해본 바 있기 때문이다. 당시는 월스트리트에서도 옵션이 무엇인지 잘 모르던 시절이었다. 옵션거래에서 나는 큰 돈을 벌기도 하고, 반대로 큰 돈을 날리기도 했다.

옵션시장은 한마디로 거대한 카지노이다. 그렇지만 금융시장에서 나름의 유용한 역할을 한다. 옵션거래는 투자를 부추기고 이를 통해 증권거래소의 자금유동성을 원활하게 만든다. 이렇게 자금이 활발하게 순환되는 증권거래소는 다시 자유로운 시장경제가 제대로 작동되기 위한 필수적인 전제조건이기도 하다. 수많은 옵션매수자들은 투자자들로부터 주식을 사고, 그러면 투자자들은 양도한 주식에 대한 옵션을 조용히 기다린다. 하지만 옵션거래는 결코 아무나 쉽게 덤벼들 수 있는 대상이 아니다. 그런 차원에서 나는 옵션거래를 시도하려는 사람들을 위해 이와 관련한 몇 가지 간단한 분석을 해보려 한다.

간단하게 정리하면 옵션매수자가 투기꾼이라면 옵션매도자는 자본가, 다시 말해 옵션매수자에게 지급할 의지가 없거나 지급할 능력이 없는 주식을 온전히 소유한 고리대금업자다. 옵션매도자는 옵션매수자인 투기꾼에게 급격한 시세변동을 틈타 비교적 단기간에 큰 이익을 남길 기회를 제공한다. 옵션매도자는 투기꾼들이 자신의 등을 타고 투기를 하게 해주는 대신, 그 대가로 일정한 액수의 프리미엄을 챙긴다. 이러한 프리미엄에 한때 '회한의 돈'이라는 별칭이 붙었는데, 이는 투기꾼들이 옵션을 사들인 것을 후회하는 경우가 빈번했기 때문이다. 참으로 적절한 표현이 아닐 수 없다.

기대했던 가격상승이 단 하루라도 지체될 경우 옵션매수자는 투자한 돈 모두를 한꺼번에 잃는다. 이 경우는 시세동향에 관한 한 올바르게 투자했지만, 시점을 제대로 포착하지 못한 것이다. 다시 말해 전략은 옳았지만 전술이 빗나간 것이다. 나 자신도 옵션거래에서 이와 유사한 경우를 수도 없이 경험했다.

옵션매도자의 수익은 제한적이지만 그만큼 위험부담률도 적다. 최악의 경우 엄청난 시세차익을 놓치는 정도로 끝난다. 하지만 옵션매수자는 예상이 빗나갈 경우 투자한 돈을 몽땅 날린다. 한마디로 옵션매수자가 상상력을 가진 사람이라면, 옵션매도자는 돈을 가지고 있다.

옵션거래를 통해 단박에 벼락부자가 될 수도 있다. 실제로 나는 1930년대에 풋옵션^{Put option31}을 통해 엄청난 돈을 벌어들였다. 하지만 계속해서 옵션만 매수할 경우 자신도 모르게 점점 더 무리한 투기를 하기 마련이다. 옵션매수자는 그 어떤 경우라도 여타 일반 투자자들보다 자신이 하는 일에 대해 더 정확히 알고 있어야 한다. 왜냐하면 옵션거래를 부추기는 대대적인 광고들은 하나 같이 옵션에 대한 충분한 설명도 없이 무조건 고객만 확보하면 그만이라는 식이기 때문이다. 특히 초보자들을 겨냥하여 엉터리 정보를 퍼뜨리기 일쑤이다. 또한 '옵션투자'라는 말 자체부터 오해의 소지가 있다. 전통적인 의미에서 옵션은 단순한 투자가 아니라 정해진 시간에서 이루어지는 투기나 다름없기 때문이다.

경마나 룰렛 같은 고전적인 도박에서 경험을 쌓은 사람이라면 누구나 우승후보와 승산이 없는 후보를 구분할 수 있다. 옵션매도

---

31 콜옵션(Call option)의 반대 개념으로 시장가격과는 상관없이 특정 상품을 특정 시점 및 특정 가격에 매도할 수 있는 권리.

자는 경마에서 우승후보에 돈을 거는 사람 혹은 룰렛 테이블에서 가능한 한 여러 숫자에 돈을 거는 사람과 비슷하다. 원리는 동일하다. 당첨확률이 클수록 예상수익은 적은 반면에 당첨확률이 적을수록 예상수익은 커진다. 물론 위험률과 수익 사이의 상관관계에서 약간의 돌발적인 변수가 작용하기는 하지만, 이것은 오랫동안 경험을 쌓은 사람들만 감각적으로 느낄 수 있을 뿐이다. 휘황찬란한 선동선전에 속아 옵션거래에 떠밀려 들어선 대부분의 일반 투자자들은 이런 경험이 전무하다. 감히 단언하건대 이러한 거래로 고객들을 유인하는 자칭 전문가라는 사람들조차도 대부분의 경우 그에 합당한 경험을 갖추고 있지 못하다.

순진한 일반 대중을 이 불행한 거래행위로 꾀어 들이는 각종 신문의 광고란을 볼 때마다 나는 분노가 치밀어 오른다. 광고문구들은 사기성이 짙은 거짓말투성이다. 한결같이 옵션투자를 통해 100%, 아니 심지어는 200%의 수익을 약속하며 그것을 증명할 수 있다고 호언장담한다. 하지만 옵션은 투자가 아니라 '도박'이다. 룰렛 테이블에서는 판돈이 '배로 불어나든지 아니면 제로'가 된다. 따라서 100%의 수익을 운운하는 것 자체가 웃기는 이야기다. 그건 마치 룰렛 테이블에 앉은 도박꾼이 하루 저녁에 판돈을 3배로 불렸다고 떠벌리고 다니는 것과 다름없다. 나는 영국의 수상이었던 윈스턴 처칠과 스웨덴 국왕 구스타프 5세가 몬테카를로의 한 카지노의 룰렛 테이블에 앉아 가끔씩 큰 액수의 당첨금을 획득하곤 하는 것을 직접 목격한 적이 있다. 그럴 때마다 카지노에 있던 모든 사람들이 박수를 쳐주곤 했는데, 그것은 단지 그 노신사들을 즐겁게 해주기 위해서였다.

미국의 주식시장 감독청이 발표한 통계에 따르면 옵션매수자의 80%가 투자한 돈을 날린다. 다시 한 번 강조하지만 옵션은 투자가 아니라 일종의 복권 놀음이다. 예상한 가격변동이 단 하루만 늦어도 매수자는 투자한 돈을 한 푼도 건지지 못한다. 이 경우 옵션매수자는 시세흐름은 제대로 짚었지만 타이밍을 제대로 맞추지 못한 것이다.

옵션매수자가 잃은 것을 옵션매도자가 챙긴다. 옵션매도자가 주로 대형 은행이나 보험회사라는 것은 결코 우연이 아니다. 이러한 기관들은 엄청난 양의 주식을 보유하고 있으며, 그 주식을 끊임없이 옵션계약으로 매도한다. 월스트리트에서 떠도는 소문에 의하면 전 세계에서 가장 대규모로 옵션을 매도하는 곳은 다름 아닌 바티칸이라고 한다. 족히 투자금의 20~25%가 보장된다는 거래를 누가 마다하겠는가? 물론 그 점에 대해 확실하게 보증해줄 수 있는 사람은 아무도 없다. 적은 돈으로 큰 거래를 해보고 싶은 사람들에게 나는 차라리 높은 금리나 일시적인 사업상의 어려움으로 인해 시세가 바닥으로 추락한 일련의 주식들을 사두라고 권하고 싶다. 이렇게 하면 옵션의 경우처럼 투자금액을 2배 혹은 3배로 불릴 수도 있다. 옵션거래와는 달리 시간적인 구애를 받지 않는다는 장점도 있다.

옛날 한 유대인 증권투자자가 자신의 친구에게 이렇게 물었다고 한다.

"여보게 친구, 우리에게서 옵션을 사는데 소비하는 그 많은 돈을 기독교인들은 도대체 어떻게 마련할까?"

물론 이것은 까마득한 옛날 옛적 이야기다. 그 이후로 기독교인들은, 아니 심지어는 바티칸조차도 이러한 속임수를 알아채곤 오히려 그것을 이용하고 있으니까 말이다.

코스톨라니의
투자 퀴즈

Kostolanys beste
Geldgeschichten

| 당신은 증권거래에 재능이 있나요?

[질문]

1. 주식투자는 어떤 게임을 연상시키는가?
   a) 체스 ☐
   b) 스카트Skat[32] ☐
   c) 축구-토토 ☐
   d) 룰렛 ☐
   e) 경마 ☐

2. 매수와 매도를 결정할 때 중요한 것은?
   a) 유가증권에 대한 분석 ☐

---

32 세 사람이 32장의 패를 가지고 노는 독일 카드놀이의 일종.

b) 시장에 대한 분석　　　　　　　　　　　□

3. 내 주식을 평가할 때 항상 먼저 고려하는 것은?
　a) 구매가격　　　　　　　　　　　　　□
　b) 당일시세　　　　　　　　　　　　　□

4. 유가증권을 매수할 때 더 중요하게 생각하는 것은?
　a) 품목　　　　　　　　　　　　　　　□
　b) 시점　　　　　　　　　　　　　　　□

5. 단기적인 주식동향에 결정적인 요인은?
　a) 전반적인 경기　　　　　　　　　　□
　b) 분야별 경기　　　　　　　　　　　□
　c) 금리　　　　　　　　　　　　　　　□
　d) 경제학　　　　　　　　　　　　　　□
　e) 의사　　　　　　　　　　　　　　　□
　f) 정치가　　　　　　　　　　　　　　□

6. 중기적인 주식동향에 결정적인 요인은?
　a) 전반적인 경기　　　　　　　　　　□
　b) 분야별 경기　　　　　　　　　　　□
　c) 금리　　　　　　　　　　　　　　　□
　d) 대중심리　　　　　　　　　　　　　□
　e) 시장의 기능 상태　　　　　　　　　□

7. 장기적인 주식동향에 결정적인 요인은?
　a) 전반적인 경기　　　　　　　　　　□
　b) 분야별 경기　　　　　　　　　　　□

    c) 금리 ☐

    d) 대중심리 ☐

    e) 시장의 기능 상태 ☐

8. 유가증권을 매도하는 시점은?

    a) 약간의 이익만 남으면 ☐

    b) 큰 이익을 남길 경우에만 ☐

    c) 이익이나 손실과는 무관하게 ☐

9. 유가증권을 매수하는 시점은?

    a) 가격이 상승할 때 ☐

    b) 가격이 하락할 때 ☐

    c) 가격과는 전혀 무관한 이유에서 ☐

10. 헐값으로 매도한 주식을 비싼 가격에 다시 사들이겠는가?

    a) 그렇다 ☐

    b) 아니다 ☐

11. 휴지조각으로 변하기 직전의 채권을 사듯이 거의 파산한 회사의 주식을 사겠는가?

    a) 그렇다 ☐

    b) 아니다 ☐

12. 거래량이 적은데도 불구하고 시세가 오를 경우 시장에 대한 전망은?

    a) 긍정적이다 ☐

    b) 부정적이다 ☐

13. 좋은 소식들에도 불구하고 시세가 즉시 오르지 않을 경우 이 기회를 어떻게 이용하겠는가?
    a) 주식을 매수한다 ☐
    b) 주식을 매도한다 ☐

14. 투자에서 더 중요한 것은?
    a) 전술 ☐
    b) 전략 ☐

15. 차트는 어떤 경우에 중요할까?
    a) 장기적인 동향분석을 위해 ☐
    b) 단기적인 동향분석을 위해 ☐
    c) 위의 두 경우 모두 해당사항이 없다 ☐

16. 증권투자자와 가장 비슷한 사고방식을 가진 사람은?
    a) 엔지니어 ☐
    b) 상인 ☐
    c) 변호사 ☐
    d) 경제학자 ☐
    e) 의사 ☐
    f) 정치가 ☐

17. 증권투자자로서 가장 갖추어야 할 2가지 중요한 특성은?
    a) 통찰력 ☐
    b) 직관력 ☐
    c) 융통성 ☐
    d) 객관적 사고방식 ☐
    e) 상상력 ☐

f) 호전성 ☐

18. 증권투자자로서 가장 버려야 할 2가지 나쁜 특성은?

    a) 완고함 ☐

    b) 우유부단함 ☐

    c) 자만심 ☐

    d) 성급함 ☐

    e) 지나치게 꼼꼼함 ☐

    f) 정서과잉 ☐

19. 다음 중 증권투자자에게 가장 위험한 상황은?

    a) 정보를 객관적으로 받아들임 ☐

    b) 잘못된 정보 ☐

    c) 잘못된 정보에 대한 잘못된 해석 ☐

    d) 올바른 정보에 대한 잘못된 해석 ☐

20. 증권투자와 증권투기의 차이는 어떻게 생기는가?

    a) 유가증권의 질에 따라 ☐

    b) 시간적인 간격에 따라 ☐

    c) 금액의 상대적인 크기에 따라 ☐

    d) 사고방식에 따라 ☐

21. 일반적인 세금인상으로 주가가 오를 수 있을까?

    a) 그렇다 ☐

    b) 아니다 ☐

22. 불경기에도 주가가 오를 수 있을까?

    a) 그렇다 ☐

b) 아니다 ☐

23. 대형기관들이 한 목소리로 추천한다면 그 주식을 사겠는가?
    a) 사겠다 ☐
    b) 지켜보겠다 ☐
    c) 오히려 팔겠다 ☐
    d) 사지 않겠다 ☐

24. 대형기관들의 펀드매니저들이 단기간에 주식을 대량으로 거래할 경우 그것을 어떻게 받아들이겠는가?
    a) 중요한 의미로 ☐
    b) '왜 그럴까' 하는 정도로 ☐
    c) 별다른 의미를 부여하지 않는다 ☐

25. 특정 회사의 주식에 대한 내부정보 제공자의 추천을 어떻게 받아들이겠는가?
    a) 대단한 것으로 ☐
    b) 그저 그런 정도로 ☐
    c) 하찮은 것으로 ☐

26. 경험은 풍부하지만 실패로 점철된 나이 많은 증권투자자의 조언을 어떻게 받아들이겠는가?
    a) 소중한 것으로 ☐
    b) 그저 그런 것으로 ☐
    c) 별 볼일 없는 것으로 ☐

27. 국가정치가 증권시장에 어느 정도로 영향을 미친다고 생각하는가?

a) 약간 ☐

b) 크게 ☐

c) 전혀 영향을 주지 않는다 ☐

28. 일단 결정을 내렸다면 그다음에는?

a) 곧장 행동으로 옮기겠다 ☐

b) 다시 한 번 고민해보겠다 ☐

29. 국제정치가 증권시장에 어느 정도로 영향을 미친다고 생각하는가?

a) 약간 ☐

b) 크게 ☐

c) 전혀 영향을 주지 않는다 ☐

30. 이미 잃은 돈을 되찾을 수 있을까?

a) 전혀 불가능하다 ☐

b) 종종 가능하다 ☐

31. 언제나 최저 시세에서 매수하고 최고 시세에서 매도하는 투자자는 어떤 부류의 사람일까?

a) 정보를 훤히 꿰고 있는 사람 ☐

b) 나이가 많고 경험이 풍부한 전문가 ☐

c) 거짓말쟁이 ☐

32. 주가시세표를 점검하는 횟수는?

a) 매일 ☐

b) 주일마다 ☐

c) 한 달 간격으로 ☐

33. 투자와 투기를 구분하는 기준은 무엇일까?

   a) 유가증권의 질 ☐

   b) 기간 ☐

   c) 금액의 상대적인 크기(보유자산의 정도를 토대로 산정한) ☐

   d) 생각하기 나름이다 ☐

34. 과거의 사건들을 분석하는 것이 과연 의미가 있을까?

   a) 그렇다 ☐

   b) 어느 정도는 ☐

   c) 전혀 무의미하다 ☐

35. 투자자는 과연 어느 시점에 회계를 해야 할까?

   a) 거래가 종료될 때마다 ☐

   b) 한 달 간격으로 ☐

   c) 1년 간격으로 ☐

   d) 그대로 내버려 둔다 ☐

36. 증시 붕괴 이후에 모든 징후들이 흐름의 반전을 예고할 경우 어떤 주식을 사겠는가?

   a) 보합세인 주식 ☐

   b) 시세가 약간 하락한 주식 ☐

   c) 시세가 급락한 주식 ☐

   d) 휴지조각으로 변하기 직전의 주식 ☐

37. 세계 최대의 컴퓨터 제작사인 IBM이 독점권 때문에 컨트롤데이터 사를 상대로 소송을 걸었다. 어느 회사가 유리할까?

   a) IBM ☐

   b) 컨트롤데이터 ☐

c) 두 회사 모두 손해다　　　　　　　　　　☐

38. 북해의 석유 붐에 참여한 회사들 가운데 당신이 선호하는 대
상은?
　　a) 일련의 대규모 국제 석유 콘체른　　　　　☐
　　b) 오직 북해에만 투자한 회사들　　　　　　☐

[정답]

1. 카드게임을 하는 사람이 자신이 쥔 패에 맞춰 배팅을 하듯이 증권투자자도 수시로 변하는 상황에 맞춰 예상과 판단을 해야 한다. 받는 카드의 조합이 좋은 경우도 있고 나쁜 경우도 있듯이, 사건들이 투자자에게 유리에게 작용할 수도 있고 불리하게 작용할 수도 있다. 노련한 도박사처럼 노련한 투자자도 위기 상황을 유연하게 벗어날 수 있어야 한다. 다시 말해 좋은 패를 들고 있을 때는 많이 벌고, 나쁜 패를 들고 있을 때는 피해를 최소화하는 것이다.

a) 체스	0점
b) 스카트	3점
c) 축구—토토	1점
d) 룰렛	0점
e) 경마	2점

2. 전반적인 주가동향은 각각의 주식시세에 결정적인 영향을 미친다. 전반적으로 주가가 급락할 경우 아무리 최상급 주식이라도 오름세가 주춤거리거나 멈출 수 있다. 이와는 대조적으로 전반적인 낙관 분위기 속에서는 불량 주식도 천정부지로 치솟을 수가 있는데, 어떤 경우에는 상승곡선의 기울기가 우량 주식의 그것을 능가하기도 한다.

a) 유가증권에 대한 분석	1점
b) 시장에 대한 분석	3점

3. 주식을 매수하면서 투자한 금액은 이미 과거지사로서, 그것은 향후 해당 주식의 평가에 전혀 도움이 되지 못한다.

a) 구매가격	0점
b) 당일시세	3점

4. 팔고 사는 시기를 제대로 포착하지 못할 경우 우량 주식으로도 돈을 잃을 수 있지만, 그 시기만 제대로 포착하면 불량 주식으로도 돈을 벌 수 있다.

    a) 품목   1점

    b) 시점   3점

5. 단기적으로는 경제상황이 시세, 금리, 분야별 경기에 영향을 주지 않는다. 하지만 매수자들이 매도자들보다 더 강한 압박을 받을 경우 시세는 상승하고, 그 반대의 경우는 하락한다. 대중심리와 시장의 기술적 이해는 곧바로, 그리고 아주 강력하게 매수와 매도에 영향을 미친다.

    a) 전반적인 경기   0점

    b) 분야별 경기   1점

    c) 금리   1점

    d) 대중심리   3점

    e) 시장의 기능 상태   3점

6. 자금시장의 유동성을 의미하는 금리가 수요와 공급의 강약을 결정한다. 금리는 채권시장에 직접적인 영향을 준다. 채권의 수익률이 떨어질수록 보다 많은 유동자산이 증권거래소로 흘러 들어간다. 하지만 금리가 증권시장에 미치는 영향의 정도는 상당한 시간이 흐른 후에야, 다시 말해 중기적으로 나타난다.

    a) 전반적인 경기   0점

    b) 분야별 경기   1점

    c) 금리   3점

    d) 대중심리   2점

    e) 시장의 기능 상태   2점

7. 장기적으로는 대중심리가 전혀 영향을 주지 못한다. 미래에 대해 미리부터 걱정하고, 희망으로 설레고, 지레짐작할 필요는 없기 때문이다. 전반적인 경기와 특히 분야별 경기가 주식의 질과 앞으로의 수익률을 결정한다. 특정 분야의 향후 시세동향을 몇 년 전부터 예견할 수 있는 사람은 그를 통해 큰 수익을 올릴 수 있다.

    a) 전반적인 경기   2점

    b) 분야별 경기   3점

    c) 금리   1점

    d) 대중심리   0점

    e) 시장의 기능 상태   1점

8. 특정 주식에 대한 매도 여부의 결정은 과거의 매수가격과는 전혀 무관하며, 앞으로의 시세동향에 달려 있다. 따라서 아주 객관적인 판단이 요구된다.

    a) 약간의 이익만 남으면   0점

    b) 큰 이익을 남길 경우에만   0점

    c) 이익이나 손실과는 무관하게   3점

9. 특정 유가증권이 현재 상승세인가 하락세인가 하는 것이 향후 시세에 영향을 주지는 않는다. 매수 여부를 결정하려면 다른 이유들을 찾아보아야 한다.

    a) 가격이 상승할 때   0점

    B) 가격이 하락할 때   0점

    c) 가격과는 전혀 무관한 이유에서   3점

10. 판단은 과거의 거래들과는 전혀 무관하게 아주 객관적이어야 한다.

    a) 그렇다   3점

b) 아니다   0점

11. 거의 파산 직전인 회사의 주식시세는 이미 그 회사의 나쁜 상황을 반영하고 있기 때문에 크게 하락했을 가능성이 높다. 파산위기만 넘기면 주가가 치솟는다. '거의 파산한' 상황과 '재정상태가 건전화된' 상황과의 차이는 '거의 파산한' 상황과 '완전히 파산한' 상황과의 차이보다 훨씬 더 크기 때문이다. 위기상황에 내몰린 채권의 경우도 마찬가지다.
　　a) 그렇다   3점
　　b) 아니다   0점

12. 거래량이 적다는 말은 시세가 바닥을 쳤을 때 사들인 소신파들이 주식을 보유하고 있다는 것을 의미한다. 왜냐하면 대부분의 경우 이러한 매수자들이 시세가 오를 때만 사들이는 사람들보다 자금동원력이 훨씬 더 강하기 때문이다. 반대로 가격이 상승하면서 동시에 거래량도 늘어난다면 자금동원력이 강한 사람들의 손에서 상대적으로 자금동원력이 약한 사람들의 손으로 주식이 넘어가고 있는 중이라고 판단해도 무방하다. 이럴 경우 시장에 대한 향후 전망은 부정적일 수밖에 없다.
　　a) 긍정적이다   3점
　　b) 부정적이다   0점

13. 보유한 주식을 전부 매도하라. 시세가 오르지 않을 경우 그럴 만한 이유가 있기 때문이다.
　　a) 주식을 매수한다   0점
　　b) 주식을 매도한다   3점

14. 장기투자 목적으로 유가증권을 사는 경우 오늘이나 내일 혹은

모레에 시세가 오르는가 떨어지는가 하는 문제와는 전혀 무관하다.

   a) 전술   0점

   b) 전략   2점

15. 수십 년 동안 경험을 쌓은 투자 전문가들이 그러하듯 장기적인 안목에서 기다리는 것이 상책이다.

   a) 장기적인 동향분석을 위해   2점

   b) 단기적인 동향분석을 위해   0점

   c) 위의 두 경우 모두 해당사항이 없다   0점

16. 주식투자자가 그러하듯 의사도 먼저 검진부터 해봐야 한다. 그리고 그것을 토대로 모든 것을 보다 꼼꼼히 따져나간다. 의사나 증권투자자는 최종적인 판단을 내리기 전에 먼저 현재 상황부터 점검해보아야 한다는 말이다. 그런 다음 잘못 짚었다 싶으면 재빨리 방향을 수정해야 한다. 반면에 엔지니어나 상인의 사고과정은 이와는 정반대다. 철저히 수학적이다. 따라서 엔지니어나 상인은 어떤 경우라도 직관에 의지하지 않는다.

   a) 엔지니어   0점

   b) 상인   1점

   c) 변호사   2점

   d) 경제학자   0점

   e) 의사   3점

   c) 정치가   1점

17. 직관이란 상상력과 결합한 잠재의식적인 논리나 다름없다. 상상력에만 의존하는 것은 위험할 수도 있다. 이에 못지않게 융통성도 중요한데, 왜냐하면 주식투자자는 일단 길을 잘못 들었다고 판단되면 즉시 그것을 인정해야 하기 때문이다.

a) 통찰력 2점

b) 직관력 3점

c) 융통성 3점

d) 객관적 사고방식 1점

e) 상상력 2점

f) 호전성 0점

18. 융통성이 가장 좋은 특성이라면, 완고함과 우유부단함은 가장 나쁜 특성이다. 이런 특성에 얽매이는 투자자는 큰돈을 날릴 가능성이 매우 크다.

a) 완고함 3점

b) 우유부단함 3점

c) 자만심 0점

d) 성급함 2점

e) 지나치게 꼼꼼함 0점

f) 정서과잉 2점

19. 잘못된 정보는 올바른 정보의 잘못된 해석보다 덜 위험하다. 잘못된 정보를 가진 투자자는 그것을 비판적으로 따져보기 마련이다. 올바른 정보의 잘못된 해석은 잘못된 생각의 결과로서, 최종결정을 내리는 주체도 바로 이러한 생각이다. 반면에 잘못된 정보의 잘못된 해석은 도리어 좋은 결과를 낳을 수도 있다.

a) 정보를 객관적으로 받아들임 1점

b) 잘못된 정보 2점

c) 잘못된 정보에 대한 잘못된 해석 0점

d) 올바른 정보에 대한 잘못된 해석 3점

20. 투자자는 자신의 객관적인 판단에 따라 주식을 사거나 판다.

그는 이런저런 이유로 보유한 주식의 가격이 오르거나 내린다고 믿는다. 반면에 투기꾼은 오로지 큰돈을 챙길 목적으로 주식을 판다. 그 주식이 장차 더 오를지도 모른다는 생각 자체가 머리 속에는 없다. 그의 눈에는 오직 돈을 잃거나 따는 것만 보일 뿐이다.

a) 유가증권의 질에 따라	0점
b) 시간적인 간격에 따라	0점
c) 금액의 상대적인 크기에 따라	0점
d) 사고방식에 따라	3점

21. 세금을 인상할 경우 정부는 자금시장에 보다 자유롭게 개입할 수 있다. 낮은 금리는 자금유동성을 원활하게 만들기 때문에 증권 거래소로서는 유리하다.

a) 그렇다	3점
b) 아니다	0점

22. 1970년대 말의 주가동향이 그 대표적인 사례다. 당시 실업률이 증가했음에도 불구하고 주가는 상승했다. 그것은 아마도 정부가 대규모는 아니더라도 약간의 경기부양책을 시행했기 때문이다.

a) 그렇다	3점
b) 아니다	0점

23. 조심하라! 어느 금융자본가 집단이 특정 주식을 완전히 매도하려고 한다.

a) 사겠다	0점
b) 지켜보겠다	1점
c) 오히려 팔겠다	1점
d) 사지 않겠다	3점

24. 펀드매니저들은 엄청난 금액을 운용하기 때문에 오직 단기적으로만 시세에 강한 영향력을 행사할 수 있다.

    a) 중요한 의미로   2점

    b) '왜 그럴까' 하는 정도로   0점

    c) 별다른 의미를 부여하지 않는다   0점

25. 내부정보 제공자가 자신의 회사에 관해 잘 알고 있을지라도 자본시장에서의 시세변동은 이와 무관하다. 뿐만 아니라 이런 부류의 사람들은 대부분 정직하지 못하다. 내 경험에 의하면 내부정보 제공자가 추천하는 방향과 정반대로 투자하는 것이 오히려 유리할 경우가 훨씬 더 많다.

    a) 대단한 것으로   0점

    b) 그저 그런 정도로   0점

    c) 하찮은 것으로   2점

26. 성공이 특정 투자 전문가의 지능이나 전문지식을 가늠하는 기준이 되지는 못한다. 특정 주식들의 시세흐름과 투자시점을 제대로 읽어내는 사람이라도 우유부단함, 초조함, 성급함 등과 같은 성격상의 결함이나 자기자신의 생각을 믿지 못하는 회의주의로 인해 기회를 놓지는 경우도 비일비재하다.

    a) 소중한 것으로   2점

    b) 그저 그런 것으로   0점

    c) 별 볼일 없는 것으로   0점

27. 금리정책과 조세정책은 정부의 소관이다. 우측이냐 좌측이냐 하는 정책의 근본방향은 투자자들의 심리와 기업들의 미래에 영향을 준다.

    a) 약간   0점

b) 크게 3점

c) 전혀 영향을 주지 않는다 0점

28. 내 경험에 비추어볼 때 대부분의 경우 즉흥적인 결단이 최선이다.

a) 곧장 행동으로 옮기겠다 3점

b) 다시 한 번 더 고민해보겠다 0점

29. 세계 정세(긴장상태 혹은 긴장완화)는 대중심리에 영향을 준다. 국제적인 성장국면은 각국의 국제수지, 통상조약 등 모든 분야에 영향을 준다.

a) 약간 0점

b) 크게 3점

c) 전혀 영향을 주지 않는다 0점

30. 일단 잃은 것은 잃은 것이다. 새로운 거래를 통해 새로운 이윤을 창출할 수는 있지만 그것은 과거와는 전혀 무관하다.

a) 전혀 불가능하다 3점

b) 종종 가능하다 0점

31. 아무리 행운아라 할지라도 언제나 최고시세에서 매도하고 최저시세에서 매수할 수는 없다.

a) 정보를 훤히 꿰고 있는 사람 0점

b) 나이가 많고 경험이 풍부한 전문가 0점

c) 거짓말쟁이 3점

32. 정보에는 늘 귀를 열어놓고 있어야 하지만, 매일매일의 주식동향을 살피는 것은 오히려 생각에 방해가 된다. 냉철한 투자자들도

그로 인해 초조해질 수 있다.

　a) 매일　　　　　　　　　　　　　　　　　1점

　b) 주말마다　　　　　　　　　　　　　　　3점

　c) 한 달 간격으로　　　　　　　　　　　　2점

33. 이른바 위험지수가 높은 주식이라도 자금이 풍부한 사람이 소액으로 투자할 경우 위험부담을 계산에 넣은 투자라 할 수 있다. 반면에 소액투자자가 큰 빚을 지면서까지 100% 확실하다는 주식을 살 경우 목숨을 건 투기가 된다.

　a) 유가증권의 질　　　　　　　　　　　　2점

　b) 기간　　　　　　　　　　　　　　　　　0점

　c) 금액의 상대적인 크기(보유자산의 기준)　　3점

　d) 생각하기 나름이다　　　　　　　　　　0점

34. 앞으로 일어날 사건들을 미리 예상할 수 없을 경우 적어도 과거의 사건들은 정확히 이해하고 있어야 한다. 그것은 경험을 늘려주고 장차 생각하는데 여러모로 도움을 준다.

　a) 그렇다　　　　　　　　　　　　　　　　3점

　b) 아니다　　　　　　　　　　　　　　　　0점

　c) 전혀 무의미하다　　　　　　　　　　　0점

35. 주식투자자에게 번 돈은 빌린 돈과 마찬가지다. 더군다나 증권거래소는 악덕 고리대금업자와 다를 바 없기 때문에 빌린 돈에 대해 높은 이자를 지급해야 한다. 따라서 투자자는 회계를 해서는 안 된다.

　a) 거래가 종료될 때마다　　　　　　　　0점

　b) 한 달 간격으로　　　　　　　　　　　0점

　c) 1년 간격으로　　　　　　　　　　　　0점

d) 그대로 내버려 둔다   3점

36. 탄탄한 주식들이 보합세를 보일 경우 우리가 알지 못하는 그
럴 만한 이유가 있다. 가격이 바닥까지 폭락한 주식들은 거의 파산
직전의 회사의 것일 가능성이 높다. 상황에 따라서는 이러한 주식
들도 매수대상이 될 수 있다.

    a) 보합세인 주식   3점
    b) 시세가 약간 하락한 주식   0점
    c) 시세가 급락한 주식   0점
    d) 휴지조각으로 변하기 직전의 주식   2점

37. 초 거대기업이 상대적으로 규모가 훨씬 작은 기업을 상대로 소
송을 제기할 수밖에 없는 경우라면, 그것은 작은 기업에게 보내는
경의의 표시로 해석할 수 있다. 소송의 대상이 된 기업은 머지않아
분명 탄탄대로를 걷게 될 것이다.

    a) IBM   0점
    b) 컨트롤데이터   1점
    c) 두 회사 모두 손해다   0점

38. 대기업들의 경우 북해의 석유채굴이 그리 큰 역할을 하지 못
한다.

    a) 일련의 대규모 국제 석유콘체른   0점
    b) 오직 북해에만 투자한 회사들   1점

당신의 점수 합계는? _____

| 평가

●85점 이상 | 투자 전문가

당신은 이미 풍부한 경험을 갖추고 있으며 모든 속임수와 전략전술을 훤히 꿰고 있다. 뿐만 아니라 당신은 당신이 경험한 성공과 실패의 원인을 철저히 분석하여 이를 토대로 정확한 결론들을 이끌어냈다. 당신은 증시가 경제적인 상황들과 전혀 다른 방향으로 움직일 때도 결코 당황하지 않는다.

●61~85점 | 상당한 수준의 투자자

당신은 증권시장의 흐름을 이해하고 사건들과 그 동향을 정확히 판단할 수 있지만 경험이 부족하다. 당신은 아마 여러 차례 큰 성공을 거두었지만 돌발상황에서도 자제력을 잃지 않을 정도의 충분한 실패는 아직 경험하지 못했다. 약간의 예행훈련과 몇 차례의 실패만 경험하면 머지않아 투자 전문가로 발전할 수 있을 것 같다.

●26~60점 | 발전가능성이 풍부한 초보자

상황을 바라보는 당신의 시각에는 아직 미숙함이 있다. 여러 차례 실패를 겪고 난 후에도 어떤 장애물에 걸려 넘어졌는지를 알지 못한다. 결국에는 논리가 승리하겠지만, 증권시장은 그 자체의 논리가 있다는 사실을 대부분의 초보자들은 아직 깨닫지 못한다. 그러므로 상황이 당신의 생각과 달리 진행된다고 해서 불평불만을 터뜨릴게 아니라, 그에 관한 안목을 키우려고 노력하라. 추측하건대 머지않아 꽤 큰 수익이 당신을 향해 손짓할 것이다.

●25점 혹은 그 이하 | 문외한

당신은 증권시장의 동향과 관련한 문제에 대해 완전히 잘못된 생각을 갖고 있다. 당신은 너무나 객관적이고 수학적·직선적으로만 사고하면서 상상력은 전혀 활용하지 못한다. 금융투자는 과학 혹은 학문이 아니라, 예술이다. 증권예술가로서의 재능이 부족하다면, 공사채증서나 예금증서와 같은 보다 단순한 투자를 권하고 싶다.

빌린 돈으로 하는 투자

| 나의 개인적인 경험들

나는 종종 외상으로 주식을 살 수 있는지, 혹은 사야 하는 지에 관해 질문을 받곤 한다. 그에 대한 나의 대답은 확고부동하다. 반드시 빌리는 금액보다 훨씬 많은 유동자산을 보유한 경우에만 외상으로 주식투자를 할 수 있다. 하지만 솔직한 심정으로는 무모한 도박꾼이 아니라면 어떤 경우라도 외상으로 주식거래는 하지 말아야 한다고 말하고 싶다. 물론 여기에는 비율과 주식의 질이라는 문제가 개입된다. 10만 마르크의 주식을 사면서 2만 마르크의 빚을 진다면 크게 잘못이라고 할 수 없다. 마찬가지로 30만 마르크의 주식을 사면서 10만 마르크의 빚을 지지만, 당사자가 100만 마르크에 해당하는 부동산을 보유하고 있다면 전혀 문제될 게 없다. 그렇지만 외상거래를 할 때는 항상 여러 상황을 신중히 따져본 후 결정을 해야 한다.

빌린 돈으로 주식을 사는 것이 얼마나 불리하고, 위험하고, 심지어는 비극적일 수 있는지, 그리고 이와는 반대로 빚을 지지 않은 상황이 투자자에게 얼마나 큰 자신감과 배포를 줄 수 있는지를 입증하기 위해 내가 직접 경험한 수많은 사례들 중 몇 가지를 소개하겠다.

1950년대 중엽 뉴욕 증권거래소는 활기로 넘쳤다. 거의 모든 종목이 상승세를 타고 있었으며, 그중에서도 특히 전자기기 같은 혁신적인 분야와 관련 산업체들이 유망 종목으로 급부상했다. 그런 분위기에 편승하여 나도 가진 돈을 몽땅 투자하여 전자산업과 관련한 주식을 사들였으며, 그것도 모자라 신용대출까지 받아 추가로 계속 사들였다. 신용한도를 최대한으로 이용했던 것이다.

당시 미국 대통령은 아이젠하워Dwight D. Eisenhower였는데, 그는 전쟁영웅이기는 했으나 그것을 제외하고는 결코 천재라고 불릴만한 인물은 아니었다. 그럼에도 미국 국민들에게 비친 그의 이미지는 무결점 그 자체였다(물론 세간에는 독일 출신의 유명배우 마를렌 디트리히와의 염문설이 나돌고 있었다). 자국 대통령에 대한 미국 국민들의 신뢰는 월스트리트에 낙관적인 분위기를 조성한 일등공신이었다. 대통령 선거를 1년 앞둔 시점에서 아이젠하워 현직 대통령이 다시 백악관의 주인이 될 것이라는 것을 의심하는 사람은 아무도 없었다. 마찬가지로 월스트리트 전체가 그것을 100% 확신하고 있었다. 이런 상황에서 그의 재임을 주식투자에 활용하지 못할 이유가 어디 있겠는가? 모든 사람들이 이러한 생각을 갖고 있었으며 나 또한 예외는 아니었다.

그러던 차에 예상치 못한 위험한 상황이 벌어졌다. 1955년에 아이젠하워 대통령이 갑자기 심장발작을 일으켰던 것이다. 다음날 뉴욕 증권거래소에서 전 종목이 10~20%나 폭락했다. 당시 나는 외상 거래를 해놓은 터라 어쩔 수 없이 대부분의 주식을 급히 팔아 치울 수밖에 없었다. 물론 나로서는 몹시 괴로운 순간이었다. 하지만 금방이라도 증권 중개인들이 추가 담보금 예치를 재촉해올 상황에서 그런 결정은 당위의 문제가 아니라 그야말로 '필연'이었다.

대중이 아이젠하워의 재임 가능성에 대한 희망을 버리는 순간 공황상태가 도래했다. 아이젠하워가 없는 상황에서 치뤄질 선거에서 과연 어떤 결과가 나올지 하는 것은 증권시장에서 아주 중요한 문제였다. 이 문제에 관해 의문부호가 달렸다는 사실 하나만으로도 대중의 분위기를 흩뜨려 놓을 정도의 충분한 파괴력이 있었다. 일반 대중이나 부화뇌동하는 투자자들은 예상치 못한 돌발상황에서도 문제를 정확히 꿰뚫어보고, 그것이 도리어 좋은 기회가 될 수도 있다는 사실을 감지해낼 만큼 차분하거나 노련하지 못하다. 아니 그것까지 기대할 수는 없다고 쳐도, 사실 대부분의 사람들은 도대체 어떤 상황이 증시에서 유리하고 불리한지 제대로 파악하지 못하기 일쑤다.

이런 경우 부화뇌동하는 투자자들은 물론 외상으로 투자한 사람들도 가능한 한 재빨리 주식을 팔아 치운다. 후자는 다른 선택의 여지가 없다. 그리고 이 최초의 폭음이 곧 연쇄반응을 일으키며 그 강도가 점점 더해져가는 경우도 빈번하다.

그러다가 며칠 후 아이젠하워의 건강이 호전되었다. 그가 다시

빌린 돈으로 하는 투자

대통령 후보로 나설 것이라는 희망이 되살아나면서 증권시장도 안정되었다. 그 여세를 몰아 주가가 연일 상승세를 타더니 어느 시점부터는 저 불행한 사태가 벌어지기 전보다 오히려 훨씬 더 높은 상황에까지 이르렀다. 그로부터 1년 후 전 종목의 시세가 엄청나게 뛰어올랐으며, 그중 몇몇 종목에 투자한 사람들은 거의 10배 가량의 차익을 남겼다. 불행히도 나는 그 대열에 낄 수 없었다.

빚이 없을 경우 이런 상황을 어떻게 극복해낼 수 있는가 하는 것을 다음 사례를 통해 살펴보자. 1962년 2월이었다. 이번에도 나는 또 한 번 전 재산을 몽땅 털어 파리 증권거래소에서 프랑스 주식들을 사들였다. 이전과는 달리 단 한 푼의 빚도 지지 않았다. 프랑스 군대가 알제리에서 전쟁을 하고 있던 상황이었다. 당시 프랑스 대통령 드골 장군은 알제리를 독립시키려 했지만 찬반으로 분열된 여론에 떠밀려 최종적인 결정을 내리지 못하고 있었다. 그러던 차에 엄청난 돌발상황(나는 이 경우 예상치 못한 돌발변수 넘버1이라 부른다)이 발생했다. 알제리에 파견된 4명의 장군이 프랑스 정부를 상대로, 다시 말해 드골 대통령에게 반기를 든 것이었다. 프랑스 국민으로서는 청천벽력과도 같은 소식이었다. 어쩌면 프랑스에서는 제2차 세계대전 이후 가장 충격적인 사건이었을 것이다. 4명의 장군은 알제리를 해방하려는 드골의 의도를 두려워한 나머지 그것을 저지하려고 극단적인 선택을 했다고 볼 수 있었다. 그 소식이 전해지자마자 파리는 완전히 공황상태에 빠졌다.

이튿날, 나는 증권거래소에 가지 않았다. 마음을 진정시키려면 굳이 내가 보유한 주식의 가격이 폭락했다는 사실을 확인할 필요까지는 없다고 판단했던 것이다. 대신 단골 음식점인 쉐루이Chez Louis(전 세계적으로 유명한 체코식당)로 발길을 돌렸다. 당시 그곳은 영화, 텔레비전, 신문 등과 관련한 유명인사들의 집합소였는데 내게는 주식에 관한 생각은 떨쳐버리고 느긋하게 앉아 메뉴를 고를 수 있는 최적의 공간이었다. 그런데 우연히 그곳에 들른 한 동료가 나를 보자마자 흥분된 목소리로 현재 증권거래소에서 벌어지고 있는, 스릴러 소설에나 등장함직한 무시무시한 유혈극에 대해 속사포처럼 읊어댔다.

"그래?"

마치 남의 일이라도 되는 양 그의 말을 귓등으로 흘리며 편안하게 계속 식사를 즐겼다. 나는 그 힘겨루기에서 드골이 이길 것으로 확신하고 있었다.

그 무렵 나에게 있어 증권거래소에서 일어나는 일들은 시간이 지나면 단순한 과거지사로 바뀌고 마는 그저 그런 일상사에 불과했다. 만약 증권거래소에 들렀다면 틀림없이 주식을 몽땅 팔았을 것이다. 긴급한 상황에서도 증권거래소에 가는 대신 고급 식당에 느긋하게 앉아 식사를 즐기는 호사를 누릴 수 있었던 것도 따지고 보면 다름 아니라 빚이 없었기 때문이다. 거래가 마감된 1시간 후, 나는 분위기가 반전되어 떨어진 시세의 절반 가량이 회복되었다는 소식을 접했다.

그날 저녁 드골 대통령은 그의 주특기인 저 유명한 텔레비전 연설들 중 하나에 출연했다. 그가 호소력 있는 목소리로 "사랑하는 프랑스 국민 여러분"이라고 운을 뗴는 순간 사람들의 모든 근심걱정이 단번에 사라졌다. 4명의 장군이 마침내 무릎을 꿇고 말았다는 전언과 함께 정치적인 상황뿐 아니라 증권시장도 원래의 평온을 되찾은 것이다. 그로써 일대 참극이 평범한 일과적 현상으로 귀결되었고, 온전히 내 돈으로 주식을 샀다는 자신감 덕분에 나는 폭풍우처럼 휘몰아친 공황상태에서도 의연하게 대처할 수 있었다.

만약 외상으로 주식을 매수했다면 나의 논리 전체가 완전히 뒤흔들렸을지도 모른다. 왜냐하면 빚에 대한 두려움 때문에 두뇌가 다른 식으로 작동했을 터이니까 말이다. 사실 그것은 드골과 프랑스 국민 전체가 어떤 식으로 반응할지에 관해 차분하고 진지하게 생각해보는 대신 위기 상황에 대처하는 나의 철칙이 무너지면서 엄청난 손해를 볼 수도 있는 상황이었다.

그때부터 나는 '우량 기업의 우량 주식을 대규모로, 그것도 외상으로 사기보다는 오히려 빚에 쪼들리는 회사의 주식을 온전히 내 돈을 투자하여 소량으로 사는 쪽을 택하겠다'는 또 하나의 규칙을 세웠다. 특정 주식을 온전히 자신의 돈으로 소량 매수한 사람은 가격이 오를 때까지 장기간 기다릴 수 있는 반면, 빌린 돈으로 대량 매수한 사람은 약간의 차익만 생겨도 보유주식을 팔 생각부터 하기 마련이다.

언젠가 내 동료와 내가 똑같은 생각으로 동일한 주식을 산 적이 있었다. 나는 온전히 내 돈으로 투자한 반면에 그는 은행에서 담보대출을 받아 빚으로 투자했다. 그 덕분에 나는 2년 동안 느긋하게 해당 주식을 보유하고 있다가 투자금액의 200%에 달하는 수익을 챙길 수 있었다. 하지만 동료는 빚에 대한 부담감 때문에 약간의 이익만 남기고 재빨리 보유주식을 처분하는 것으로 만족할 수밖에 없었다.

주식시장에서는 위험을 감수하지 않고서는 이익을 기대할 수 없지만, 외상으로 최고의 우량 주식을 사는 것보다 확실한 흐름(자금유동성+대중심리+경제)을 타고 투자를 해야 한다. 그럴 경우 경제여건의 악화와 이전의 높은 금리로 인해 궁지로 내몰리면서 엄청난 부채를 안게 된 기업들의 주식을 사야 한다. 물론 온전히 자신의 돈으로 투자해야 한다. 차선책으로 옵션거래에도 도전해 볼만한데, 특히 이 경우에는 투자한 돈을 몽땅 날릴 수도 있다는 사실을 염두에 두어야 한다.

솔직히 고백하자면 외상거래를 통해서도 큰 돈을 벌 수 있다. 앞에서 언급한 바 있듯이 제2차 세계대전 이후 패전국으로서 독일이 엄청난 피해보상금을 떠 안고 있던 절망적인 상황에서, 나는 독일의 외국 채권에 투자하여 엄청난 돈을 벌어들인 적이 있다. 당시에 나는 보유하고 있던 전 재산은 물론 스위스 은행에서 신용이 허락하는 최대한으로 대출받은 돈까지 몽땅 투자하여 그 채권을 샀다(미국이나 독일에서는 그런 채권에 대해 담보대출을 받는 것이 불가능했다).

그 투자는 독일의 미래에 투자를 한 셈이었는데, 성패 여부는 아데나워라는 인물의 개인적인 이미지와도 불가분의 관계에 있었다. 당시 아데나워는 어떤 대가를 치르더라도 연방의회에서 협상안에 대한 비준을 받아내려 하고 있었다. 독일사회민주당SPD이 강력하게 반발하고 나섰지만, 대부분의 사람들은 아데나워가 런던협상에 대한 승인을 이끌어낼 것으로 확신했다. 아데나워라는 인물 자체가 그 투자에서 결정적인 역할을 했으며, 그런 만큼 어느 정도의 위험은 감수할 수밖에 없었다. 그처럼 민감한 정치적 현안에서는 이를 테면 아데나워의 건강악화(그의 위독한 상태는 더 이상 거론할 필요조차 없다) 같은, 평상시라면 크게 문제될 것도 없는 돌발변수가 전체 상황을 파국으로 몰아갈 수도 있었다.

그때 나는 미국에서 한동안 체류해야 할 상황이었는데, 엄청난 빚을 감수하며 사들인 독일 채권 때문에 하루하루를 마음졸이며 보냈다. 그러다가 어느 날 아침 갑자기 아데나워와 관련한 극적인, 심지어는 치명적이라고까지 할 수 있는 소식이 날아들면 내가 보유한 독일 채권의 미래는 도대체 어떻게 되는 걸까? 아마도 모든 채권이 곧 휴지조각으로 변하고 말 것이다. 나는 즉시 보유한 채권을 처분할 수밖에 없다. 특히 은행에 빚을 지고 있는 상황에서는 더 이상 선택의 여지가 없는 셈이다. 하지만 유럽에서 사람들이 그 소식을 접하는 아침 시간이 뉴욕에서는 한밤중이므로, 그 결정적인 소식을 접하게 되는 시간이면 아마도 모든 것이 너무 늦을 것이다.

나는 나와 거래한 모든 은행에 그와 유사한 뉴스가 들리는 순간 보유한 채권 전부를 처분해달라고 주문할 계획을 세웠다. 하지만 가만히 생각해보니 아데나워의 건강 상태 판단이라는 미묘한 문제에 대한 책임까지 떠안으면서, 그러한 형태의 주문을 받아들일 은행은 단 한 곳도 없었다. 결국 나는 채권을 팔지 않기로 했다. 대신 제발 일어나지 않기를 간절히 바라는 나쁜 소식이 들려올 경우, 시간에 관계 없이 설령 그것이 한밤중이라도 최소한 내게 전화로 알려준다는 약속을 은행들로부터 받아냈다. 그렇게 떨리는 가슴을 진정시켜가며 다시 미국행 비행기에 몸을 실었다.

다행히도 내가 떠나 있는 동안 아데나워에게 불행한 일은 일어나지 않았다. 보유한 채권의 상황도 점차 호전되었다. 물론 조바심으로 하루하루를 보내긴 했지만, 어쨌든 결국에는 엄청난 수익을 챙길 수 있었다. 그때의 나는 비록 아데나워가 없어도 결국에는 독일 채권이 약속대로 온전히 지불될 것이라고 확신했지만, 떨리는 마음은 어쩔 수가 없었다. 은행에 진 빚이 내 발목을 잡고 끊임없이 공포심을 조장했기 때문이다.

행운의 여신이 도와준 덕분에 그 모험적인 투자로 나는 거액을 손에 넣을 수 있었다. 그야말로 지뢰밭을 통과한 셈이었다. 설령 아데나워의 건강 문제가 아니더라도 또 다른 변수가 작용하여 상황이 나쁜 방향으로 틀어질 가능성은 얼마든지 있었다. 이를테면 협상에 대한 비준 이전에 연방의회 선거, 즉 총선이 있었다. 그 선거에서 사회주의 정당들이 이겼다면 아마도 협상비준은 상당히 어려워졌을 것이며, 그것은 곧 나의 파산을 의미했다.

| 순식간에 일어난 파산과 폐업

신용보증으로 매수한 유가증권들이 얼마나 순식간에, 그리고 얼마나 처참하게 휴지조각으로 변하고 마는지를 다음 예들이 생생하게 입증한다.

1923년 라이히스마르크가 안정화된 이후부터 브뤼닝-루터 정부가 외환통제 경제를 도입하기 전까지 독일의 통화에는 비교적 긴 휴지기가 있었다. 그 기간 동안 외환거래상들에게는 아주 극적이고도 치명적인 사건이 일어났는데, 진원지는 네덜란드의 암스테르담이었다. 당시 그들은 암스테르담을 무대로 대규모의 외환거래를 활발하게 하고 있었다. 네덜란드의 굴덴화에 대비한 라이히스마르크화의 가치는 법적으로 비슷한 수준에서 안정화되어 있었다. 물론 약간의 환시세 변동폭은 존재했으며, 그 테두리 안에서는 두 통화의 가치가 상대적으로 오르내릴 수 있었다. 그 변동폭은 약 2%였다. 예를 들어 100마르크가 100굴덴에 해당한다고 가정해보자. 이 경우 마르크화의 시세는 99~101굴덴 사이에서 책정되었다. 마르크화 시세가 99로 떨어질 경우 제국은행이 개입하여 마르크화를 사들였다. 반대의 경우, 다시 말해 마르크화의 시세가 101굴덴으로 바뀌면 이번에는 네덜란드의 중앙은행이 굴덴화를 사들일 수밖에 없었다. 그리고 그것은 오늘날 유럽통화시스템EWS이 가동되는 방식과 동일했다.

그와 같은 환시세 변동폭은 외환거래상들에게는 그야말로 '축복'이었다. 당시 마르크화는 법적규정에 따라 99굴덴 이하로 떨어지거나 101굴덴 이상으로 오를 수 없었다. 하지만 화폐시장에서는 양국 간에 4%의 금리 차이가 있었기 때문에(네덜란드는 독일보다 금리가 4% 낮았다) 암스테르담에서는 마르크화를 3개월 후 인도조건으로 98굴덴 이하의 시세에 살 수 있었던 것이다.

그야말로 땅 짚고 헤엄치는 격이었다. 예를 들어보자. K라는 사람이 시세가 99굴덴임에도 불구하고(마르크화의 시세는 거의 언제나 99굴덴 언저리에서 맴돌았다) 3개월 후 인도조건으로 98굴덴에 10만 마르크를 매수했다. 이제 그는 3개월 동안 기다렸다가 최악의 경우라도 가장 낮은 가격, 즉 99굴덴에 그 금액을 팔아 수익을 챙길 수 있었다. 최소한의 차익이 1천 마르크라니, 이 얼마나 매력적인 투자인가! 사전에 K는 자신의 거래은행에 단 3천 굴덴, 혹은 최대한 5천 굴덴을 담보금으로 예치했으며, 이를 통해 약 10만 굴덴어치에 해당하는 거래를 성사시킬 수 있었다. 담보금이라는 것도 사실 이론상으로만 필요했는데, 왜냐하면 양국 간의 협약에 의해 마르크화의 시세가 99굴덴 이하로는 결코 떨어질 수 없었기 때문이다.

따라서 외환거래상들은 다음과 같은 식으로 계산했다. 최대 5천 굴덴을 종자돈 삼아 3개월 단위로 최소한 1천 굴덴의 수익을 올렸다. 이 금액은 3개월에 20%의 수익에 해당했다. 3개월이 지나면 그들은 다시 동일한 할인가에 동일한 인도조건으로 마르크화를 사들였다. 이러한 거래는 3개월 단위로 계속 이어졌다. 다시 말해 외환거래상들은 담보금으로 예치한 금액에 대해 최소한 연 80%에 해당하는 수익을 올릴 수 있었던 것이다.

세상에 이렇게 수지맞는 장사가 또 어디에 있을까? 당시 카르파티아인들Karpatien(카르파티아 산맥 너머에서 온 사람들이라는 의미로, 대부분 동유럽권 출신인 이들 외환상인들을 두고 흔히들 그렇게 불렀다)은 은행 예치금을 투자금액으로, 할인금액을 연간 수익으로 간주했다. 그리고 80%라는 수익은 그들에게 꽤 호사스러운 생활을 선물했다.

그러던 중 마른하늘에 날벼락처럼 아무도 예상치 못한 돌발사태가 발생했다. 사실 이런 변수까지 예측하기란 불가능하다.

1929년부터 1930년 사이에 파리 조지 V호텔George V. Hotel에서 독일과 전승국들 간의 전후 배상금 협상이 진행되었다. 프랑스의 푸앵카레 정부는 시종일관 강경한 입장을 고수했다. 프랑스인들은 가능한 한 많은 배상금을 챙기려고 했는데, 이는 물질적인 이유뿐만 아니라(프랑스 정부의 주장에 따르면 프랑스 도시들이 가장 심각한 피해를 입었다), 정치적인 고려도 포함되어 있었다. 프랑스 정부는 독일을 경제적으로 압박하는 동시에 정치적으로 완전히 무력화하려는 의도를 갖고 있었던 것이다.

반면에 영국인들은 한결 온건한 입장을 취했다. 영국은 상대적으로 피해가 적었고 단지 재정적인 지출만 많았던 까닭에서였다. 더군다나 영국으로서는 당시 대륙의 유일한 강대국이었던 프랑스의 입지가 강해지는 것이 달가울 리 없었다. 양국의 오랜 경쟁관계가 다시 한 번 되살아나면서 협상은 난항을 거듭했다.

사람들은 프랑스 측에서 양보할 수밖에 없는 최저 배상금액에 대한 마지막 제안에 기대를 걸었다. 하지만 그 금액마저 너무나 가혹하고 강압적인 나머지 영국 수상 필립 스노든Philip Snowdon은 화를 견디지 못해 주먹으로 탁자를 내리치며, "이처럼 기괴하고 우스꽝스러울 수가 있다니!"라고 소리쳤다고 한다. 이런 비외교적인 상황에서도 협상이 제대로 진행된다면 오히려 그게 더 이상해 보일 것이다. 당연히 협상은 결렬되었다. 그러자 암스테르담이 공황상태에 빠져들면서 라이히마르크의 가치가 순식간에 법적으로 정해진 환시세 변동폭 하한선을 뚫고 끝없이 하락했다. 그와 동시에 5%의 담보예치금이 바닥을 드러내면서 라이히마르크 구매자들도 당연히 '강제처형'을 당했다.

그로부터 48시간이 지난 후 마르크화는 다시 이전의 시세를 회복했다. 그러나 불행하게도 너무 늦은 시점이었다. 대부분의 카르파티아인들은 그들의 구명밧줄이라 할 수 있는 투자금액을 잃고 말았다. 짐작하건대 이와 관련한 이야기를 아직도 기억하는 사람은 그리 많지 않을 것이다. 하지만 "기괴하고 우스꽝스러운"이라는 스노든 경의 표현은 당시에 한동안 유행어가 되었으며, 심지어는 일반 술집에서까지 사람들의 입에 자주 오르내렸다.

노련한 외환거래 전문가인 내 친구 쿡스도 이와 유사한 불행을 겪었다. 그는 1950년대에 영국의 파운드 스털링Pound Sterling[33]을 겨냥하여 여러 나라에서 대규모 외환거래를 벌였다. 위험을 예방하는 차원에서 중요한 거래상의 채무관계는 밤을 넘기지 않고 낮 동안에 마무리 짓는 것이 외환거래의 일반적인 관례지만, 대외거래란 게 늘 변수가 있기 마련이라 그렇게 하지 못하는 경우도 드물지 않다. 그런데 하필이면 내 친구가 바로 그런 경우에 해당되었을 때 전혀 예상치 못한 돌발사태가 발생했다. 바로 그 다음 날 영국과 프랑스가 이집트를 상대로 수에즈 전쟁에 돌입한 것이다. 그 여파로 파운드화의 시세는 폭락했고, 친구가 몸담고 있던 회사는 지불불능 상태에 빠졌다.

---

33 영국 파운드화의 정식 명칭

빌린 돈으로 하는 투자

국가이성[34]으로서의
인플레이션

Kostolanys beste
Geldgeschichten

　오스트리아-헝가리 제국의 프란츠 요제프 황제는 헝가리의 소
도시들을 자주 방문하곤 했는데, 한 번은 어떤 지역 시장에게 소득
이 어떠한지를 물었다. 그러자 그는 "폐하, 그런대로 괜찮습니다.
그러나 어느 정도 부당이득 행위가 없으면 우리는 살 수 없습니다"
라고 대답했다. 오늘날 정부 관료가 이와 유사한 질문을 받는다면,
"약간의 인플레이션이 없으면 우리는 살 수 없습니다"라고 대답해
야 할 것이다. 실제로 이것은 과장된 말이 아니다. 왜냐하면 적절한
인플레이션이 없다면 자유세계의 경제는 질식하고 말 것이기 때문
이다.

　인간의 몸이 때때로 몸이 알코올, 카페인, 니코틴과 같은 물질

---

34 프랑스어 '레종데타(raison d'État)'를 번역한 말로 윤리적 이유에 우선하는 국가 공익상의 이유를
일컫는다.

을 요구하듯이 경제 또한 이와 유사한 자극제를 필요로 한다. 왜 그럴까? 국가, 도시, 크고 작은 기업, 여러 채의 셋집을 보유한 건물주, 상인 할 것 없이 모두 다 많은 부채를 안고 있어서 '약간의 인플레이션' 없이는 빚더미에서 헤어날 방법이 전혀 없기 때문이다.

애초에 높은 이자부담을 감수하면서까지 엄청난 빚을 지게 된 계기는 무엇보다도 물가가 계속 오를 것이라는 기대심리였다. 물가가 계속 오르지 않으면 전 세계가 파산국면에 처할 수도 있다. 그건 마치 갑작스럽게 몰아 닥친 가뭄이 풍요로운 들판을 완전히 폐허 상태로 만드는 것과 비슷하다. 이런 식의 부채가 정당하느냐 아니냐를 두고 따지기에는 이미 너무 늦었다. 그것은 이미 발생한 일이며, 어쩌면 다른 방도가 없었을 지도 모른다.

이런 상황에서 인플레이션이 제로 상태가 되면 수백만 명에 달하는 채무자들은 자신들의 의무를 제대로 수행할 수 없을 것이다. 채무자들이 몰락하면 채권자들도 덩달아 몰락할 수밖에 없다. 그러므로 어느 정도는 현실적으로 생각해야 한다. 위급한 상황에서 다른 모든 논리는 공염불에 불과할 뿐이다.

만약 각국 정부들이 당시 슐레징어Schlesinger의 지휘 아래 독일 연방은행이 그랬던 것처럼 인플레이션을 철저히 통제하려고만 할 경우 1920년대의 역사가 증명하듯이 실로 끔찍한 결과를 낳게 될 것이다. 미국의 허버트 후버Hebert Hoover 대통령은 디플레이션 정책으로 세계사에서 가장 참혹한 경제붕괴를 야기시켰다. 독일에서는 재무장관 하인리히 브뤼닝과 그와 뜻을 같이한 제국은행 총재 한스 루터의 긴축정책이 히틀러가 정권을 장악할 수 있는 빌미를 제공하기

국가이성으로서의 인플레이션

까지 했다.

전쟁이 끝난 후 아이젠하워 대통령은 처음으로 경기침체와 대대적인 실업 사태를 초래했다. 영국에서는 에드워드 히스Edward Heath 총리의 이른바 통화안정 정책으로 인해 노동당이 정권을 획득했으며, 프랑스에서는 총리 겸 경제장관 레몽 바르Raimond Barre의 통화긴축 정책이 마르크스주의자들의 실권 장악에 교두보 역할을 했다. 한마디로 인플레이션이 큰 악이라면, 결국에는 사회주의와 전혀 다를 바 없는 국가 자본주의로 귀착될 디플레이션 정책은 이보다 훨씬 더 무시무시한 악이다.

일반 투자자들의 인플레이션 심리와 일반 대중의 히스테리 또한 끔찍하고 위험하기는 마찬가지다. 인플레이션이 도래할 때마다 대중들이 사로잡히는 공포 분위기는 사람들이 벌집을 건드릴 때 취하는 벌들의 행동을 연상시킨다. 동물세계에서 절약의 대명사인 꿀벌들은 자신들의 터전인 벌집이 공격받으면 거의 히스테리 발작에 가까운 반응을 보인다. 꿀벌들은 미친 듯이 주위를 맴돌며 사람들을 공격하면서 그로 인해 자신들의 생명까지 위험하다는 사실도 깨닫지 못한다.

일반 예금주들의 심리도 이와 똑같다. 이들은 자신들이 애써 모아둔 재산이 사라질지도 모른다는 두려움에 사로잡혀 지푸라기라도 잡아보려는 요량으로 주위를 미친 듯이 돌아다닌다. 하지만 골목마다 인플레이션을 사기 수단으로 이용하여 한 몫 챙기려는 교활하고 무자비하기 그지없는 사기꾼들이 전문가로 위장한 채 순진한 희생양을 노리고 있다. 경험이 부족한 투자 상담사이기도 한 이 사기꾼들은 일반 예금주들을 상대로 그들에게 유리한 방법을 가르쳐 주는 것이 아니라, 자신들의 잇속만을 채우기 위한 투자처로 그들을 유인한다.

그렇다면 이 이야기의 결말은 어떻게 될까? 프랑스의 극작가이자 배우인 몰리에르Moliere의 말처럼 끝을 맺는다. "대다수의 사람들은 병 때문이 아니라 약으로 인해 죽어간다."

인플레이션에 대한 부정적인 시각부터 바뀌어야 하는데, 대부분의 정부들은 이러한 움직임에 동참하려는 의지를 보이고 있다. 병을 치료하기 위해 먼저 인위적으로 환자의 열을 올리듯이, 인플레이션이라는 질병의 경우에는 이자율을 높일 필요가 있다. 물론 일시적으로는 고통스럽겠지만 아주 효과적인 방법임에는 분명하다.

그리하면 당연히 광적인 투자 열기에 제동이 걸릴 것이다. 왜냐하면 오래전부터 달러화의 지속적인 하락과 계속되는 물가 인플레이션이 투자를 이끌어왔기 때문이다. 한마디로 전 세계 사람들이 달러화 부채를 안고 있다. 이들은 모두 달러화 가치가 현재보다 훨씬 더 하락했을 때 부채를 상환한다는 계획 아래, 달러화 시세는 계속 하락할 터이기에 오래 기다리면 기다릴수록 그만큼 더 유리하다고 확신하고 있다. 마찬가지로 전 세계 기업들의 경우에도 대부분 달러화 부채가 가장 큰 비중을 차지한다.

10년 전에는 심지어 동구권 국가들과 소련까지 이 대열에 가세했다. 이 국가들은 달러화로 차관을 들여와 원래 취지대로 국가건설에 투자하는 대신 그 돈으로 마르크화와 금을 사들였다. 이와 관련한 한 가지 흥미로운 사건이 아직도 기억에 생생하다. 약 10년 전

국가이성으로서의 인플레이션

쯤 달러화 시세가 1,07마르크까지 하락했을 때 나는 동유럽으로부터 한 통의 전화를 받았다. 발신자는 오랫동안 알고 지내온 외교관으로, 다음 날 파리로 갈 예정이니 나에게 무조건 10분만 시간을 할애해 달라는 것이었다. 그날은 선약이 있어서 그 다음 날로 약속을 잡았다.

약속 장소에 나가자 나를 보자마자 그는 대뜸 이렇게 물어왔다. "코스톨라니씨, 당신의 조언이 필요합니다. 제 질문에 '맞다 혹은 아니다'라고 대답해주시면 고맙겠습니다. 현재 달러화로 독일 마르크화를 사야 할까요, 아니면 사지 말아야 할까요?"

그 질문에 대한 내 대답은 단순히 '맞다 혹은 아니다'라는 식이 아니었다. "나도 잘 모르겠네요. 하지만 이렇게 반문하고 싶습니다. 도대체 왜 그걸 알아야 하는 겁니까?"

"우리 정부에서 5천만 달러의 차관을 도입했는데 사실은 6개월 후에 필요한 자금이랍니다. 그래서 그동안 독일 마르크화를 사두면 얼마간의 수익을 올릴 수 있지 않을까 하고 고심 중이랍니다."

나의 대답은 단호했다.

"이런 경우에는 절대로 안 됩니다. 만약 지금 달러로 빚지고 있다면 그 달러를 그대로 보유하는 것이 상책입니다. 6개월이라는 여유기간이 있다고 그 돈으로 투자를 할 수는 없다는 말입니다. 그건 완전 도박입니다. 변수가 무수히 많기 때문이죠. 달러화의 가치가 30% 오를 수도 있고 반대로 30% 내릴 수도 있으니까요."

그리고 어떤 일이 벌어졌을까? 그 뒤 6개월 동안 달러화 시세는 정확히 30% 올랐다. 그 외교관은 내게 여러 차례 고마움을 표시했다. 하마터면 그의 나라가 엄청난 손실을 볼 뻔한 상황이었으니까 말이다.

유럽의 많은 기업들이 미국에 대규모로 투자를 하고 있다. 하지만 대부분은 자기 돈이 아니라 빌린 달러를 통해서다. 다들 신용한도를 최대한 이용하고 있다. 뿐만 아니라 여기에 상품에 투자하는 수천억 달러의 부채가 더해진다. 왜냐하면 상품선물거래란 금, 구리, 고무, 설탕, 합판 등을 담보로 한 부채나 다름없기 때문이다. 이런 유형의 투자구매에는 보통 몇 %의 통화팽창률에 대한 기대심리가 작용한다. 하지만 투자 열풍의 중심은 단연 달러화를 대상으로 한 외환투기다. 여기에 매년 투입되는 자금은 거의 천문학적인 숫자다.

상품과 통화에 대한 무차별적인 투기는 미국의 인플레이션을 계속 끌어올리고, 이런 흐름은 다시 다른 나라들로 확산된다. 왜냐하면 금값이 오르면 사람들은 구리, 고무 등 다른 물품들도 덩달아 사들이기 때문이다. 예를 들어 프랑스에서는 1990년대 초 금 투기 열풍의 여파로 1년 만에 임대료와 토지가격이 50%나 뛰어올랐다.

이런 기현상에 대한 극약처방은 금리인상이다. 투자의 귀재라고도 불리는 앨런 그린스펀Alan Greenspan[35]이 1987년 가을에 도입한 금리인상 정책은 투기바람을 잠재우기 위한 극단의 조처였다. 무모

---

35 당시 미국 연방준비제도이사회 의장.

국가이성으로서의 인플레이션

한 투기꾼들은 그에 상응하는 벌을 받아야 하고 아울러 높은 이자까지 지불해야 한다는 것이었다. 이러한 경고음은 곧장 전 세계의 투기꾼들과 투자자들을 움츠러들게 했다. 이 최초의 충격을 신호탄으로 급기야는 1987년 10월에 이미 역사적 사건으로 기록된 저 끔찍한 사태가 일어나게 된다. 이른바 "검은 월요일Schwarzer Montag, Black Monday"과 그로 인한 결과들은 외환투기가 주식시장에 얼마나 큰 영향을 줄 수 있는가를 보여주는 대표적인 사례다. 인플레이션에 대한 두려움이 많은 사람들의 머릿속에 남아 있다면, 인플레이션에 대한 기대감도 많은 사람들(금융투자자, 상환을 미루는 채무자 등)의 가슴속에 남아 있다. 독자들의 이해를 돕기 위해 유대인들의 또 다른 우스갯소리를 소개해보겠다.

기차에 탑승한 승객들 가운데 우리의 친구 콘도 보인다. 그는 "아유 목말라! 아유 목말라!"라며 계속 중얼거린다. 다음 역에서 한 승객이 맥주 한 병을 사와 그에게 건넨다. 그러자 콘은 감사의 표시로 머리를 조아린 다음 단숨에 병을 비워버린다.

기차가 출발하자 콘은 다시 중얼거리기 시작한다. "아유 목말라! 아유 목말라!" 그러자 조금 전에 맥주병을 건네준 그 승객이 화를 내며 "그만 좀 칭얼대시오! 갈증은 이미 멎었잖소?"라고 소리친다. 그러자 콘이 울상을 지으며 맞받아친다. "하지만 자꾸 또 갈증이 나는 걸 나더러 어쩌란 말이에요?"

언젠가 나는 인플레이션을 다음과 같이 정의한 적이 있다.

"인플레이션이라는 것은 욕조 속의 물과 같다. 적당한 온도를 유지할 때는 몸과 마음을 편안하게 해주지만, 너무 뜨거워지지 않도록 항상 경계심을 늦춰서는 안 된다. 물이 계속 뜨거워지면 결국 욕조는 폭발하고 만다."

다음 번의 폭발에서 제일 먼저 다치는 대상은 당연히 욕조에 앉아 있는 사람일 것이다.

투자의
위력

Kostolanys beste
Geldgeschichten

나는 정치가, 심지어 현직 장관, 혹은 입에 담기조차 꺼려지는 저 무시무시한 중앙은행 관료들의 발표나 선언에 대해 아주 비판적인 시각을 갖고 있다. 왜냐하면 그들은 하나같이 투자의 위력을 전혀 고려하지 않음은 물론 투자가 각종 통화의 시세흐름에 어떤 영향을 미치는지 전혀 모르고 있기 때문이다. 사실 투자는 정부의 시책을 위태롭게 만들거나 심지어는 가로막을 수도 있다.

내 기억이 틀리지 않다면 수십 년 전 스위스 대형은행들의 도움을 받아 남아프리카공화국 정부가 주도한 로비활동으로 금값이 천정부지로 치솟자, 한 독일 재무장관이 '현실적인' 시장가격을 직시해야 한다고 발표한 적이 있다. 그의 눈에는 런던 증권거래소에 공시된 조작된 가격이 '현실적인' 것으로 보인 것이다. 조작으로 이루어진 시세를 '현실적'이라 칭하다니 이 얼마나 황당무계한 일인가! 인위적으로 조성된 수요의 도움으로 치솟은 가격이 아니라 실제적인 공급-수요 관계에서 자연스럽게 형성된 시세만이 현실적인데도 말이다.

자본주의 시스템은 경제정책, 사회정책, 대외정책, 군비정책, 금리, 통화량, 환율 등과 같은 다양한 바퀴들이 섬세하게 맞물려 작동하는 거대한 기계장치다. 이 중 특히 환율이라는 바퀴는 격렬한 외환투기를 통해 가동되므로 종종 공회전을 하기도 한다. 하지만 불행히도 자유세계에서는 이것을 바로잡을 방법이 없다. 특히 상품가격에 직접적인 영향을 미치는 금 투기가 여기서도 거대하고 파괴적인 역할을 한다.

내게 금과 상품가격의 상관관계에 대해 아주 현명한 답을 내려준 사람은 뉴욕 상품거래소의 한 흑인 수위였다. 증권거래소 객장 2층 복도에서 아래를 내려다보며 그가 내게 이렇게 말했다. "저기 좀 보세요!" 그가 손가락으로 가리키는 거대한 홀의 한쪽 구석에서는 몇 그룹으로 구분되어 다양한 상품들이 거래되고 있었다. "저곳에서 금 거래가 이루어진답니다." 실제로 수백 명의 사람들이 서로 뒤엉켜 온갖 손짓과 몸짓을 동원하여 뭔가 거래를 하고 있었다. "저곳에서 금값이 1~2% 오르면 투기꾼들이 다른 모든 원료품으로 몰려들어 그 가격을 치솟게 한답니다. 반대로 금값이 내리면 이번에도 역시 다른 상품들도 팔아 치우지요." 그의 말이 옳았다. 금은 상품들의 출정을 이끄는 깃발과 같은 존재다. 다른 모든 상품들은 그것이 움직이는 대로 따를 수밖에 없다.

금융정책 입안자들이나 중앙은행 관료들도 일반 투자자들처럼 분위기에 영향을 받아 대중심리적으로 반응하기는 매한가지다. 그리고 외환투기꾼들은 정치가들의 말에 현혹되어 천문학적인 액수의 돈을 달러, 엔, 혹은 파운드에 쏟아 붓는다. 그들은 사고, 팔고, 또 사는 과정을 되풀이한다. 이때 투입되는 돈은 수출입에 종사하는 사람들이 국제적인 무역을 하거나 건전한 투자를 위해 필요로 하는 것이 아니라, 오로지 하루 혹은 시간 단위로 차익을 챙기기 위한 수단에 불과하다. 이런 식으로 정치가들과 외환투기꾼들은 서로 영향을 주고받는다.

앞에서도 자주 언급했듯이 외환투기꾼들은 은행을 통해 큰돈을 마음대로 움직일 수 있는 자유재량권이 있다. 파운드화가 크게 어려움을 겪고 있던 1976년에 나는 한 칼럼에서 "영국의 비밀 준비금은 외환거래상들이 상상할 수 있는 액수를 훨씬 초과한다. 비록 영국이라는 사자가 이빨은 빠졌지만 아직도 그 심장은 힘차게 뛰고 있다"고 적은 바 있다. 그 당시 눈물을 머금고 수십억 파운드를 헐값에 처분해야 했던 바로 그 외환거래상들이 1년 후에 그 돈을 고스란히 다시 사들였다. 그 결과 불과 1년 전만 해도 국제사회에 도움을 청해야 할 정도로 바닥을 드러냈던 영국은행의 외환보유고가 180억 달러로 늘어나면서, 비상용 준비금 수치로는 세계 3위를 기록하게 되었다. 이는 또한 외환투기꾼들이 도대체 '통화'가 무엇인지 제대로 파악하지 못하고 있다는 방증이기도 하다. 그럼에도 불구하고 그들은 온갖 거만을 다 떨면서 책임지지도 못할 말을 앵무새처럼 반복하는 것이다.

옛 속담에 "아무리 가난한 귀족이라도 부유한 유대인보다는 돈이 많다"라는 말이 있다. 예를 들어 현재 취리히에서 세인들의 이목을 피해 검소하게 망명생활을 하고 있는 에스타라지Esterhagy 후작이 필자가 여러 지면을 통해 자주 언급한 바 있는 로스차일드Rothschild 남작보다 여전히 더 부유하다는 사실이 이 속담을 제대로 뒷받침해 준다.

국가마다 사회적인 서열을 매긴다면 영국은 왕족에 속한다. 영국은 외환투기꾼들이 상상하는 것보다 훨씬 많은 외환을 보유하고 있다. 그럼에도 외환투기꾼들은 1976년에 "모든 도박꾼들이 100% 확신을 가지고 특정 종목에 투기할 경우 거의 대부분 상황이 뒤틀어진다"는 유명한 증권가의 법칙까지 무시하며 파운드화를 완전히 압살시키려는 작전을 감행했던 것이다(당시 그들은 연 10%가 넘는 높은 이자를 감당해야 했다).

금융시장은 사실 너무나 사악해서 사람들이 기대하는 것과는 정반대 방향으로 향하기 일쑤다. '안정화된 환시세 평준 상태'에서 과도하게 하락한 특정 통화의 평가절상, 혹은 과도하게 상승한 특정 통화의 평가절하를 예상하여 투자하는 것은 거의 위험이 없다. 하지만 외환시세가 심하게 요동칠 때 도를 넘는 외환투기를 하면 치명적인 타격을 입을 수도 있다. 특히 경제적 상황과 외환보유고를 고려하지 않고 우격다짐으로 특정 국가의 통화가치를 외환투기를 통해 바닥까지 끌어내리려고 시도할 경우에는 더더욱 그렇다. 1926년의 '프랑화 압살작전', 1980년대의 달러화 고공행진 등과 같은 사례들은 외환투기꾼들이 얼마나 위험하게 살아가고 있는지를 극명하게 보여준다.

채무관리를 어떻게
할 것인가?

| 세계 여러 국가들의 채무관계

1980년대 초 서유럽의 대형 은행들은 놀라운 발상을 하게 된다. 국외 채무자들의 신용능력을 좀 더 정확히 따져보기 시작한 것이다. 그 결과 제3세계 및 제4세계에 속한 국가들은 더 이상 신용거래를 할 수 없었으며, 더불어 이전의 채무도 더 이상은 갚아나갈 수도 또 갚을 의지도 없게 되었다. 그로 인해 지금까지 아주 관대한 입장을 견지해온 채권자들도 곤경에 빠졌는데, 이는 분별력이 있는 사람이라면 누구나 쉽게 예상할 수 있는 결과였다.

나 또한 이런 사태가 공개적으로 불거져 나오기 수년 전에 이 문제를 정확히 진단했다. 또한 발레리 지스카르 데스탱Valery Giscard d'Estaing 프랑스 대통령이 '북—남 대화Nord-Süd-Dialogue'라는 신조어를 만들어낸 1977년 8월에는 〈캐피탈Capital〉에 관련 글을 게재하기까지 했다. 여기서 '북—남 대화'란 북반구 국가들과 남반구 국가들 간의 갈등, 정확히 말해 서유럽 국가들에 대한 남반구 국가들의 갈등을 에둘러 표현한 외교적인 완곡어법이다. 갈등의 원인은 계속된 재정지원을 요구하는 제3세계 및 제4세계 국가들의 저돌적인 태도였다. 왜냐하면 이 국가들의 요구는 산업 선진국들이 감당할 수 있는 능력의 한계치를 훌쩍 넘어서는 것으로, 그것을 수용할 경우 서유럽 사람들은 필연적으로 현재의 생활수준을 현저히 낮출 수밖에 없었기 때문이다. 하지만 엄청난 규모의 빚더미에 앉아 있음에도 불구하고 이들 채무국들은 서유럽 국가들의 입장은 전혀 고려하지 않고 한치도 물러서지 않았다. 이런 상황에 나는 젊은 시절에 겪었던 일이 떠올랐다.

나와 가깝게 지낸 친구 하나가 빚을 몇 년째 갚지도 않은 채 계속 돈을 빌려만 갔다. 그러더니 어느 순간 자신에 대한 내 신용이 바닥났다고 판단하곤 떨리는 목소리로 내게 이렇게 선언했다. "여보게 앙드레, 이미 5천 프랑 이상을 자네에게 빚졌다는 건 나도 알고 있네. 나도 늘 그 문제에 대해 생각하고 있거든. 물론 자네도 잘 알고 있겠지만, 그건 이자라고!" 그 친구는 빚을 갚을 능력이 없다는 말을 그런 식의 농담으로 에둘러 표현했던 것이다. 솔직히 말해서 그는 가까운 친구들을 자신을 먹여 살려야 할 납세자쯤으로 보는 기식자였다. 하지만 나는 그와의 만남이 너무나 즐거웠고 또 그로부터 배울 점도 많았던 까닭에, 그에 대한 대가를 기꺼이 지불했던 것이다.

그런데 남반구 채무국들은 내 친구가 보여준 우아한 제스처를 한 번도 취하지 않았음은 물론이고, 도리어 빚을 더 내어 그 돈으로

채무관리를 어떻게 할 것인가?

이자를 갚겠다는 식의 배짱을 부렸다.

　이 대목에서 현재 제4세계 국가들에 대한 원조를 늘려야 한다고 주장하는 서유럽의 정치가들은 대략적으로라도 이들 국가가 갚아야 할 빚의 액수를 계산해볼 필요가 있다. 그러면 5천억 마르크에 달하는 남반구 채무국들의 빚과 1천억 달러에 달하는 동구권 국가들의 빚이 전 세계 인플레이션 주요 원인들 가운데 하나라는 사실을 금세 확인하게 될 것이다. 이런 천문학적인 금액이 무역차관에 의한 것인가 금융차관에 의한 것인가 하는 문제는 중요하지 않다. 왜냐하면 어차피 돌려받을 수 없는 돈이기 때문이다. 너무 큰 액수라 사실상 상환이 불가능하다.

　6천억 마르크어치에 해당하는 상품을 오롯이 외상으로 수출한다는 것은 곧 수출 당사국들의 인플레이션을 의미한다. 이런 수출이 노동시장을 활성화한다는 주장은 설령 정치적인 거짓말까지는 아니더라도, 경제학적으로는 터무니없는 말장난에 불과하다. 6천억 마르크라는 천문학적인 금액이 서유럽 국가들의 국민총생산에서 갹출되어 무상으로 지급된 셈이었으니까 말이다. 유일한 해결책은 설비의 자동화와 경영의 합리화를 통해 경제생산성을 높이는 것이다. 하지만 이것은 대규모의 투자가 필요하며, 이러한 투자는 다시 인플레이션을 가속화시킨다.

　서유럽 국가들의 국민총생산 일부로 남반구 국가들을 계속 더 지원하려면 당분간 서유럽 사람들의 생활수준을 현저히 낮출 수밖에 없다. 그런데 노동조합, 농민, 그리고 서유럽에서 노동으로 살아가고 있으며 동시에 유권자이기도 한 여타 모든 사람들이 여기에 동의하느냐 하는 문제 또한 서유럽 정부들이 고민해야 할 중요한 과제다. 채무자의 정서적인 입장은 채권자의 정서적인 입장과 다르기 마련이다.

얼마 전에 나는 중국의 한 고위 외교관에게 중국 정부가 외국에 진 빚을 조금이나마 갚을 의향이 있는지를 물어본 적이 있다. 그의 대답은 아주 정중하면서도 의미심장했다. "그게 무슨 말씀입니까? 우리는 서방세계에 전혀 빚진 게 없습니다. 오히려 정반대랍니다. 유럽인들은 수세기 동안 우리에게서 약탈해간 그 모든 것들에 대해 빚을 지고 있는 셈이니까요!"

과연 누가 누구에게 빚을 지고 있는 것일까? 이것은 아주 까다로운 정치철학적인 물음이다. 연대의식에 호소해보면 어떨까? 말하자면 부자가 된 산유국들과 가난한 그 사촌들 간의 가족문제라는 의식에서 출발하는 것도 하나의 방법일 수가 있다. 더군다나 가난한 이웃 국가들이 도저히 감당하기 어려울 정도로 높은 유가 때문에 엄청난 고통을 당하고 있는 상황이기에 더더욱 그러하다.

물론 남반구 국가들이 처한 어려운 입장을 넓은 마음으로 포용하여 그들에게 계속 온정의 손길을 베푸는 것도 가능하다. 하지만 그럴 경우 모두가 인플레이션과 그에 따른 결과들을 한탄하는 대신 각자 허리띠를 단단히 조여야 한다. 누차 말하지만 채권자가 좋은 채무자를 만나는 것보다는 채무자가 좋은 채권자를 만나는 것이 더 중요하다. 이런 관점에서 볼 때 제3세계, 제4세계 및 공산주의 세계는 채권자를 선택함에 있어서 정말로 운이 좋았다.

채권자 입장에서도 비겁하거나 멍청하거나 책임회피적인 상태로 머물지 않으려면, 그들의 계속적인 요구에 현실적이고 똑똑한 그린처럼 단호한 태도를 취해야 한다. 그는 빚은 갚지 않으면서 계속 돈을 빌려달라고 떼를 쓰는 친구 콘에게 이렇게 말했다.

"여보게 콘, 어차피 돌려받지도 못할 돈인데 우리끼리 다툴 필요가 어디 있겠나. 차라리 우리 둘 다 나쁜 사람이 되는 것으로 결말을 보세나. 더 이상은 한 푼도 주지 않겠네!"

그러나 은행장들은 우리의 그린처럼 똑똑하지가 못해 수차례에 걸친 나의 경고에도 불구하고 돌려받지 못한 돈에 대해 미련을 버리지 못하고 있다. 알다시피 제3세계와 제4세계를 대상으로 한 채무상환 요구는 서유럽 은행들로서도 골머리를 썩는 까다로운 문제다. 사실 멕시코, 브라질, 아르헨티나와 같은 대규모 채무국들이 파산상태라고 주장할 근거는 없다(도대체 어떤 상황을 국가파산이라고 정의할 수 있는지 나도 알고 싶다). 이 국가들은 단지 안정된 외환에 대한 유동성이 부족하고 그런 상태가 장기간 지속되고 있을 뿐이다. 이들은 비록 엄청난 재산을 갖고 있지만(예를 들어 지리학자들의 보고에 의하면 멕시코에는 사우디아라비아보다 많은 석유가 매장되어 있다) 당장 쓸 수 있는 현금이 없다. 그것도 부자들이 자신들의 돈을 외국에 투자해두었기 때문이다.

옛 오스트리아-헝가리 제국시절에 내가 알고 있던 한 귀족은 5만에서 10만 모르겐morgen[36]이라는 어마어마한 땅을 소유한 대지주

---

36 넓이 단위로 1모르겐은 약 8,100㎡

임에도, 현금이 부족하여 하룻밤 도박 빚도 갚지 못해 전전긍긍하곤 했다. 또 다른 사람은 자신의 전 재산에 해당할만한 액수의 칩을 쌓아두고 룰렛게임을 벌이곤 했는데, 그 역시 평소에는 현금이 없어 지인들에게 손을 내밀기 일쑤였다. 모르긴 몰라도 도박자금도 빚이었을 것이다. 제3세계 채무국들도 이와 똑같은 상황이다. 자본과 재산이 주머니 속의 현금을 의미하지는 않는다(이 대목에서 문득 커피숍 기식자라는 별명이 붙은 빈의 유명한 보헤미안 작가 페터 알첸베르크가 떠오른다. 어느 날 그는 자신의 동생에게 편지로 "1천 실링만 보내주게나. 내 돈은 몽땅 '저축은행'에 맡겨져 있어서 그런다네"라고 부탁했다는 이야기가 있다).

개발도상국들의 채무문제를 각종 매스컴들이 너무 과장하여 요란스럽게 다루는 바람에 경제전문가들은 물론 수공업자, 택시기사, 교사, 학생 등 수많은 사람들이 이들 채무국들이 빚을 갚을 수 없을 경우 어떤 사태가 벌어질지 내게 물어왔다. 하지만 이런 질문 자체가 시대착오적이다. 왜냐하면 이런 채무들이 어차피 상환되지 않으리라는 것을 누구나 다 뻔히 알고 있는 현재 상황에서 '만약 ○○한다면'이라는 가정 자체부터가 무의미하기 때문이다.

그래서 나는 그 답변으로 두 가지의 질문을 던지려고 한다. 먼저 "그렇다면 당신은 어떤 일이 일어날 것이라고 생각합니까?"라고 묻고 싶다. 물론 나는 이 질문에 대한 답을 기대하지 않는다. 여기에는 그럴만한 이유가 있다. 어떤 일도 일어나지 않을 것이기 때문이다. 그 어떤 일도.

이들 국가들이 진 빚은 쉽게 말해 정치적인 빚으로 무상원조와 다를 바 없다. 그러므로 전 세계적으로 약 50~60개에 달하는 채권은행들은 채무상환을 무기한 연장함은 물론 매년 조금씩이라도 상환금액(즉 원금)을 삭감해나가야 한다. 은행사업이란 결국 돈을 빌려가는 사람에게 높은 이자를 받고 반대로 돈을 빌리는 사람에게는 낮은 이자를 지급함으로써 유지된다. 그러므로 여기서 발생하는 큰 이자차액의 일부로 감가상각을 충당하는 것은 너무나 당연한 일이다. 그리고 상환되지 않은 빚으로 인해 발생하는 만성 인플레이션이 채무상환액을 추가로 감소시키고, 더불어 상환기한도 몇 십 년 더 연장된다.

채무는 완전히 동결되었다. 그럼에도 채권은행들에게는 어떤 일도 일어나지 않는다. 그것은 국제적인 은행체계의 배후에는 이른 바 '중앙은행들의 북대서양조약기구NATO der Notenbanken'가 든든히 버티고 있기 때문이다. 이것은 전혀 새로울 것도 없는 사실이다. 이 기구는 이미 30년 전부터 존재했다. 다만 일반인들의 동요를 막기 위해 기구의 존재를 공공연하게 알리지 않았을 뿐이다.

엄밀히 따져 이 모든 것들은 당연히 채권국가들의 생활수준을 담보로 진행된다. 채무상환이 제대로 이루어질 경우 유럽 사람들은 지금보다 훨씬 더 풍족한 생활을 할 수 있을 터이니까 하는 말이다. 채무불이행이 정당하느냐 아니냐 하는 것은 다른 차원의, 좀 더 정확히 말해 정치적인 문제다. 화재로 인한 손실을 대비하여 보험료를 납부하는 것은 당연하다. 마찬가지로 사회적인 갈등을 이용하여 국가를 전복하거나 혼란을 야기시킬 기회만 엿보고 있는 '악당들'이 세계에 존재하는 한 이와 비슷한 형태의 보험료는 반드시 필요할 것이다.

그러므로 전혀 걱정할 필요가 없다. 다만 장부상에서 수입과 지출을 인위적으로 조작하여 분식회계를 일삼는 악덕 기업인들만 조심하면 된다. 다시 한 번 강조하지만 좋은 채무자를 만나는 것보다는 좋은 채권자를 만나는 것이 더 중요하다. 이런 의미에서 볼 때 개발도상국들은 참으로 좋은 채권자들을 만났다.

나의 두 번째 질문은 어느 일요일 토론회에서 한 경제학자에게 던진 것이기도 한데, 첫 번째 질문보다 훨씬 더 도발적이다.

"어느 순간 기적 같은 일이 일어나 전 세계인들이 깜짝 놀라게도 채무국가들이 한꺼번에 모든 빚을 현금으로 갚는다면 어떻게 될까요?"

최대한의 상상력을 동원해 채무국가들이 엄청난 규모의 금광과 플루토늄 광산을 발견한 덕분에 모든 빚을 일시에 청산하게 되었다고 가정해보자. 이런 식의 질문에 곧장 대답을 할 수 있는 사람은 당연히 드물 터이다. 그러므로 내 질문에 내가 스스로 대답하는 형식을 취할 수밖에 없다.

분명 엄청난 혼란이 야기될 것이다. 1조 달러에 달하는 천문학적인 액수의 유동자산이 한꺼번에 쏟아져 들어온다면 그 돈을 과연 어떻게 처리해야 할까? 은행들은 새로운 고객유치를 위한 전쟁에 뛰어들 것이며, 그 과정에서 어쩔 수 없이 상환이 의심스러운 채무자들도 다시 고객명단에 편입시켜야 할지도 모른다. 이런 와중에 투기꾼들은 수십억 달러를 마음대로 주무르며 부실기업들을 양산할 것이다. 투기 열풍이 확산되면서 무시무시한 인플레이션이 몰아닥치고, 그 여파로 물가와 임금이 가파르게 치솟을 것이다.

채무관리를 어떻게 할 것인가?

어쩌면 소련과 동구권 공산국가들은 낮은 이자로 인해 그저 빌리다시피 한 돈을 바탕으로 경제적 압박에서 벗어나 다시 군비경쟁에 뛰어들지도 모른다. 그럴 경우 군비축소회담은 물 건너 갔다고 봐야 한다. 이전까지 소련을 협상 테이블로 불러오게 한 것은 다름 아닌 군비로 지출되는 엄청난 자금에 대한 물질적 부담이었던 것이다. 이렇게 되면 남에게 지기 싫어하는 기질로 미루어 보아 미국의 레이건 대통령도 중거리로켓 개발프로젝트를 보다 강력하게 밀어붙일 가능성이 높다.

그러니 아주 역설적으로 들리겠지만, 개발도상국들이 빚을 갚지 않음으로써 많은 난제들을 미연에 차단할 수 있다는 사실을 오히려 행운으로 받아들여야 하지 않을까?

다시 우스갯소리 하나가 떠오른다.

경건한 유대인들은 가난한 이웃을 돕는 것을 종교적 의무로 삼고 있다. 한 유대인 거주지역은 생활여건이 너무 풍족해지는 바람에 어느 순간부터 선행을 베풀 대상이 완전히 사라지고 말았다. 그래서 마을 사람들은 회의를 열어 이웃 교구에서 거지를 한 명 빌려오기로 결정했다. 그런데 그 거지가 날이 갈수록 점점 더 무례해지는 것이 아닌가? 결국 마을 사람들이 그에게 겸손하게 처신하라고 말했다. 그러자 그가 협박조로 이렇게 소리쳤다. "수틀리면 당장 돌아가버릴 거요! 그렇게 되면 당신들은 선행을 베풀 사람을 다시 찾아야 할 텐데!"

여기까지가 1976년에 〈캐피탈〉에 개제한 글의 전문이다.

| 파산에도 등급이 있다

불과 얼마 전까지만 해도 '달러의 공급과잉'이라는 구호를 앞세워 달러화 폭락을 부채질하던 직업적인 비관론자들이 이번에는 180도 태도를 바꿔 많은 채무자들이 아무 가치도 없는 이른바 '휴지조각으로 변한 달러'를 상환하지 않는다며 아우성을 친다. 정말 이해할 수 없는 짓거리다. 그들은 국제적인 금융체계의 붕괴를 우려하고 있지만, 누차 언급했듯이 그런 붕괴사태는 결코 일어나지 않을 터이기에 이들 비관론자들은 괜히 헛다리만 짚은 꼴이 되고 말 것이다. 국가재정 파탄, 금리대란 등 이 모든 것들은 헛소리에 불과할 뿐이다.

물론 몇몇 나라들은 현재 많은 빚을 안고 있다. 철저하게 회계를 하게 된다면 담당 검사관들이 머리를 절레절레 흔들며 결제란에 서명하기를 주저할지도 모른다는 점은 나도 인정한다. 그렇지만 도대체 누가 우리에게 검사관들의 판단에 따르라고 강요할 것인가? 그 검사관이라는 작자들이 혹시 금융 관련 저널리스트나 이른바 경제 전문가인건 아닌가? 정말 제대로 된 회계를 하려면 채무와 더불어 서유럽 국가들의 자산과 잠재적 능력도 셈에 넣어야 한다. 탄탄한 인프라 구조들, 엄청난 원자재 재고량, 각종 실험실들, 최고 수준의 기술, 산업적인 역량 등 현재 서유럽 국가들이 갖추고 있는 유형자산과 무형자산의 가치는 우리가 상상할 수 있는 것보다 훨씬 더 크다. 그렇다면 이 모든 것들이 아무런 가치도 없단 말인가? 뿐만 아니라 이전의 동유럽 공산권 국가들의 회계와 관련해서도 과장된 면이 적지 않은데, 그 이면을 속속들이 파헤치면 분명 놀라운 사실

채무관리를 어떻게 할 것인가?

들이 드러날 것이다.

서유럽 국가들과 동유럽 국가들의 상황을 서로 비교하며 동유럽뿐만 아니라 서유럽도 이른바 파산 상태라고 진단하는 것이 현재의 분위기다. 이러한 분위기 속에서(물론 이런 주장을 내세우는 주체는 경영 전문가들과 그 아류들이다!) 그 차이점을 분명히 밝히기 위해 어쩔 수 없이 나는 두 명의 학창시절 동기와 관련한 이야기를 소개해야겠다.

코박스라는 친구가 있었다. 부유한 기업가의 아들로서 좋은 교육을 받은 후 사업을 물려받았다. 그는 사업을 계속 확장하여 점차 대기업으로 키워나갔다. 그러다 어느 순간 그의 기업이 파산위기를 맞았다. 그 소식을 접하고 나도 무척 안타까워했다. 하지만 그로부터 몇 달 후 그의 기업이 파산과 회생 사이를 오갔으며, 그럼에도 불구하고 아니 어쩌면 바로 그 파산 덕분에 그가 칸에 멋진 빌라를 얻어 롤스로이스를 타고 다니며 호화로운 생활을 누리고 있다는 소문이 들려왔다.

나의 또 다른 친구 스자보는 평범한 교사의 아들이다. 스자보의 아버지는 나중에 근면하고 성실한 장사꾼을 만들 요량으로 자식을 엄하게 키웠다. 스자보는 아버지가 한푼 두푼 저축한 돈으로 조그마한 회사를 차렸다. 원래 성실한데다 밤낮으로 열심히 일한 덕분에 그의 회사는 곧 대기업으로 성장했다. 하지만 그 역시 어떤 이유로 파산선고를 해야 하는 처지로 내몰렸다. 그야말로 땡전 한푼 없던 터라 어쩔 수 없이 친구들에게까지 도움을 청하는 등 온갖 노력을 기울였지만, 결국 파산하고 말았다.

결론적으로 말해 서유럽 국가들의 상황이 전자의 경우라면 동유럽 국가들의 상황은 후자의 경우에 해당한다. 파산에도 등급이 있는 것이다. 프랑스 사람들이 즐겨 쓰는 표현을 약간 변형시킨 말로 이 이야기를 마무리 짓겠다.

"다름(차이점)을 경배하라Vive la difference!"

| 어느 변호사의 기발한 착상

여기에서 소개하는 일화는 채무관리를 위해 상상력이 얼마나 큰 도움이 되는지를 생생하게 보여 준다.

내가 어렸을 때 어느 변호사가 은행을 속이기 위해 그야말로 환상적이고 천재적인 방법을 생각해냈다. 그는 카를 에오트베스Karl Eotvoes 박사로서, 아마도 당시 헝가리에서 가장 유능한 변호사가 아니었을까 싶다. 몇십 년 후에 그가 내게 털어 놓은 이야기는 다음과 같다.

부다페스트 은행 지역 대리점의 한 직원은 혈통은 좋지만 찢어지게 가난한 가문의 아들이었는데, 하필 경마에 빠져 있었다. 그는 자신이 저금한 돈은 물론 은행금고에서 조금씩 몰래 빼낸 2만 굴덴(오늘날 약 40만 마르크에 해당)까지 도박으로 날렸다. 대부분의 도박꾼들이 그러하듯 그도 승산이 없는 말에 큰돈을 걸어 대박을 터뜨리기만 하면 '잠시 빌린' 돈쯤이야 쉽게 채워 넣을 수 있다고 확신했다. 주식, 경마, 혹은 카드게임 등 그 무엇이든 상관없이 모든 도박꾼들에게 불문율로 삼으라고 내가 끊임없이 권고하는 다음의 경구를 그는 미처 알지 못했던 것이다.

채무관리를 어떻게 할 것인가?

"이길 수도 있지만 반드시 잃게 마련이다. 그리고 잃은 돈은 되찾을 수 없다."

연말정산을 위해 본점에서 대대적인 회계감사를 실시한다는 소식을 듣고 이 젊은 친구는 감옥에 갈지도 모른다는 두려움에 거의 공황상태에 빠졌다. 고민 끝에 그는 가족의 고문변호사인 에오트베스 박사를 찾아가 자살이란 말까지 들먹이며 모든 사실을 털어놓았다. 그러자 그 변호사는 잠시 생각에 잠기더니 이렇게 말했다.

"그렇게 큰 돈을 몰래 빼돌릴 수 있었다니 다시 몰래 더 빼내는 것도 그리 어렵진 않겠네요?"

"물론입니다, 변호사님!"

"그렇다면 2만 굴덴을 나에게 갖다 주세요, 가능한 한 빨리!"

10일 후 젊은이가 돈을 들고 나타났다.

"자살 따윈 아예 생각조차 말고 어서 가보시오!"

변호사는 젊은이가 근무하는 은행의 중역을 만났다. 그리고 아주 심각한 표정으로 예의 그 젊은이가 4만 굴덴의 은행 돈을 몰래 유용했으며, 그 때문에 자살까지 생각하고 있다고 알려주었다. 은연중에 스캔들과 고발 사태를 암시하는 변호사의 말에 그 중역은 당혹감을 감출 수가 없었다.

"너무 그렇게 걱정하실 필요는 없을 듯 합니다." 변호사가 짐짓 위로의 말을 건넸다. "기품 있는 가문인지라 명예를 지키기 위해 분명 모든 노력을 다할 것입니다."

그로부터 10일 후 다시 은행을 찾은 변호사가 그 중역에게 현재 돌아가고 있는 상황을 알려주었다. "그의 가족들은 제정신이 아닌 상태임에도 아들과 가문의 명예를 지키기 위해 모든 수단을 강구하려고 애쓰는 중이랍니다. 그들이 끌어모을 수 있는 최대한의 금액은 2만 굴덴으로, 그 가족의 경제사정으로 볼 때 어마어마하게 큰 돈입니다. 그럼에도 가족들은 가문의 명예를 위해 기꺼이 돈을 내놓겠다 하더군요. 물론 거기에는 나머지 돈에 대해서는 눈을 감아달라는 조건이 붙어 있긴 합니다만."

이런 상황에서 눈을 감아주지 않을 사람이 어디 있으랴! 그 은행의 고문도 당연히 그렇게 했다.

| 주인이냐, 하인이냐?

조상 대대로 투자가 가족회의에서 가장 중요한 의제로 다루어지는 가문에서는 증권거래에서 성공하는 구성원은 천재로, 번번히 실패만 거듭하는 구성원은 바보로 불린다. 이것은 사실 그리 새삼스러울 것도 없다. 물론 내 기억에는 헝가리와 프랑스 사람들은 오히려 공부에 소질이 없는 가장 둔한 아들을 증권거래소로 보내고 나머지 자식들은 고등학교로 보냈지만 말이다. 대부분의 은행장들은 사환으로 시작해서 현장실습을 거쳐 직업적인 경력을 차근차근 쌓았다. 그리고 그 분야에서 대단한 성공을 거둔 다음에야 비로소 천재의 신분으로 격상하게 되었다.

옛 부다페스트에 세인의 존경을 받는 폴리처라는 가문이 있었다. 굉장한 부자로 그 도시의 주식시장과 상품거래소에서 큰 영향력을 행사했다. 가문의 자식들 중 마티아스Mattias라는 아들은 아주 유능한 투자자로 인정받아, 가문에서 독립해 자신의 돈으로 투자를 할 수 있게 되었다.

그러던 어느 날 마티아스도 투자에 실패해 전 재산을 한꺼번에 날리고 빈털터리 신세가 되고 말았다. 가족회의가 소집되었다. 회의에서 마티아스의 투자내력에 대한 상세한 검토와 함께 "마티아스는 주인으로서 자격을 지키지 못했으므로 앞으로는 하인으로 종사해야 한다"는 엄격한 명령이 떨어졌다. 여기서 '주인Herr'이란 독립채산제로 자신의 책임하에 투자를 할 수 있다는 것을 의미했고, 반대로 '하인Subjekt'이란 가문이 운영하는 회사의 작은 바퀴 역할에 만족해야 한다는 것을 의미했다.

하지만 마티아스는 본능적으로 놀이하는 인간Homo ludens이었다. 투자의 신이 그를 가만히 내버려둘 리가 만무했다. 그는 부다페스트는 물론 시카고, 리버풀 등지에서 발간되는 전 세계 거의 모든 모든 주식 관련 신문과 잡지들을 섭렵했다. 그리고 드디어 어느 날, 귀리와 호밀 사이에 당시로서는 상식 수준을 크게 벗어나 투자처로서는 아주 매력적인 시세차이가 형성되었다는 사실을 알아냈다. 그는 아주 소액으로 해당 주식들을 샀다. 예상대로 가격이 치솟았고 최초의 수익을 올릴 수 있었으며, 오래지 않아 마침내 비록 크지는 않지만 다시 자신의 재산을 형성했다. 결산을 마친 그는 가족들에게 가족회사라는 좁은 울타리를 벗어나 다시 독자적으로 투자를 해보겠다는 의사를 밝혔다. 곧 가족회의가 소집되고 오랜 격론 끝에, "마티아스는 하인으로서의 임무를 충실히 수행했으므로 다시 주인으로 돌아가도 좋다"는 결론을 내렸다.

다양한 분야에서 활동하는 포트폴리오-매니저들의 성공과 실패에 관한 소문이 들려올 때마다 나는 이 일화를 떠올리곤 한다. 모든 금융자산가들의 운명은 우리의 친구 마티아스와 크게 다르지 않다. 감히 장담하건대 이 이야기가 담고 있는 지혜는 누구에게나, 그리고 모든 직업에 유용할 것이다.

주식과 증권거래소에
관한 단상들 I

Kostolanys beste
Geldgeschichten

• 우리는 우연히 어리석은 선택을 했는데도 종종 큰 행운을 잡기도 한다.

• 나는 언젠가 두 명의 증권중개인과 같은 테이블에 앉은 적이 있었다. 그중 한 사람은 그날 계약을 한 건도 성사시키지 못했다며 불평했다. 반면에 다른 한 사람은 엄청난 수수료를 챙겼다며 자랑했다. "하지만 그건 이성적인 판단에 의해서가 아니라 단지 운이 좋았을 뿐이야." 첫 번째 사람이 비아냥거렸다. 그러자 "신은 내게 늘 이성은 적게 주고 행운만 많이 주거든"이라고 성공을 거둔 사람이 느긋하게 되받아쳤다.

• 아무리 어리석은 사람이라도 증권거래와 관련하여 도움이 될 만한 경험을 갖고 있는 경우가 다반사다.

• 나는 가끔 금융 관련 규정이나 법규를 담은 텍스트의 오자나 인쇄오류로 인해 엄청난 수익을 챙기기도 한다.

• 우리는 잘못된 생각들에 미혹되어 평생 오류 속에서 진실을 깨닫지 못하기도 한다.

• 많은 사람들은 증권거래소에서 무슨 일이 일어나는지 궁금해 하는데, 사실 그건 단지 그들이 증권거래소를 잘 알지 못하기 때문일 뿐이다.

• 증권거래소에서 가장 유용한 단어들을 나열하면 다음과 같다. 아마도, 바라건대, 어쩌면, 십중팔구, 그럼에도 불구하고, 비록 ○○이지만, 특히, 내 생각에, 내가 믿기로는, 하지만, 아마 분명, 내 추측으로는…. 이처럼 사람들이 생각하고 말하는 모든 것들은 제한적이다.

• 채권자가 좋은 채무자를 만나는 것보다는, 채무자가 좋은 채권자를 만나는 것이 더 중요하다.

• 오늘날의 금융시장에서 가장 큰 위험은 처리할 수 없을 정도로 너무 많은 현금이 돌아다닌다는 사실이다.

• 은행가는 솔로몬처럼 현명하고, 아리스토텔레스처럼 똑똑하

고, 삼손처럼 강하고, 므두셀라(구약성경에서 969세까지 살았다고 기록하는 노아의 조상)처럼 나이가 지긋해야 한다.

●낙천적인 사람은 주머니에 단돈 몇 푼만 들어 있어도 부자지만, 비관적인 사람은 금고에 돈을 가득 채워놓고도 스스로를 가난뱅이라 생각한다.

●언젠가 프랑스 내무장관 뱅상 오리올Vincent Auriol이 누구나 한번쯤 인용해봄 직한 다음과 같은 명언을 남겼다. "나는 은행들은 폐쇄시키고, 은행가들은 모조리 감옥에 처넣고 싶다!"

●투자상담사들은 흔히 "내가 보증합니다"라는 표현을 남발한다. 그렇다면 그들의 말은 도대체 누가 보증한단 말인가?

●헝가리의 유명작가 프란츠 몰나르Franz Molnar는 증권거래에 대해 전혀 모름에도 불구하고 언젠가 시세하락을 겨냥하여 투자하는 사람들을 일컬어, "다른 사람들을 빠뜨리기 위해 직접 무덤을 파는 사람"이라고 아주 적절하게 표현한 적이 있다(오직 철저한 전문가들만이 이 말이 시사하는 바를 정확히 이해할 수 있다).

●완벽한 암거래상이란 어떤 부류의 사람일까? 낯선 도시에 첫발을 내딛는 순간, "얘들아, 여기에서 절대 해서는 안 되는 일이 무엇이니?"라고 묻는 사람이다.

• 잘츠부르크 축제 공연장에서 나는 우연히 음악에 관심이 있을 것이라고는 꿈에도 생각하지 못한 증권거래소 동료를 만났다. 그곳에서 도대체 무엇을 하고 있냐는 내 질문에 그는 "끝나기를 기다리고 있는 중일세!"라고 무덤덤하게 대답했다. 그 말은 간단하고 짧았지만 시사하는 바가 적지 않았다. 그래서 나는 그 말을 머릿속에 새겨두었다가 어떤 친구가 IOS^{Investors Overseas} ^{Services} 투자[37]에 대한 내 의견을 물어왔을 때 그대로 대답해준 적이 있다.

• 어느 누가 "존경하는 의원 여러분, 국고가 텅 비었습니다!"라고 일갈한 프랑스의 드 몬지 재무장관보다 국가가 처한 어려운 상황을 더 적절하고 정확하게 표현할 수 있을까?

• 어떤 은행가가 특정한 제안에 대해 "아니오!"라고 답하면 '어쩌면!'이라는 의미고, "어쩌면!"이라고 답하면 '예!'라는 의미다. 하지만 즉시 "예!"라고 답하면 그는 결코 노련한 은행가라 할 수 없다. 마찬가지로 어떤 투자자가 특정한 조언에 대해 "예!"라고 답하면 '어쩌면!'이라는 의미고, "어쩌면!"이라고 답하면 '아니오!'라는 의미다. 하지만 즉시 "아니오!"라고 답하면 그는 결코 노련한 투자자라 할 수 없다.

---

37 1955년에 버나드 콘펠드가 세운 미국의 투자회사로 1970년대에 몰락하기 전까지 미국 증시를 이끌었지만 각종 사기사건으로 큰 손실을 입으면서 파산했다.

• 부유한 바보는 늘 부자라고 불리지만 가난한 바보는 그저 바보일 뿐이다.

• 능력이 있다는 말은 같은 환경 출신의 다른 사람들보다 더 많은 돈을 가졌다는 것을 의미한다.

• 기술자는 술에 취한 상태로 일을 해서는 안 된다. 하지만 투자자에게 술은 도리어 덕이 되기도 하는데, 왜냐하면 술기운이 심리적 압박감을 없애주기 때문이다.

• 나는 내 삶이나 내 기고문들처럼 증권과 관련해서 늘 올바른 답을 갖고 있다. 한 가지 문제가 있다면, 바로 올바른 질문을 갖고 있지 못하다는 사실이다.

• 증권가의 오랜 진리 중 하나는 "시세란 더 이상 오를 수 없으면 반드시 떨어진다"는 것이다.

• 독일 사람들은 돈의 간계에 익숙하지 않다. 그들은 탁월한 낭만주의자들, 철학자들, 그리고 음악가들의 후예임에도 불구하고 돈과 관련한 문제에서는 너무나 비낭만주의적이다. 특히 풍부한 상상력이라는 그들 특유의 기질을 전혀 발휘하지 못한다.

• 현재 시세가 1~2% 사이를 오가는 모든 유가증권(파산 위기에 처

한 기업의 주식, 재정적 어려움을 겪고 있는 국가의 채권 등)들도 한 가지 쓰임새는 있다. 바로 벽 장식용으로는 제격이라는 것이다.

•사람들은 종종 나를 '증권전문가'라고 부른다. 하지만 나는 이런 겉치레 말을 받아들일 수 없다. 왜냐하면 나는 오늘이 어떠한지를 그리고 또 어제는 어떠했는지 알기 때문이다. 아주 중요한 문제임에도 이른바 전문가라는 작자들은 이 점을 쉽게 간과한다. 그들은 소문이 시세를 만드는 것이 아니라, 대부분의 경우 시세가 소문을 만들어 그것이 계속 연쇄반응을 일으킨다는 사실을 모른다.

•진짜로 현명한 주식투자자는 바보들의 언어도 이해하는 사람이다.

•나는 자본주의의 적들에 대해 자주 비판적인 글을 써왔고, 그러한 나의 공격성은 지금까지도 계속 이어지고 있다. 누구나 나이가 들어갈수록 점차 기존의 적들을 친구로 삼으려고 노력하기 마련인데도 말이다.

•대부분의 경우 정치와 경제에 독으로 작용하는 것은 독재체제가 아니라 독재자다.

•경제정책에서 순항이란 현실과의 조화에 다름 아니다.

주식과 증권거래소에 관한 단상들 I

• 옛 속담에 따르면 증권거래소는 음악이 없는 몬테카를로다. 하지만 내 생각에 증권거래소는 음악으로 넘치는 몬테카를로이다. 하지만 음악을 수신하여 그 멜로디를 인식하기 위해서는 안테나가 필요하다.

• 우리의 목표는 부자가 되는 것이 아니라 독립적인 존재가 되는 것이다.

• 사기꾼들이 게으르고 바보들이 입을 닫는다면 우리의 경제생활도 한결 윤택해질 것이다.

• 소액 예금주들을 대상으로 한 투자상담에서는 현실적으로 가능한 것만 조언해야 한다. 그들은 비현실적인 수익을 약속하는 감언이설에 쉽게 현혹된다. 엄청난 수익을 보장한다는 꾐에 속은 사람들의 투자를 만류하는 것은 사실상 불가능하다.

• 주식투자에서는 상황을 보다 정확히 보기 위해 가끔 눈을 감을 필요도 있다.

• 투자자들에게는 생각 없이 뭔가를 감행하기보다 아무것도 하지 않고 어떤 일을 곰곰이 생각해보는 것이 더 유용하다.

• 투자자라면 누구나 적어도 한 번쯤 반짝 아이디어를 떠올린

다. 하지만 그것을 제때 활용하지 못하면 아무런 의미가 없다. 언제 또 다시 그런 기회가 찾아오겠는가? 충고하건대, 공격적으로 나가라!

• 나처럼 나이 많은 투자자들의 가장 큰 불행은 경험은 풍부하지만 무모한 모험심을 잃어버렸다는 것이다.

• 증권거래와 관련하여 동료들과 언쟁이 붙을 경우 나는 대체로 상대방의 의사를 수용하는 편이다.

• 중요한 것은 금융기관들 자체가 아니라 그것들을 만들고 운영해온 사람들이다.

• 철저한 투자자는 3배 내지 4배의 수익이 예상되는 유가증권만 매수한다. 하지만 그것으로 10배가 넘는 수익을 올리기도 한다. 나 또한 이러한 경험을 수없이 겪어봤다.

• 어떤 상인이 100%의 이익을 남기며 물건을 팔 경우 사람들은 그것을 사기라고 말한다. 하지만 어떤 주식투자가가 2배의 가격에 보유주식을 판다면 나는 그것을 극히 정상적이라 말한다.

• 남자는 돈을 벌기 위해 태어났다. 그런데 금고열쇠는 여자가 갖는다. 가장 이상적인 형태(거의 모든 가정이 여기에 해당된다)는 남

편은 씀씀이가 헤픈 반면에 여자는 지나치다 싶을 정도로 근검 절약하는 경우다. 내 주위에만 해도 이러한 사실을 입증해줄 예는 수두룩하다. 내 가족의 경우를 예로 들면, 아버지는 가끔 멋진 선물을 어머니에게 사다주곤 했는데 그때마다 칭찬은커녕 바가지만 긁히기 일쑤였다. 쓸데없는데 돈을 낭비한다는 것이다. 그럴 때마다 아버지는 "병원에 돈을 버리는 것보다야 낫다고 생각하면 될걸, 대체 왜 그래요?" 하며 웃어넘기곤 했다.

• 만약 바보들이 없다면 증권거래소는 어떻게 될까? 그리고 슈퍼컴퓨터가 모든 것을 예측한다면 또 어떻게 될까? 내 생각에 증권거래소는 더 이상 존재하지 않을 것이다.

• 옛말에 최후의 1만 굴덴을 두고 이성을 잃지 않을 사람이 없다고 했다. 이에 빗대어 나는 오늘날의 독일 예금주들은 최초의 1만 마르크에도 이성을 잃는다고 주장하고 싶다.

• "당신이 엄청난 행운을 얻어 10만 마르크의 수익을 챙겼다고 들었는데, 그 돈으로 지금 무엇을 할 계획인가요?"
"엄청난 걱정을 해야겠죠."

• 가난한 유대인이 부유한 유대인에게 어떤 식으로 저주를 할까? 아마도 이럴 것이다.
"당신은 당신의 가족 중 유일한 백만장자가 되어야 할거야!"

• 많은 사람들은 소유하기 위해서가 아니라 남에게 과시하기 위해서 돈을 필요로 한다.

• 주관이 뚜렷한 사람이 아니면 결코 상대할 수 없는 투자 전문가들도 있다. 왜냐하면 그들이 내뱉는 말은 모두 악영향만 줄 수 있기 때문이다.

• 투자자로서 가장 큰 타격은 미리 예견했음에도 불구하고 큰 실수를 저질렀을 경우다. 그리고 이러한 일은 대부분 다른 사람들로부터 영향을 받았을 때 일어난다.

• 우리는 사건들을 눈이 아닌 머리로 추적해야 한다.

• 독일어 '상업학사(Diplomkaufmann)'란 아주 우스꽝스러운 낱말이다. 내 생각에 상인의 학위는 다름 아닌 대차대조표다.

• 독일어에서 '은행원(Bankkaufmann)'이란 성립 자체가 아예 불가능한 합성어로서, 일종의 의미론적 기형이다. 왜냐하면 사람이 은행가(Bankier)이면서 동시에 상인(Kaufmann)일 수는 없기 때문이다. 은행가는 이자로 수익을 올리므로 이자가 높을수록 유리한 반면에 상인은 이자를 지불해야 하므로 이자가 낮을수록 유리하다. 은행가는 투자의 안정성을 제1의 덕목으로 삼는 반면에, 상인은 상상력을 중요시한다.

주식과 증권거래소에 관한 단상들 I

• 유명한 프랑스 소설가 스탕달Stendhal의 묘비에는 "살았다, 썼다, 사랑했다"라고 적혀 있다. 불행한 투자자의 묘비에는 "살았다, 투자했다, 잃었다"라고 적혀 있음 직하다.

• 크게 두 부류의 투자자가 있다. 첫 번째 부류는 상품, 부동산, 감가상각 등 눈에 보이는 모든 것을 투자대상으로 삼는다. 두 번째 부류는 반대로 다른 사람들이 간과하는 것들을 투자대상으로 삼는다. 지적인 주식투자자들도 이 부류에 속하는데, 그들은 주로 다른 사람들이 그 가치를 간과하는 주식, 유가증권 등을 투자대상으로 삼는다.

• 호경기, 그중에서도 특히 인플레이션을 동반하는 낙관적인 경기가 오면 처음에는 적극적으로, 차츰 민첩하게, 마지막에는 현명하게 대처해야 한다.

• 사람들의 입에 은행위기Bank Crisis라는 말이 너무 자주 오르내린다. 은행위기라는 말을 들으니 젊은 시절 내가 잠시 체류했던 베네치아가 문득 떠오른다. 베네치아의 산마르코 광장은 매일 밤 물에 잠겼다가 다음 날 아침이면 물이 빠지면서 언제 그랬냐는 듯 원래 모습으로 되돌아오곤 했다. 이와 비슷하게 대부분의 은행들은 일시적으로 수익률이 마이너스 상태로 떨어졌다가도, 얼마 후면 곧 정상으로 회복하거나 심지어는 이전보다 더 큰 수익률을 기록한다. 그러면 은행위기라는 말이 자취를 감

춤과 동시에 모든 것이 과거지사로 잊혀진다. 나는 지난 50년 동안 이런 현상들을 여러 차례 경험했다. 파산^{Bankrott}이란 말이 은행^{Bank}이라는 단어에서 파생된 것은 분명하지만 오늘날의 대형은행들은 파산과는 거리가 멀다. 전 세계적으로 사회적 네트워크뿐만 아니라 신용 네트워크도 구축되어 있다. 모든 채권자들은 또 다른 채권자들의 채무자이며, 그 '또 다른 채권자들'도 마찬가지로 또 다른 채권자들의 채무자다. 특정 채무자들이 부채를 상환하지 않고 모라토리엄^{Moratorium}을 선언하면 다른 모든 채무자들도 연쇄적인 반응을 일으키게 마련이다.

• 모든 것이 불투명했던 지난 과거에는 수많은 기업가들이 물고기 사냥을 더 쉽게 하기 위해 일부러 물을 더 흐려놓는 경우가 다반사였다.

3장;

바보들이 없다면 세상이 어떻게 되겠는가

대중심리, 증권시장의 수수께끼를 푸는 열쇠

Kostolanys beste
Geldgeschichten

"무엇이 새미를 달리게 하는가?What makes Sammy run[38]" 무엇이 증시를 요동치게 만드는가? 사건들은 물론 그 사건들에 대한 일반 투자자들의 반응 또한 그 주체다. 그러므로 가난한 주식투자자가 성공하려면 두 가지 연주법을 능수능란하게 구사할 수 있어야 한다. 다시 말해 사건들을 예견하고 그 사건들을 대하는 일반 대중의 태도를 예측할 수 있어야 한다. 왜냐하면 증시란 좋은 소식에 울고 나쁜 소식에 웃는 알코올 중독자처럼 언제 어디로 튈지 모르기 때문이다.

변덕스러운 대중(군중)들의 심리는 예측이 불가능하다. 하지만 기대심리와 두려움 사이의 이러한 동요가 단기적(두려움에 사로잡힌 사

---

38 미국의 소설가 겸 각본가 버드 슐버그가 1941년에 발표한 소설로서, 주인공 새미 글릭은 불우한 환경에서 태어나 배신과 술수로 성공하지만 결국 몰락하고 만다.

람들이 헐값에 매도하고, 희망에 부푼 사람들이 대량으로 매수할 시점)으로 증권시세를 결정한다. 그렇다면 이들 대중이 투자에 성공할까? 전혀 그렇지 않다. 대부분의 경우 다수가 실패하고 약 10%의 소수만이 성공을 거둔다.

프랑스의 사회심리학자 귀스타브 르 봉Gustave Le Bon은 1895년에 발표한 명저《군중심리》에서 "군중의 심리는 예측할 수 없다"고 말했다. 바로 이런 특성 속에 군중심리가 가진 힘의 비밀이 있다. 심지어는 군중이 아주 현명하고 사려 깊은 사람들로 구성되어 있다고 하더라도 상황은 마찬가지다. 좁은 공간에 아주 지적인 사람들로만 가득 채워졌다고 해도, 이들 군중은 이성이 아니 감성에 의해 좌지우지되기 마련이다.

전문 투자자들은 이런저런 이유에서, 그리고 충분히 고민한 끝에 어느 날 아침 모든 보유주식을 팔아 치운다는 결심을 한다. 그런데 증권거래소에 들어서는 순간 아주 낙관적인 분위기가 감지된다면? 그는 순간적으로 계획을 바꿔, 파는 대신 새로운 주식을 추가로 사들인다. 미국에서는 이와 관련하여 증권시세표시기가 큰 역할을, 가끔씩은 결정적인 역할을 한다. 수백만까지는 아니더라도 수십만 명의 사람들이 모든 거래를 나타내는 표시기를 방향키로 삼는다. 시세가 오르면 소액 투자자들은 오직 대열에서 뒤쳐지지 않겠다는 일념으로 앞뒤 가리지 않고 서둘러 해당 주식들을 사들인다. 상승 곡선을 보여주는 시세표는 대중심리를 자극하여 구성원들에게 어서 빨리 따라오라고 유혹하다. 증권시세표시기는 전쟁터의 깃발과 같다. 깃발이 높이 휘날리며 꼿꼿하게 앞서가면 군인들은 그 뒤를 좇아 힘차게 행진한다. 반대로 깃발이 쓰러지고 승리의 진군이 멈춰질지도 모른다는 두려움이 엄습하면, 일순간에 용기는 사라지고 대열은 뿔뿔이 흩어진다. 증권시장도 이와 마찬가지다.

따라서 상승세를 예상한 투자에 관심이 있는 사람들은 깃발이 높이 휘날리며 앞서가고 있는지를 유심히 살펴야 한다. 그러면 당연히 군대도 그 뒤를 따를 터이니 말이다. 이런 상황을 일컬어 정보통들은 흔히 쿠어스플레게Kurspflege[39]라고 한다. 내 생각에 특정 사건들에 대한 대중의 반응을 조금이라도 감지하려면 시장의 기능 상태에 대한 분석을 길잡이로 삼는 것이 최선인 것 같다.

대부분의 주식은 누가 보유하고 있는가? 잘 훈련된 안정적인 투자자들과 기관들인가? 아니면 다수의 신참자들, 경험이 일천하고 두려움에 일희일비하는 일반 예금주들, 그리고 빠른 자금회전을 필요로 하는 투기꾼들과 소액투자자들인가? 소수의 소신파들인가 다수의 부화뇌동파인가? 이것은 주식의 질보다는 구매자의 질이 향후 시세변동에 더 큰 역할을 하기 때문이다.

중요한 사건이 발생하면 이리저리 흔들리는 다수의 최초 반응은 그 이전의 지배적인 분위기와 정반대다. 이전에 다수가 낙관적인 분위기 속에서 대량으로 주식을 사들였다면, 이번에는 반대로 급히 팔아 치운다. 특히 예기치 못한 상황에서 중요한 사건이 터질 때 그렇다. 비록 그 규모가 상대적으로 작을지라도, 그것을 사전에 예

---

39 시세안정을 위한 지원정책

상하고 있던 경우도 마찬가지다. 왜냐하면 주가는 '페타 콤플리fait accompli40를 중심으로 형성되기 때문이다.

전형적인 예를 하나 들어보자. 뮌헨협정으로 체코슬로바키아가 분할된 직후인 1939년 초, 유럽 각국의 증권거래소들은 낙관적인 분위기에 젖어 있었다. 히틀러가 전 세계에 영구적인 평화를 약속했기 때문이다. 히틀러는 뮌헨협정 결과에 만족한다고 공식적으로 발표했다. 당시 영국의 수상인 아서 네빌 체임벌린Arthur Neville Chamberlain은 체코슬로바키아를 배신했다는 하원의원들의 맹렬한 비난에 향후 무력도발은 절대 없을 것이라는 '히틀러 씨'의 약속을 믿지 못할 그 어떤 이유도 찾을 수 없노라고 응수했다. 그런 상황에서 증권거래소들이 활기를 띠게 된 것은 너무나 당연했다. 파리 증권거래소도 마찬가지였다.

그러던 1939년 3월 15일, 모든 사람들의 예상을 깨고 히틀러의 군대가 프라하를 포함한 체코슬로바키아의 나머지 영토를 점령해버렸다. 전 세계를 경악시킨 일대 사건이었다. 체임벌린은 또 다시 하원에 출석하여 비통한 목소리로 히틀러가 약속을 어긴 것에 대해 끓어오르는 분노를 감출 수가 없다고 말했다. 그리고는 아주 분명하고 날카로운 어조로 히틀러가 단치히 혹은 폴란드를 침공할 경우 영국이 적극적으로 군사개입에 나설 것이라고 선언했다. 그것은 여러 가지 의미를 내포한, 아주 중대한 발표였다.

체임벌린 수상의 말이 떨어지기가 무섭게 유럽 전역 증권거래소

---

40 '기정사실'이라는 뜻의 주식용어로 미래에 결정될 악재나 호재가 이미 결정되어 있다고 간주하는 것

들의 주가가 하락하기 시작했다. 영구적인 평화라는 달콤한 희망이 일순간에 사라져버린 것이다. 주가의 급격한 하락세는 몇 달째 이어졌다. 그리고 전쟁에 대한 공포감은 점점 더 커져만 갔다. 그러자 사람들 사이에서 만일의 사태에 대비하려면 보유한 유가증권들을 헐값에라도 팔아 현금을 손에 쥐는 게 더 유리하다는 분위기가 서서히 형성되었다. 쉽게 이해가는 지극히 논리적인 반응이었다.

그렇다면 이제 한 가지 문제가 남는다. 도대체 이런 상황에서 누가 구매자로 나설까? 앞서 언급했듯이 대형 증권거래소에는 항상 매수자와 매도자가 있기 마련이다. 결코 전쟁은 일어나지 않으며 히틀러는 곧 퇴각할 것이라고 확신하고 있던 낙관론자들이 당연히 첫 번째 고객이었다. 그다음 고객은 설령 전쟁이 일어나더라도 그리 오래 계속되지는 않을 것이라고 판단한 사람들이었다. 독일은 경제적으로 아주 허약하고 히틀러는 말만 앞세우는 허풍쟁이라서 몇 달 못 버티고 백기를 들 수밖에 없을 것이라는 게 그들의 생각이었다. 세 번째 고객은 주가가 이미 크게 떨어졌기 때문에 전쟁과는 상관없이 매수할 시점이라고 생각한 사람들이었다. 이들은 주로 기관투자자들로, 호기를 틈타 보유한 현금도 굴리고 더불어 시세차익도 챙긴다는 속셈이었다. 반대로 여력이 있는 기업들은 유동자산을 이용해 자사의 주식을 헐값에 다시 사들이려고 했다.

속도는 많이 완화되었지만 그래도 주가는 여전히 하향세였다. 히틀러의 위협이 있을 때마다 점점 더 떨어졌으며, 특히 8월 23일 독일의 외무장관 요아힘 폰 리벤트로프Joachim von Ribbentrop와 소련의 외무장관 바체슬라프 몰로토프Vyacheslav Molotov가 독소불가침조약에 서명한 후부터는 다시 폭락세로 이어졌다. 대부분의 사람들은 협정으로 유럽의 운명이 결정되었다고 느꼈다. 왜냐하면 이제 동맹국이 된 독일과 소련은 분명 폴란드를 나누어 가지려 할 터이기 때문이다. 전쟁은 코앞까지 다가와 있었다. 주가는 계속 떨어졌다. 사람들은 전쟁이 가져올 최악의 사태를 떠올리기 시작했다.

전쟁이 터지면 주식시장이 붕괴될 것은 불을 보듯 뻔했다. 아마도 그 전에 증권거래소는 폐쇄될 것이며, 은행과 은행가들은 모라토리엄 선언도 마다하지 않을 것이다. 어쨌든 이처럼 급박한 상황에서 프랑스 주식을 매수하려면 엄청난 용기가 필요했다. 파리 증권거래소뿐 아니라 뉴욕 증권거래소와 런던 증권거래소도 활기를 잃은 건 마찬가지였다. 그 당시 나도 최악의 사태를 예상했다. 전쟁보다 더 나쁜 상황이 어디 있겠는가?

그리고 마침내 우려하던 사태가 벌어졌다. 11월 1일 독일군이 폴란드와 단치히를 침공하자 이틀 후인 11월 3일에 프랑스와 영국이 독일 정부에 선전포고를 한 것이다. 그런데 주식투자자들과 펀드매니저들이 깜짝 놀랄 상황이 전개되었다. 은행들은 문을 닫지 않았으며 지불유예도 없었다. 뿐만 아니라 주식시장도 문을 닫지 않았으며 외환거래도 계속되었고 외환통제도 없었다. 더욱 놀라운 것은 흐름이 반전되면서 주가가 천정부지로 치솟았다는 사실이다. 전쟁의 반작용으로 주가가 폭등하리라고 누가 상상이나 할 수 있겠는가?

거기에는 시장의 기능 상태와 '페타 콤플리' 등 다양한 원인이 개입되어 있었다. 쉽게 설명해보자. 일반 대중들은 몇 달 동안 전전긍긍하다 현금을 손에 쥐는 게 유리하겠다는 판단으로 보유한 주식을 헐값에 팔아 치웠다. 하지만 곧 전쟁이라는 새로운 국면이 시작되었다. 전쟁은 경제 상황 전반에 급격한 변화를 가져오기 마련이다. 겪어본 사람들에게 전쟁은 곧 인플레이션을 의미했다. 인플레이션, 즉 화폐가치의 폭락은 제1차 세계대전을 떠올리게 했다. 따라서 그들은 가능한 한 빨리 현금을 다시 유가물로 바꾸고 싶어했다. 부동산은 단시일 내에 거래할 수 있는 대상이 아니었다. 유일한 방법은 주식을 다시 사들이는 것이다. 그들의 눈에는 그나마 주식이 현금보다 나아 보였던 것이다. 그래서 주가는 한동안 폭등세를 이어갔다.

그러다 어느 시점에 이르자 독일이 네덜란드를 침공했다. 그것을 분기점으로 유럽 전역의 주가가 한꺼번에 상승세에서 하락세로 돌변했다. 일반 대중과 전문 투자자들은 본격적인 전쟁이 시작되었다는 사실을 어느 순간 깨닫게 된 것이다. 주가의 폭락세가 6월 중순까지 이어지다가 독일군이 파리를 점령하는 시점을 계기로 다시 새로운 국면이 전개되었다. 점령지인 파리 증권거래소가 폐쇄되면서 아직 점령되지 않은 프랑스 중부의 비시Vichy로 옮겨졌다. 물론 그것은 최소한의 거래와 이전 시세의 잔재로 이루어진, 말하자면 증권거래소의 그림자에 불과했다. 바로 이런 곳이 증권거래소다! 이곳은 예측불가능하고 히스테리적이며 모든 논리, 특히 주식거래의 논리와는 당연히 일치할 수 없는 일상의 논리를 일부러 거부하는 것처럼 보이기도 한다.

그렇다면 전문 투자자가 이러한 대중심리에서 자유로워지는 방법은 없을까? 결코 쉬운 일은 아니다. 왜냐하면 다수의 판단에 역행하기로 이론을 세워놓고도 결단이 요구되는 마지막 순간에 "어떻게 해야 하는지 잘 알고 있어. 하지만 이번만은 예외다"라는 식으로 생각하기 때문이다. 그리고 나중에야 비로소 '이번'도 역시 다를 바 없었다는 사실을 확인하게 된다.

투자자는 잘 훈련되어 있어야 하고, 냉정하고 심지어는 냉소적이어야 하며, 약간 거들먹거리는 태도로 '당신들은 모두 엉터리고 나만 제대로 보고 있는 거야'라는 식의 생각도 할 수 있어야 한다. 증권시장은 심술쟁이처럼 때로는 사람들이 기대하는 것과 정반대 방향으로 움직이기도 한다는 사실을 늘 염두에 두어야 한다. 어쩌면 지난 몇 년 동안 벌어들인 엄청난 수익에 고무되어 빠져들 수도 있는 지나친 자만심에 대한 일종의 경고로서, 단지 투자자들을 벌주기 위해 그렇게 하는지도 모른다. 이익은 환상이고 손실만이 진짜다! 이 사실을 절대 잊지 마시길!

코스톨라니의
달걀

Kostolanys beste
Geldgeschichten

내 경험에 비추어볼 때, 대부분의 투자시장(주식, 채권, 원자재, 귀금속, 통화 등의 투자가 이루어지는 시장)에서 나타나는 주기적인 움직임은 모두 3단계 국면으로 구분된다.

1. 조정국면
2. 적응국면
3. 과열국면

약세장의 제3국면에 이어 나타나는 시세의 움직임을 예로 들어 보자. 다시 제1국면이 시작되면서 지나치게 떨어졌던 시세가 현실적이고 합리적인 수준에서 조정된다. 제2국면에서는 이전의 비관적인 분위기가 점차 낙관적인 분위기로 바뀌면서 매일 시세가 상승한다. 제3국면이 시작되면 주가가 시시각각으로 올라간다. 시세와 분

코스톨라니의 달걀

위기가 서로 끌어가며 함께 상승하는 것이다. 상승한 주가는 분위기를 장밋빛으로 만들고 이것이 다시 주가를 끌어올린다. 시세를 결정하는 것은 결국 대중의 심리다.

강세장의 제3국면에 이어 이루어지는 순환운동에서도 똑같은 순서로 3단계 국면이 진행된다. 다시 제1국면에 시작되면 지나치게 올랐던 시세가 현실적이고 합리적인 수준에서 조정된다. 제2국면에서는 불리한 사건들(금리인상, 경기악화, 비관론 등)이 투자자들을 불안하게 만든다. 제3국면이 시작되면 가라앉는 시세가 어둡고 비관적인 분위기를 조성하고 이로 인해 주가는 추풍낙엽처럼 무너져 내린다. 주식이 휴지조각으로 변하면서 일종의 공황상태가 도래한다.

이와 같은 최종국면에서 주가의 하락과 상승 파동은 어느 쪽에서든 심리적 충격이 일어나 그것이 악순환을 중단시킬 때까지 계속된다. 강세장이든 약세장이든 반대 양상을 기대할 수 있는 근거가 충분히 있음에도 불구하고 강력한 충격이 가해지지 않을 경우, 순전히 심리적인 요인에 의해 좌우되는 최종국면은 아주 천천히 진행된다. 그러다가 어느 날 특별한 이유도 없이 시세흐름이 돌변하면서 일반 투자자는 물론, 미처 대비하지 못한 전문 투자자들까지 경악 속으로 몰아넣는다. 그리고 얼마 후면 다시 순환적인 반대 흐름이 시작된다. 마치 자연에서 밀물과 썰물이 끊임없이 꼬리를 물고 반복되듯이, 증권시장에서도 두 갈래 흐름이 자리를 바꿔가며 지속적으로 반복된다. 이와 같은 순환운동의 배후에는 소신파와 부화뇌동파라는 두 부류의 투자자들이 있다. 그리고 그들의 판단은 오롯이 3G, 즉 돈Geld·인내Geduld·사고력Gedanken의 결과다.

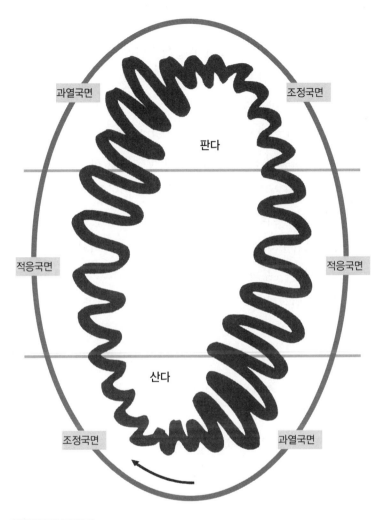

코스톨라니의 달걀

공포 분위기에 사로잡힌 일반 투자자들이 앞다투어 매물을 시장에 쏟아내면서 거래량이 폭증하는 하락세의 과열국면에서부터 주식을 사들여야 한다. 그 양은 축소되더라도 거래만 계속 이어진다면 상승세의 제1국면까지 주식을 계속 사들일 수 있다. 반대로 거래량이 폭증하는 상승세의 과열국면과 거래량이 축소되고 시세가 하락할 때(하락세의 제1국면)는 주식을 팔아야 한다. 따라서 과장국면에서는 흐름에 역행하고, 조정국면에서는 흐름과 동행하고, 적응국면에서는 조용히 기다려야 한다.

위의 그림을 참조하여 결론을 내리면 다음과 같다. 노련한 투자자의 전략은 가능한 한 가장 낮은 지점(매수하는 경우)과 가장 높은 지점(매도하는 경우)에서 거래를 성사시켜 수익을 극대화하는 것에 초점을 맞춘다.

내가 정의하는 인내란 자질구레한 사건마다 민감하게 반응하고 싶은 욕구를 참아내는 뚝심이다. 사고력을 갖춘 사람은 지적으로, 다시 말해 무조건 맞거나 틀렸다는 식의 흑백논리가 아니라 숙고하고 상상력을 발휘해 행동한다.

돈이 없으면 인내가 있어도 무의미하다. 인내가 없으면 아무리 돈이 많아도 소용이 없다. 그리고 인내가 없으면 사고가 구체화될 때까지 기다리지 못한다. 또한 사고력을 갖추지 못한 사람은 설령 인내가 있다고 하더라도 아무 것도 시작할 수 없다. 돈, 인내, 사고력은 서로 불가분의 관계를 맺고 있다. 이 가운데 하나라도 결핍되었다면 그 사람은 부화뇌동파에 속한다. 이 부류의 사람들은 사소한 사건에도 민감하게 반응한다. 뿐만 아니라 상상력이 없기 때문에 머리가 아니라 순전히 감성에 의지하여 행동한다. 다른 사람들이 사면 그들도 산다. 다른 사람들이 팔면 그들도 판다. 그들은 일확천금을 노리는 것도 아니면서 대중의 뒤를 좇아 다니며 마치 '대중'처럼 행동하는 것이다.

아주 열정적인 투자자였지만 영국 남해회사 버블 사건 때 전 재산을 날려버린 아이작 뉴턴Isaac Newton 경은 이러한 분위기에 대해 다음과 같이 말한 바 있다.

"나는 천체운동을 센티미터와 초 단위로 계산할 수 있지만, 정신 나간 사람들이 몰아가는 주식시세만큼은 도무지 모르겠다."

따라서 대부분의 주식이 누구 수중에 있는지가 중요한 문제이다. 소신파가 대부분의 주식을 보유하고 있을 경우에는 설령 나쁜 소식이 악재로 작용하더라도 증시는 상승세로 돌아선다. 여기에 좋은 소식이 가세하면 주가는 폭등할 수도 있다. 반대로 대부분의 주식이 부화뇌동하는 사람들의 수중에 있을 경우에는 사소한 악재에도 증시가 파국으로 치닫기도 한다.

거래량이 늘어남에도 시세가 떨어진다면 엄청난 양의 주식이 소심한 사람들의 손에서 뱃심 두둑한 사람들의 손으로 넘어가는 중이라고 판단하면 틀림이 없다. 심지어 어느 시점에서는 부화뇌동파가 완전히 손을 털었는데도 불구하고 한동안 모든 주식이 소신파의 금고에서 꼼짝하지 않기도 한다. 이 경우 돈은 부화뇌동파가 쥐고 있고 주식은 소신파가 쥐고 있는 것이다.

전반적인 염가 대매출이 이루어지면서 시세가 거의 바닥까지 떨어지고 한동안 그런 상태가 유지되고, 심지어는 나쁜 소식에도 불구하고 시세가 더 이상 떨어지지 않고 있는가? 그렇다면 그것은 시장이 새로운 상승국면을 준비하고 있다는 신호다. 이 경우 설령 호재가 없더라도 주가는 곧 상승한다.

수많은 사례들을 통해 흐름에 역행하는 투자를 권유하는 이론의 타당성이 입증된다. 그렇지만 모든 일이 말로는 쉬울 뿐, 실제 행동으로 옮기기는 어려운 법이다. 약세장의 과열국면에 맞서는 것, 다시 말해 공공연하게 퍼져 있는 한결 같은 의견을 거스르면서까지 주식을 매수하기란 결코 쉽지 않다. 이는 반대의 경우도 마찬가지다. 집단 히스테리에서 빠져 나오기 위해서는 많은 훈련이 필요하며, 뚜렷한 주관을 유지하고 경우에 따라서는 상황을 본체만체하는 냉담한 태도를 취해야 한다.

하지만 대부분의 경우 증권시장에서 활동하는 투자자들의 90%

이상은 부화뇌동하는 사람들이고, 소신파는 10%도 되지 않는다.

어쨌든 내 경험으로는 그렇다는 말이다.

"경험만큼 정직한 것도 없다."

프랑스의 위대한 드골 장군이 입버릇처럼 하던 말이다.

성냥왕 크뤼거의 비극과
승리 뒤의 회의감

Kostolanys beste
Geldgeschichten

전 세계가 끔찍한 경제적 위기로 휘청대던 1930년대 초에 나는 철저하게 증시의 하락세를 겨냥한 투자자였다. 그리고 그를 통해 엄청난 돈을 벌어들였다. 나는 승리감에 도취되어 있었으며, 돈보다는 내 예상이 적중했다는 일종의 성취감 때문에 더욱 기뻤다. 동료들은 시도 때도 없이 나를 찾아왔다. 그들은 나를 보통사람과는 다른 예언자로 대우하며 "어떻게 그럴 수가 있느냐?"고 물어왔다. 그러면 나는 늘 "주식시장에서는 모든 일이 가능합니다. 심지어는 논리적인 것까지도 말입니다"라고 대답했다. 왜냐하면 내가 볼 때 우스트릭-데빌더Oustric-Devilder 신디케이트의 파산은 그로부터 40년 후에 발생한 IOS와 그람코Gramco 등의 경우처럼 너무나 논리적이었기 때문이다. 아니, 당연했다는 표현이 더 적절할 것 같다. 내가 놀란 점은 오히려 다른 사람들이 놀랐다는 사실이었다.

어느 정도 재력을 갖추었으므로 나도 이제 마음만 먹으면 삶을 즐길 수 있었지만 서글픈 현실을 깨닫고는 괴로움에 시달렸다. 나는 타고난 철학적 합리성과 예리한 직관 덕분에 다른 사람들이 돈을 잃을 때 오히려 많은 돈을 벌 수 있었다. 당시에 나는 빌헬름 부슈Wilhelm Busch[41]의 시구를 자주 떠올렸다.

"슐리히(Schlich, 술책)는 엄청난 불행을 알아차렸다네. 허허, 그러나 나와는 상관없어."

내 소원은 어느 정도 이루어졌지만 눈앞에서 펼쳐지는 광경은 나를 슬프게 했다. 친구, 동료 할 것 없이 내가 좋아하는 사람들은 모조리 알거지 신세로 전락했다. 돈과 직장을 한꺼번에 잃은 그들의 현실은 그야말로 참담했다. 그와 반대로 나는 이제까지 꿈꿔왔던 호사스러움을 마음껏 누릴 수 있었다.

최고급 호텔과 레스토랑, 제복 입은 운전사가 딸린 자동차, 나는 이 모든 것을 가질 수 있게 되었다. 그런데 바로 그 순간 "이건 아니야!"라고 깨닫게 된 것이다. 주위를 둘러보니 아무도 없었다. 아늑한 분위기와 유쾌한 웃음소리는 사라지고 침울한 분위기와 비통한 울음소리가 그 자리를 대신하고 있었다. 나는 외톨이가 되고 말았다. 가게의 진열대마다 화려한 물건들이 즐비했지만 쇼핑하고 싶은 마음도 시들해졌다. 친구들이 커피 한잔으로 만족해야 하는 상황에서는 아무리 맛있는 샴페인이나 캐비아를 먹어도 즐거울 수 없다는 사실을 그제야 깨닫게 된 것이다. 나는 차라리 돈이 궁하던 옛날로 돌아가고 싶은 심정이었다. 감히 행복해질 용기도 없었고,

---

41 독일의 유명한 화가이자 시인

행복할 수도 없었다. 이전보다 오히려 더 불행해진 것 같았다.

그때 불현듯 한 가지 생각이 떠올랐다. 다른 사람들과 함께 돈을 번다면, 물론 조금이라도 내가 더 벌겠지만 어쨌든 다른 사람들과 같은 방향의 물살을 타고 헤엄쳐 나간다면 좋지 않을까? 내가 거둔 성공이 도리어 나를 짓눌러왔다. '무조건 약세장을 겨냥한 투자만 한다'는 내 투자철학에 회의를 느끼기 시작했다. 다른 사람들은 모두 우는데 나만 혼자 웃는 것은 즐거움이라기보다 차라리 괴로운 노릇이었기 때문이다. "약세장 투자에 매달리는 사람은 남의 돈을 노리기 때문에 신의 노여움을 산다." 주식입문서 첫 장에 적혀 있음 직한 말이다. 그러던 어느 날 나를 완전히 다른 사람으로 바꿔놓는 결정적인 사건이 터졌다. 그 드라마의 결말이 너무나 비극적이었는지라, 그때 함께 출연했던 배우들은 두 번 다시 무대로 돌아올 수 없었다.

어느 토요일 오후였다. 슈트레제만Gustav Stresemann[42]의 절친한 친구였던 아리스티드 브리앙Aristid Briand[43]의 장례식에 참석하기 위해 파리 시민들이 침통한 표정으로 엘리제 궁으로 모여들었다. 장례식이 끝난 후 나는 잠시 잡담이나 나눌까 하고 한 주식중개인 친구 사무실에 들렀다. 당연히 내 눈길은 최근의 주가동향으로 향했다.

당시 미국은 토요일의 주식시장 개장시간이 짧았다. 오전 10시부터 정오까지 2시간 동안 열렸는데, 그 시각은 프랑크푸르트의 오

---

42 독일의 정치가.
43 프랑스의 정치가로서 1926년에 노벨 평화상을 받았다.

성냥왕 크뤼거의 비극과 승리 뒤의 회의감

후 3시부터 5시까지였다. 전반적으로 평온한 장세에서 뭔가 심상치 않은 움직임이 감지되었다. 유일하게 한 종목만 집중적으로 거래되고 있었던 것이다. 스웨덴의 대형 성냥 기업 트러스트trust인 크뤼거 앤드 톨Kreuger & Toll의 주식 수백만 주가 전날 저녁과 마찬가지로 개장시간 내내 동일한 가격을 유지하면서 거래되고 있었다. 나는 호기심이 발동하기 시작했다. 사실 약세장을 예상하고 그 주식을 미리 공매도해두었기 때문이다.

스웨덴의 성냥왕 크뤼거의 착상은 단순하면서도 기발했다. 당시 돈이 필요해했던 중부 유럽 및 동유럽의 국가들에게 돈을 빌려주고 그 대가로 엄청난 수익이 보장된 성냥전매권을 따낸다는 계획이었다. 한 가지 걸림돌이라면 자금 문제였는데, 이를테면 독일에서 전매권을 따기 위해서는 거금이 필요했다.

크뤼거는 먼저 자신의 회사 명의로 채권을 발행해 돈을 마련한 다음, 다시 돈을 필요로 하는 국가에 돈을 빌려주었다. 그리고 그 대가로 이자수익을 얻는 단순한 돈놀이를 하는 대신, 성냥판매를 통해 수익을 올리는 고도의 전략을 선택했다. 물론 무담보로 돈을 빌려주는 대신 전매권을 얻어내는 전략은 그가 고안해낸 것이 아니다. 16세기 푸거 가문 고유의 '전매특허'에서 비롯되었다.

푸거 가는 곤경에 처한 영주들에게 돈을 빌려주고 그 대가로 교역특권이나 지하자원 채굴권을 얻어냈다. 대표적이 예로 포르투갈 왕으로부터는 후추무역 독점권을, 스페인 왕으로부터는 은광과 구리광 채굴권을 따낸 바 있다. 크뤼거는 푸거 가의 이러한 상거래 시스템을 차용하여 현시대에 맞게 변형하여 적용했다. 그는 미국시장에서 채권을 발행해 마련한 자금을 중부 유럽과 동유럽으로 유출했다. 주요 채무국은 독일, 헝가리, 루마니아, 유고슬라비아, 폴란드, 그리고 몇몇 남미 국가들이었다. 채권국은 미국과 네덜란드, 스위스, 영국, 프랑스 등 막강한 자금력을 가진 서유럽 국가들이었다.

전반적인 상황은 합리적이고 투명한 것처럼 보였다. 물론 채무국들의 지불능력이 필수적인 전제조건이었지만 말이다. 사실 큰 파국을 초래한 결정적인 요인은 크뤼거의 편법이라기보다는 오히려 중부 유럽에 불리하게 작용한 몇몇 정치적 사건들이었다. 크뤼거는 이들 국가의 금융구조와 경제전망을 잘못 판단했다. 그는 기술자이자 사업가였지 노련한 은행가나 투자자는 되지 못했다. 만약 그가 경험 많은 은행가나 투자자였더라면 결코 그런 일에 손을 대지 않았을 테고, 그처럼 참담한 비극도 일어나지 않았을 것이다.

그러던 어느 날 갑자기 독일, 루마니아, 헝가리를 위시한 모든 채무국들이 이자지급과 원금상환을 중단해버렸다. 만약 발행된 채권이 일반 대중에게 유통되기만 했더라도 크뤼거 제국이 붕괴되는 최악의 사태는 오지 않았을 것이다. 채권 보유자들이야 투자금액의 전부 또는 일부를 날렸겠지만 채무자들의 부채상환 불이행으로 채권을 발행한 회사가 도산되지는 않을 터였기 때문이다. 러시아 연금채권을 자국에 유통시킨 리옹 은행Credit Lyonnais은 소비에트연방공화국이 제정러시아 시절에 발행된 채권의 유효성을 인정하지 않았음에도 불구하고 도산하지 않았다. 물론 그 채권을 보유한 사람들은 막대한 손실을 입었지만 말이다. 로스차일드 은행 또한 외국의 여러 채권들을 자국에 유통시키는 과정에서 몇 번의 지불불능 사태를 맞았지만 도산하지는 않았다.

하지만 크뤼거는 대형 금융기관들처럼 수천 개의 창구를 보유하지 않았을 뿐만 아니라 로스차일드 같은 명성도 갖고 있지 않았다. 그는 채권을 모두 처분하지 못하고 상당 부분 자신이 소유하고 있었다. 말하자면 그는 이 채권들을 '담보로in Pension' 여러 은행에서 단기대출을 받은 후, 그 돈을 다시 중부 유럽 국가들에 빌려준 것이다.

자금의 흐름을 훤히 꿰뚫고 있던 투자자의 눈으로 볼 때 크뤼거 사건은 필연적이 결과였다. 게다가 나는 공식적인 증권중개인협회의 법률고문이 비밀서신을 통해 연대보증의 의무가 있는 70명의 회원들에게 크뤼거 주식에 대한 보증을 일정 수량 이하로 제한하라고 요구했다는 사실까지 알게 되었다. 당시 미국의 경제위기는 정점에 달해 있었으며 중부 유럽의 정치적 상황도 호전될 가망이 전혀 없어 보였다. 그러니 누가 크뤼거 주식에 투자하려고 하겠는가?

나는 상황을 비판적으로 받아들이고는 주저 없이 스웨덴 성냥회사의 주식을 대상으로 하락세를 예상한 투자를 했다. 주가가 약간 하락하자 크뤼거는 여러 은행과 주식중개인들에게 담보로 맡긴 채권의 담보력을 유지하기 위해 즉각 방어조치를 취했다. 파리에서는 스웨덴 은행이, 뉴욕에서는 리 히긴슨 은행Lee Higginson과 그의 대리인들이 시세를 유지하기 위해 크뤼거 주식을 계속 사들였다.

어쩌면 몇몇 은행들은 상당한 희생을 감수하고서라도 주가를 5.25달러 선으로 유지하기 위해 장기계약을 체결했을지도 모른다. 나는 토요일에 발생한 대규모 매도주문의 원인을 그렇게 해석했다.

샹젤리제 광장에서 아리스티드 브리앙의 장례식이 열리던 날 오후, 불과 두 시간 동안에 수백만 달러어치의 주식이 시장에 풀렸던 것이다. 그렇다면 과연 누가 그 많은 물량을 처분하려 했단 말인가? 나는 머리가 찌근거렸다.

물론 주식중개인 친구 사무실에서 불과 몇 블록 떨어진 곳에 위치한 빅토르 임마뉴엘 3번가 크뤼거의 저택에 그의 시신이 안치되어 있었다는 사실을 전혀 몰랐다. 그날 오후 월스트리트의 증권거래소가 문을 열었을 때 크뤼거는 이미 사망한 상태였다. 그의 이익을 위해 동분서주하던 은행들조차 그 사실을 몰랐다. 만약 알았다면 이미 사망한 의뢰인의 매수주문을 그대로 따랐을 리 만무했다. 크뤼거는 토요일 오전 11시경에 자살했다. 시차를 고려한다면 그의 사망 소식이 뉴욕 증권거래소가 개장하기 전까지는 알려질 수 있었음에도 저녁 늦게야 알려졌다.

크뤼거의 절친한 친구이자 동업자, 그의 비서, 그의 방을 청소하러 들어갔다가 끔찍한 현장을 목격한 파출부, 이렇게 세 사람이 비밀을 알고 있었다. 비서와 파출부는 함구했으며, 크뤼거의 동업자는 교묘하게 경시청을 조종해 자살 소식이 그날 저녁까지는 외부로 누출되지 않도록 조처했다. 만약 그 소식이 외부에 알려지게 되면 세계적인 대재앙이 일어날 것이며, 그럴 경우 경시청도 그 책임에서 자유롭지 못하게 될 것이라며 압력을 넣었던 것이다.

레종 도뇌르Legion d' Honneur 훈장[44] 소지자라는 고인의 사회적 지위도 한몫을 했다. 더군다나 주말인데다 아리스티드 브리앙의 장례식까지 겹치는 바람에 경시청은 텅 비어 있었다. 역사의 수레바퀴를

성냥왕 크뤼거의 비극과 승리 뒤의 회의감

멈추게 한다는 말에 현혹된 순진한 공무원들은 불타는 소명감에 끝까지 비밀을 지켰다.

어처구니없는 익살극은 비극적 결과를 몰고 왔다. 비밀이 유지된 그 결정적인 12시간이 과연 누구에게 득이 되었을까? 역사의 수레바퀴는 멈추지 않았다. 그 대신 절체절명의 상황에서 크뤼거 주식을 매도할 수 있었던 일부 투자자들만 엄청난 이익을 얻었다.

비밀을 알고 있었던 사람들 중에는 경시청의 고위간부도 끼어있었다. 그는 자기 딸과 사귀고 있던 마이크 윌슨이라는 청년을 점심식사에 초대했다. 그는 유명 일간지의 기자였다. "충격적인 소식이 있다네. 이걸 어떻게 이용할지는 자네가 알아서 결정하게. 명심할 점은 오늘 저녁까지는 누구에게도 이 사실을 알려서는 안 되네. 스웨덴의 성냥왕 크뤼거가 오늘 아침 집에서 자살했다네."

양심적인 저널리스트였던 그 젊은이도 비밀을 지켰다. 대신 곧장 신문보관소로 달려가 크뤼거와 관련한 자료를 뒤지기 시작했다. 그리고 집으로 돌아가 장문의 기사를 완성해 편집장에게 보냈다. 다음날 아침 신문마다 그 충격적인 기사가 대문짝만하게 실렸다. "금융계의 거물 크뤼거 자살!!!" 조간신문을 펼쳐 드는 순간 나는 화들짝 놀랐다. 마치 나무상자로 뒤통수를 한 대 얻어맞은 것 같았다. 그제야 전날 주식시장에서 왜 그런 이상현상이 일어났는지 의문이 풀렸다.

---

44 1802년 나폴레옹 1세가 제정한 것으로, 군인으로서의 공로와 문화적 업적이 있는 사람에게 대통령이 수여하는 훈장.

나는 또 돈을 벌었다. 이번에는 한 사람의 생명을 빼앗은 대가였다. 크뢰거의 죽음에 대해 죄책감이 느껴졌다. 예전 같으면 상상도 못할 변화였다. 나는 일종의 도덕불감증을 갖고 있었는데, 크뢰거의 죽음이 내 인생철학을 완전히 바꿔놓았던 것이다. 그 사건을 겪은 후부터 나는 점차 다른 사람의 고통을 담보로 하지 않는, 이른바 '강세장 투자'로 눈을 돌리게 되었다.

월요일 아침이 되자 크뢰거 주식은 단번에 바닥까지 곤두박질쳤다. 토요일에 그 주식을 매수하느라 엄청난 자금을 투입했던 상당수의 미국 은행들은 창구를 폐쇄할 수밖에 없었다.

세계 각국 언론에서 크뢰거를 사기꾼으로 몰아붙였지만 나는 그렇게까지 생각하지 않았으며, 그로 인해 내가 받은 충격도 만만치 않았다. 그의 상거래 관념은 합리적이고 옳았다. 단지 크뢰거는 경제적·정치적 현실판단에 미숙해서 불행한 상황의 희생양이 되었을 뿐이다. 자신의 왕국이 흔들리는 상황에 이르자 크뢰거는 어떻게든 왕국을 지키고자 온갖 수단을 강구했다. 그러다 어느 순간 합법과 불법의 경계선을 넘고 만 것이다. 많은 사람들이 엄청난 손실을 입은 것은 사실이지만, 모든 책임을 크뢰거의 불법행위 탓으로만 돌리는 것은 지나쳤다. 당시 중부 유럽의 정치적 사건들과 경제 상황도 일조했기 때문이다.

다음날 저널리스트 청년은 다시 애인을 만나러 갔다.

"그래, 내 정보가 유익했나?" 애인의 아버지가 물었다.

"물론이죠." 청년이 대답했다. "저희 신문사 사장님으로부터 크게 칭찬을 받았습니다. 어르신 덕분에 제가 그 소식을 제일 먼저

전할 수 있었거든요."

"그래서, 그게 전부라고?!!!"

결국 청년은 애인과 헤어지고 말았다. 치열한 경쟁을 뚫고 성공하기에는 그는 너무 나약하고 정직했다. 다른 사람이었다면 틀림없이 그 정보를 좀 더 유익하게 사용했을 것이다. 얼마 후 뉴욕 증권거래소는 위원회를 소집해 누가 토요일에 그토록 엄청난 물량을 한꺼번에 시장에 풀었는지 조사를 시작했다. 그러나 그 어떤 흔적도 찾을 수 없었다.

크뤼거 드라마는 나를 내적으로 변화시켰다. 내면에 잠재되어 있던 좀더 인간적이고 건강한 것들이 되살아나면서 점차 악의적인 비관론에서 해방될 수 있었다. 말하자면 나는 하룻밤 사이에 '약세장 투자'만 하던 사악한 사울Saul에서 '강세장 투자'를 선호하는 착한 바울Baul로 바뀐 것이다. 변화는 인생철학뿐만이 아니었다. 나의 본능과 논리도 세계경제가 불황의 늪에서 서서히 벗어나고 있다는 신호를 보내왔다. 이를 입증해주는 징후가 곳곳에서 나타났다. 봄이 되자 루스벨트의 대통령 취임과 뉴딜정책에 힘입어 미국경제가 활기를 띠면서 주식시장도 새로운 국면을 맞이하게 되었다.

돌이켜보면 당시는 내 인생에서도 일대 전환기였다. 내 인생행로는 세계사의 흐름과 어느 정도 궤도를 같이 했다고 할 수 있다. 나는 아주 적절한 순간에 인생관을 바꿨으며 그 결과 더욱더 나은 삶을 향유할 수 있었던 것이다. 나는 거센 폭풍우에서 빠져 나와 새롭게 태어났으며, 우연의 일치로 전 세계 대부분의 국가들도 새로운 개혁의 시대를 맞이했다. 미국은 끔찍했던 불황에서 벗어났으며 자본주의의 붕괴위기를 무사히 넘겼다. 두 번 다시 떠올리기조차 싫은 그야말로 전대미문의 대재앙이었다. 수백만 명이 희생된 불황에서도 나는 엄청난 이익을 챙겼지만 뒷맛이 씁쓸했다.

그 일을 계기로 나도 남들처럼 강세장에 편승하여 돈을 벌어야겠다는 결심을 굳혔다. 이제 나는 돈을 경멸하게 되었으며, 그때까지 과소평가해왔던 다른 모든 가치(주가를 포함하여)들을 다시 높게 평가하게 되었다. 그런 가치들이 나뿐만 아니라 증권거래소에서도 높이 평가된 것은 순전히 행운이었다. 루스벨트 시대의 개막과 더불어 주가는 연일 상승했던 것이다.

여기서 언급한 일련의 사건들을 겪으면서 나는 인생에는 돈으로 쉽게 얻을 수 있는 것도 있지만, 돈으로는 결코 살 수 없는 것도 많다는 것을 깨달았다. 그렇다고 내 생활까지 바뀐 것은 아니었다. 그 후로도 여전히 전략을 세우느라 전전긍긍하는 날들이 이어졌다. 돈을 벌 때면 물질적 이익과 더불어 내 예상이 적중했다는 성취감이 나를 기쁘게 해주었다. 약간이나마 시야가 넓어진 인생관이 덤으로 경제적 이익까지 가져다 주기도 했다. 예를 들어 음악에 대한 열정이 아주 유익하게 작용했다. 음악은 나의 마음을 안정시켜주었을 뿐만 아니라 어려운 결정을 내릴 때마다 하나의 자극제가 되었기 때문이다.

나의
증권동물원

Kostolanys beste
Geldgeschichten

| 빅토르 리옹과 구스타프 호프만

70년 전부터 나는 다양한 부류의 인간들이 우글거리는 일종의 동물원에서 살아오고 있다. 옛 귀족, 지식인, 소규모 암거래상과 대형 사기꾼, 거부와 가난뱅이 등 수없이 많은 온갖 종류의 사람들이 내 친구였다. 그렇다면 증권거래소는 어떤가? 이곳에서 활동한다고 해서 모두가 '투자자'는 아니다(내 말은 개념을 혼동하지 말자는 것이다). 증권거래소와 관련한 업종 또한 아주 다양하다. 알량한 투자기술을 퍼뜨리며 먹고 사는 박사와 매일매일 혹은 심지어 시간단위로 주식을 사고파는 증권도박꾼이 있는가 하면, 아마추어 투자자, 준아마추어 투자자, 엉터리 투자자 등 또 다른 부류의 사람들도 있다. 뿐만 아니라 은행가와 은행직원들, 중개인, 브로커, 투자상담자, 환전상이 있다. 그 외에도 다양한 종류의 판매 및 중계수수료 등을 수입원으로 삼으며 증권거래소를 통해, 아니 오로지 증권거래소에만 의지하여 살아가는 수많은 부류의 사람들이 있다.

하지만 뭐니뭐니해도 증권시장을 이끌어가는 가장 중요한 부류는 '강세장-얼간이들Haussetrottel'과 '약세장-독수리들Baissegeier', 그리고 또 다른 올빼미 족속들이다. 70년 동안 내가 몸담고 활동해온 세계를 지배한 것도 바로 이들이다. 벌써 2세대 이상의 세월이 흘렀으니, 이쯤에서 나 자신이 속하기도 하는 이 거대한 '증권동물원'을 두고 약간의 농을 쳐도 그리 주제넘지는 않을 것 같다는 생각이 든다. 혹시 이 이야기가 누군가에게 약간이라도 도움이 된다면 더 이상 바랄 게 없다.

증권거래소는 다채로운 세계로 강자가 약자를 잡아먹는 일종의 정글이다. 패자는 비참하다! 이곳은 전문 검투사들이 양편으로 나뉘어져 목숨을 걸고 서로 싸우는 로마의 원형경기장을 방불케 한다. 증권거래소에는 검투사들 대신 강세장 투자자와 약세장 투자자, 혹은 영국인들의 멋진 표현을 빌리자면 황소Bull와 곰Bear이 서로 마주보며 상대방을 쓰러뜨릴 기회만 엿보고 있는 것이다.

주식시장의 동향을 내리막으로 판단하여 하락세를 타려는 사람을 매도자, 즉 '곰'이라고 부른다. 곰은 아직 가지고 있지도 않으면서 나중에 입수하게 될 물건이나 유가증권을 오늘의 시세에 맞춰 미리 팔아 넘긴다. 또한 내일이 되면 오늘보다 시세가 떨어질 것으로 판단하고 물건이나 유가증권의 매수를 미룬다. "곰을 쓰러뜨리기도 전에 가죽을 팔아 치운다"는 속담은 표현 자체가 어느 정도 왜곡되었지만, 그 본래 의미는 아직도 남아 있다. 다시 말하자면 '매도적인' 투자자는 아직 잡지도 않은 사냥감을 파는 사냥꾼과 비슷하다고 할 수 있다.

곰의 반대편에는 매수자인 '황소'가 버티고 있다. 매수자는 힘으로 밀어붙이는 황소처럼 앞으로 돌진하며 자신의 길을 가로막는 것은 무엇이든 두 뿔로 들이받아 내동댕이친다. 월스트리트의 로비에서 주식시장이 열리기 전에 누군가가 "여보게, 나는 오늘 황소라네"라고 말한다면 상승세를 타겠다는 의미로 받아들여진다.

황소와 곰은 전 세계의 모든 증권거래소에서 대립하며 거칠게 싸운다. 싸움이 점차 격렬해지면 황소는 뿔로 곰을 쓰러뜨리려 하고, 곰은 강한 앞발로 황소의 숨통을 완전히 끊어놓으려고 한다. 황소와 곰은 세계관이 서로 너무나 다르기 때문에 어떤 경우에도, 다시 말해 어떤 경제적 혹은 정치적 상황에서도 같은 입장일 수 없다. 약세장 투자자인 곰은 모든 정보를 비관적으로 해석하는 반면, 강세장 투자자인 황소는 동일한 시점에서 동일한 정보를 정반대의 시각으로 받아들이기 때문이다.

어떤 투자자와 만나 10분 동안 대화해보면 주식과 관련해서 단 한마디도 언급하지 않아도 그 사람이 '황소'인지 '곰'인지가 쉽게 드러난다. 내 특유의 '증권심리 분석장치'가 빠른 속도로 가동되기 때문이다. 투자자 두 명이 마주칠 경우 그들은 보통 "잘 지내시죠?"라는 안부인사를 나누는 대신, 습관적으로 "시장을 어떻게 보시는지요?"라고 묻는다.

약세장 투자자는 아주 특이한 부류로서 그 구성원들의 면면 또한 각양각색이다. 이들 중 이른바 '지적인 약세장 투자자'의 전형적인 인물이 바로 '흡혈귀'라는 별칭으로 더 유명한 빅토르 리옹Victor

Lyon이었다. 그는 비밀정보를 통해 증권거래소의 신용투자액을 가늠하려고 애썼다. 시세상승을 예상한 투자액이 수십억 아니 수백억에 달하면 어김없이 시세하락을 예상한 투자를 했다. 그런 식의 투자는 끊임없이 반복되었는데, 시장의 기능 상태가 결정적인 요인이었다. 그는 모든 주식이 '부화뇌동하는 사람들의 수중'에 있으면 시세가 폭락하기 마련이라고 판단했으며, 그 예상은 늘 적중했다. 빅토르 리옹은 "주가가 하락하는 단 하루 만에 나는 주가가 상승하는 30일 동안 다른 사람이 버는 것보다 더 많은 돈을 번다"고 입버릇처럼 말하곤 했다. 게다가 그는 주가조작도 서슴지 않았는데, 가격을 부풀린 다음 순진한 일반 투자자들에게 떠넘기는 것이 그 대표적인 방법 중 하나였다.

전쟁이 발발하기 전의 프랑스가 바로 그러한 쓰레기통 역할을 맡았다. 온갖 미심쩍은 유가증권들이 프랑스로 쏟아져 들어갔다. 이를테면 폐쇄된 광산주식, 말라버린 유정주식, 휴지조각을 변하기 직전의 국채 등이 그렇다. 이런 와중에 무자비한 금융자본가들이 엄청난 수익을 챙겼는데, '흡혈귀'도 그중 하나였다.

그가 사용한 방법은 의외로 간단했다. 예를 들어 런던의 한 금융회사가 특정 광산주식을 파리에서 처분하려 한다고 가정해보자. 그는 먼저 해당 주식 30만 주를 저렴한 가격(이를테면 주당 20실링)에 사들인 다음, 계속하여 10만 주 단위로 가격을 2실링씩 올리면서 옵션계약을 맺어나갔다. 그리고는 런던 증권거래소에서 동일한 주식을 조금씩 사들이면서 일부러 요란을 떨었다. 해당 금융회사로부터 당분간 추가매물을 시장에 내놓지 않겠다는 약속을 받아놓은 터라

손쉽게 시세를 끌어올릴 수 있었다.

시세가 주당 50실링으로 치솟을 즈음 '흡혈귀'는 해당 주식을 파리 증권거래소에 유통시켰다. 유비통신과 언론매체, 그리고 여러 은행들의 도움을 받아 그가 보유한 주식 전량이 프랑스 일반 대중의 수중으로 고스란히 떠넘겨지게 된 것이다. 주가는 당연히 급전 직하하였으며, 좀 과장하여 표현하자면 종종 휴지조각으로 변하기도 했다. 그리고 그 손실은 고스란히 일반 대중들의 몫이었다. 레종 도뇌르 훈장 소지자라는 명예를 얻기 불과 얼마 전 그가 사망했을 때, 스위스의 여러 은행에 1억 5천만 달러에 달하는 거액이 빅토르 리옹의 명의로 맡겨져 있었다고 한다.

불과 몇 년 전에 나는 우연히 '흡혈귀'와 관련한 아주 재미있는 일화를 듣게 되었다. 드골 정부에서 내무장관을 지낸바 있는 에밀 펠레티에Emile Pelletier의 말에 의하면, 그가 파리 시장으로 재임하던 시절 '흡혈귀'가 직무실로 찾아와 한 가지 특이한 제안을 했다고 했다. 수집해놓은 값비싼 미술품들을 파리 시에 기증할 테니 파리의 도로 하나에 자기 이름을 붙여달라는 것이었다(물론 '흡혈귀'라는 이름의 거리가 아니라 온전한 이름을 딴 거리를 원했을 것이다).

우리는 정중하지만 단호한 어조로 거절하는 펠리티에 파리 시장의 모습을 상상할 수 있다. 파리의 도로에 생존한 인물의 이름을 붙인 전례가 전무하다는 게 그 이유였다(심지어 드골 장군조차 그런 영예는 누리지 못했다). 천민자본가가 성공하면 어느 정도로까지 철면피가 될 수 있는지를 제대로 보여주는 대목이다. 이런 부류의 사람들은 자신이 흡혈귀로 불리든 고리대금업자로 불리든 전혀 개의치 않는다.

수많은 사람들을 파산시킨 대가로 자가용 비행기까지 갖춘 화려한 대저택에서 떵떵거리며 사는 졸부들의 끝간 데 모르는 저 명예욕이라니! 정말 구역질이 난다. 이런 부류의 자산가들에게 스캔들이나 경찰의 감시망을 따돌리는 일 따위는 그야말로 식은 죽 먹기나 다름없다.

이성적 판단으로 투자를 하는 이른바 '지적인 부류' 이외에도 심리적인 약세장 투자자들도 있다. 이 부류에 속하는 사람들은 특정 주식이 지나치게 높게 평가되고 있는지 아니면 지나치게 낮게 평가되고 있는지 등에 관해 단순히 알지 못하는 정도를 넘어 아예 관심조차 없다. 시세하락을 예상하여 투자를 하겠다는 결정(이를 테면 주머니 속에 든 '현금'에 대한 지나친 집착과 같은)도 순전히 개인적이고 심리적인 이유에서다. 여담이지만 위장이 안 좋아 늘 기분이 우울한 사람은 결코 강세장 투자자가 될 수 없다.

증권거래소에서 직원으로 근무하던 시절 나의 첫 번째 고객 또한 비슷한 부류의 '정신신체상관적psychosomatic'인 약세장 투자자였다. 내 부친의 친구였던 구스타프 호프만 씨는 은행가로 자처했지만, 내가 보기에는 자기자신이 그의 유일한 고객이었다. 그는 철저한 약세장 투자자였다. 어느 날 호프만 씨가 파리를 방문했을 때, 그를 증권거래소로 데리고 가서 이것저것 설명해준 적이 있다. 당시 주가는 매우 안정적이었다. 그러다가 갑자기 특정 주식의 시세를 묻길래 대답해주었더니 그가 속사포처럼 이렇게 말했다. "너무 높아! 말도 안 되는 엉터리 시세다."

그와 관련하여 다음과 같은 일화도 있다. 부다페스트 주식시장은 다시 엄청난 활황을 맞고 있었다. 거의 전 종목의 시세가 연일 가파르게 상승했다. 그런 와중에 한 동료가 증권거래소의 한 켠에 서 있는 그를 발견하곤 약간 놀리는 투로 이렇게 물었다(물론 그가 약세장 투자자라는 것은 누구나 다 아는 사실이었다).

"저 젊은이들이 강세장에서 얼마나 번다고 생각하십니까?"

호프만은 그를 잠깐 물끄러미 쳐다보더니 갑자기 목에 힘을 주면서 이렇게 대답했다.

"그것은 전혀 생각할 거리가 못되네. 어차피 그 돈은 내게 돌아오기로 되어 있으니까 말이야. 저 젊은이들이 터뜨리는 샴페인과 여자들에게 쓰는 돈만 내가 잃고 있는 셈이지."

물질적인 이해관계 때문에 황소와 곰은 결코 같은 편이 될 수 없다. 하지만 승패를 가름하는 것은 힘의 강약이 아니라 예측이 불가능한 정치적, 경제적, 심리적 요인들이다.

강세장 투자자들은 시세가 하락할 것이라고는 상상조차 하지 않는다. 그들에게 시세상승은 너무나 당연하고 정상적인 일인 반면에 시세하락은 불가능한 일이다. 그럼에도 그들은 주가가 떨어질 때 입는 손실보다 주가가 오를 때 기회를 놓친 수익 때문에 더 괴로워한다. 반대로 약세장 투자자들은 거의 병적으로 고통(당연히 남의 고통)에 탐닉한다. 그도 그럴 것이 시세폭락으로 다른 사람들이 가능한 한 큰 손실을 입어야 더 많은 돈을 벌 수 있기 때문이다. 반면에 강세장 투자자들은 기업들이 성장하면서 주가가 오르면 그 덕분에 돈을 벌기에 다른 사람들에게 전혀 해를 끼치지 않는다. 약세장 투자자들은 다수의 다른 사람들이 고통으로 신음할 때 환호성을 지를 수밖에 없다. 내 경험으로 비춰볼 때 주식투자자의 5%만 이 부류에 속하기 때문이다.

이른바 올빼미 족들은 황소나 곰이 무슨 짓을 하든 전혀 개의치 않는다. 이들은 자신들이 구축한 세계에서만 살아가는, 말하자면 이론적 투자자들이다. 이 부류의 사람들은 단지 머리속으로만 사고 판다. 단지 머리속으로만 수익과 손실을 계산할 뿐이어서 현실의 지갑 속은 전혀 변화가 없다. 하지만 이들도 이론적으로 돈을 벌 경우 행복감을 느낀다.

또 주말 투자자들이 있다. 이들은 일반 투자자들이 분명 월요일에는 새로운 기분으로 증시를 바라볼 것이라는 판단으로 시세가 고정되기 직전인 금요일 오후에 주식을 사들인다. 하지만 나는 이런 부류의 사람들 중 백만장자가 된 경우를 본 적이 없다.

마지막으로 증권가 은어로 '축축한 발feuchte Fuesse'이라고 불리는, 파산기업들의 주식만 골라 투자하는 사람들이 있다. 이들은 기적이 일어날 수 있다고 믿는다. 물론 가끔은 그런 일이 일어나기도 한다. 하지만 이런 주식들은 대개 장식용으로만 제격일 뿐이다.

| 잘난체하는 사람들

"나는 고발한다!"[45] 일반 예금주들을 우롱하고 대중, 상인들, 기업가들을 혼란에 빠뜨리는 이른바 국민경제학자들을 나는 규탄한다. 그들의 국민경제란 지식Wissen이 만들어내는schafft 것을 헛되이 추구하는 학문Wissenschaft에 다름 아니다.

그들이 내세우는 모호하고 불투명한 이론들을 반박하기 위해서는 날카로운 논리와 깊은 사고가 필요한데, 이를 제대로 해낼 능력을 갖춘 사람은 그리 많지 않다. 내가 늘 주장해오듯이 "절반의 진실은 완전한 거짓말이다", 그리고 이 말은 특히 경제 및 금융과 관련하여 유용하다. 왜냐하면 전문가들은 반드시 인용해야 할 통계수치들의 절반밖에 인용하지 않기 때문이다(미국의 재정적자 및 무역수지적자, 국민소득 대비 국민저축률 등).

따라서 경제학자들은 '휘황찬란한' 학위를 소지했음에도 불구하고 두 눈을 가린 채 싸우는 검투사들과 다름없다. 그들의 통계는 엉터리이기 일쑤다. 그들은 통계수치의 배후에 감춰진 의미를 전혀 깨닫지 못한다. 그들은 단지 계산만 할 뿐 생각은 하지 않는다. 그들은 책을 통해 배울 수 있는 모든 것들은 알지만 종합적인 사고와는 거리가 멀다. 사회에 첫발을 내딛는 경제학자들은 하나 같이 100% 확실한 경제전망이 가능하다는 착각에 빠져 있다.

전 세계 매스컴에서 경제학 교수들과 직업적인 경제학자들이 경제예측에 완전히 실패했다는 기사를 연일 보도했다. 1987년의 저 유명한 금융사태 이후, 워싱턴에 모인 전 세계 33인의 경제학 교수들은 심도 있는 논의를 거친 다음 세계경제에 대해 암울하고 비관적인 전망을 내놓았다. 당시에 나는 이들을 두고 짧지만 의미심장

---

45 프랑스 작가 에밀 졸라가 일간지 〈여명L' Aurore〉에 유대인 드레퓌스 대위의 무죄를 주장하는 글을 기고했는데, 그 글의 제목이다.

한 말을 했다.

"33명의 교수님들, 참으로 대단한 양반들이긴 하지요. 하지만 당신들이 졌소!"

그리고 어떤 일이 일어났을까? 그들의 순진한 예상과는 정반대의 상황이 전개되었다. 오늘날 중앙은행들은 인플레이션을 불러올지도 모른다는 염려에서 경제적 호황에 제동을 걸어야 하는 지경까지 이르렀다. 이처럼 크나큰 과오를 쉽게 용서할 수는 없는 법이다.

그렇다고 내가 교수들을 무조건 폄하하려는 것은 결코 아니다. 내게 알파벳, 덧셈과 뺄셈, 그리고 외국어를 가르쳐준 것에 대해서는 감사하기 이를 데 없다. 단지 경제나 증권시세를 분석하고 전망하는 일에는 그들이 전혀 어울리지 않다는 말이다. 그들의 이론을 따르느니 차라리 점성술가나 점쟁이의 말을 듣는 게 더 낫겠다는 생각이 들 정도다. 나는 프랑스 역사상 가장 명석한 사상가 중 한 사람인 몽테뉴의 다음 명언을 늘 마음에 새겨두고 있다.

"나는 교황의 권위에 의거한다는 비뚤어진 장광설에 내 아들을 맡기느니, 차라리 그가 시장 선술집에서 말을 배우게 하겠다."

그렇다면 특히 독일에서 그처럼 많은 젊은이들이 굳이 경제학을 전공하는 이유는 무엇일까? 이유는 간단하다. 명함에 두꺼운 고딕체로 경제학 박사라고 새겨넣을 필요가 있기 때문일 것이다. 언제부터인가 대형 기업들과 은행들은 마치 문맹이 아니라는 증거를 제시하는 듯 경제학 전공 지원자들을 선호해왔다. 가장 흔한 것이 경제학 박사학위로, 아마 공학 박사학위보다는 취득하기가 한결 쉬울 것이다. 조금 과장해서 표현하자면 골머리를 썩힐 필요도 없이 몇 권의 전공서적을 달달 외우기만 하면 그만이다. 경제학 박사학위 소지자가 양산되는 것에는 이런 이유도 한몫을 한다. 전도유망한 젊은이들을 수년 동안 별 필요도 없는 공부에 매달리게 하는 경제학을 학문이라고 지칭하는 것 자체가 나로서는 못마땅하다. 더군다나 경제학에서 배우는 얄팍한 지식마저도 채 1년도 못 가 낡은 것으로 치부되는 상황에서 더 이상 무슨 말이 필요하랴.

유독 나만 이런 생각을 갖고 있는 것은 아니다. 직원이 400명이나 되는, 파리 증권시장에서 두 번째로 큰 신탁회사도 경제학 전공자는 채용하지 않는다. 이유인즉슨 그들은 눈가리개를 하고 살며, 거시적으로 생각하지 못하고, 괜히 아는 척하는 사람이라는 것이다. 증권거래소에서 우연히 만난 거래인과 한두 마디만 나눠보면, 아무리 똑똑한 척해도 그가 경제학을 전공했는지 아닌지를 나는 금방 알 수 있다. 경제학을 전공한 사람은 대부분 헤어나지 못하는 그들 특유의 코르셋에 꽉 끼인 상태로 분석과 논평을 하기 마련이다.

미국의 유명 정치인이자 한때 대통령 후보로까지 거론된 바 있는 앨 스미스Alfred Smith가 뉴욕 주지사 재임 시절 공개석상에서 한 일종의 고해성사는 너무나 솔직하고도 긴 여운을 남기는 말이었다. 한 대중집회에서 누군가가 출신 대학이 어딘지를 물어오자 그가 이렇게 대답했다고 한다.

"저 말입니까? 뉴욕시티 생선시장 출신입니다!"

약 1억 달러의 유산을 남기고 사망한 내 친구이자 경제학 교수였던 알버트 한Albert Hahn은 자신의 투자철학을 다음과 같이 짧지만 의미심장하게 요약했다.

"나는 내가 교수로서 학생들에게 가르쳐주었던 내 자신만의 어리석은 지식 따위는 전혀 안중에 두지 않습니다!"

하지만 안타깝게도 1990년도 노벨상 선정위원들은 이 말을 귀담아 듣지 않았음에 분명하다. 그와는 정반대로 그들은 강단 이론가들의 우스꽝스런 이론에 높은 점수를 주고 3명의 경제학 교수를 수상자로 선택했다. 특히 "포트폴리오-분석 분야에서 이룩한 획기적인 업적"이 스웨덴 학술원이 내세운 선정 이유였다.

3명의 교수가 연구했다는 획기적인 논제란 과연 어떤 것들이었을까? 그중 한 논제에 의하면 "개인 투자자들의 투자결정에 중요한 역할을 하는 두 가지 요인은 기대되는 연수익률과 위험부담이다"라고 한다. 천만에! 전혀 근거가 없는 주장이다. 또 다른 논제에 의하면 만약 "어떤 투자자가 위험률이 높은 종목을 선택하는 경우라면 연수익률 또한 그만큼 높게 책정되어야 한다"고 한다. 뿐만 아니라 기대되는 포트폴리오-연수익은 "기대되는 개별 투자의 연수익 평균치와" 일치해야 한다는 주장 또한 이에 못지 않게 '획기적'이다. 이를테면 A주식과 B주식에서 각각 10%와 20%의 수익이 기대된다면, 기대되는 포트폴리오-수익률은 15%가 되어야 한다는 것이다. 이 얼마나 정교한 계산법인가!

황당함의 극치는 투자 포트폴리오의 전체 위험률을 낮추면서 동시에 유가상승으로 고전하고 있는 특정 회사의 주식을 보유하려면, 유가상승으로 수익을 얻고 있는 회사의 주식을 추가로 사들여야 한다는 논리다. 이런 식의 논리가 창의적 발상이라면 지나가던 개가 다 웃을 일이다. 왜냐하면 증권거래소 사환이라도 이 정도는 알고 있을 터이니 말이다. 기껏해야 유치원에서 경제 놀이를 할 때 사용됨 직한 이론들을 두고 노벨상까지 수여한다는 것은 호모 사피엔스에 대한 모독이 아닌가 하는 생각마저 든다. 스웨덴 학술원 위원들은 아마 유가증권이나 증권거래에 대해 잘 몰랐던 게 분명하다. 그렇지 않다면 이처럼 뻔한 상투어들을 내세워 스스로를 웃음거리로 만들지는 않았을 테니 말이다.

독설에 가까운 나의 신랄한 비판에 뻔뻔하다거나 거만하다는 인상을 받는 독자도 적지 않을 것이다. 하지만 내 나이쯤 되면 남의 비난이나 칭찬 따위에 연연하지 않게 되어서 과감히 진실을 말할 수 있는 호사를 누릴 수 있는 것이다.

노벨상 선정위원들은 100년 전부터 포트폴리오 및 유가증권을 분석한 수많은 명저들이 출간되어 왔다는 사실을 정녕 몰랐던 것일까? 이 분야의 최고 권위자로는 1920년대에서 1960년대 초까지 활동한 영국인 투자상담자 메이저 앵거스Major Angas를 꼽을 수 있는데, 그의 책은 개정을 거듭하며 세계적인 베스트셀러가 되었다. 이 외에도 무수한 작가들이 노벨상을 받을 만한 자격을 갖췄다(필요한 경우에는 심지어 나 같은 사람도). 그렇다면 일약 '귀족 신분으로 격상한' 3명의 교수들 밑에서 공부한 제자들과 전문가들은 그들의 사탕발림 이론으로 과연 실제 투자전쟁에서 성공을 거둘까? 천만에 말씀이다. 그들의 이론을 좇느니 차라리 점성술사를 찾아가는 게 더 나을 것 같다.

한 나이 많은 주식투자자의 분석이 내게는 훨씬 더 유익해 보인다. 65년 전에 그는 내게 다음의 훌륭한 조언을 해준 바 있다.

"모든 것은 주식의 양보다 바보들의 머릿수가 많냐 적냐에 달려 있다." 물론 이 말은 독일은행의 훌륭한 노신사 압스^Abs 씨의 좌우명이기도 했다.

이 대목에서 언젠가 한 숙녀가 내게 들려준 재미있는 일화가 떠오른다. 그녀의 아버지가 직접 목격한 이야기라고 한다.

아인슈타인 박사가 학생들 앞에서 강의를 하고 있었다. 강의 중에 한 학생이 손을 들어 상대성이론을 초심자들도 이해할 수 있게 쉽고 간단하게 설명해달라고 요구했다. 그러자 그는 이렇게 대답했다.

"내가 뜨거운 난로뚜껑 위에 3분 동안 앉아 있다고 가정해봅시다. 아마도 그 짧은 시간이 내게는 30분처럼 느껴질 것입니다. 반대로 내가 예쁜 아가씨의 무릎 위에 30분 동안 앉아 있다면 그 시간이 내게는 3분처럼 느껴질 것입니다."

학생들은 깔깔대며 웃었다. 그런데 어디에선가 누군가의 귓속말이 들려왔다.

"그러면 그 때문에 노벨상을 받았단 말인가…?"

| 엉터리 예언자들

일간지에 실리는 증권시황 분석기사들을 접할 때마다 그 황당함에 나는 코웃음밖에 나오지 않는다. 예를 들어보자.

"오늘의 증시는 비관론자들이 앞으로의 전개 상황을 희망적으로 보지 않음으로써 약세로 마감했다. 시세가 더 하락할 것이라는 기대심리에서 매수자들은 소극적인 태도로 일관했다. 따라서 비관적인 분위기와 매도세력의 압박으로 인해 주가는 떨어질 수밖에 없었다."

장황한 설명 가운데 "증시가 약세로 마감했다"는 단 세 마디만 중요할 뿐, 나머지 말들은 너무나 당연해서 더 이상 읽어볼 필요도 없다. 왜냐하면 '약세'라는 말 속에 이미 모든 것이 포함되어 있기 때문이다. 물론 약보합세, 약세, 초약세 등과 같은 표현들은 얼핏 비슷하게 들리지만 미묘한 차이점이 있다.

심지어는 증권가에서 시황분석의 대가로 통하는 사람들조차도 이와 유사한 형태의 조잡한 논평을 내놓기 일쑤다. 내가 볼 때 한심하기 이를 데 없는 작태다. 그 대표적인 인물이 메릴린치 사의 수석 투자 자문관이자 월스트리트의 유명한 예언자인 로버트 패렐Robert Farrell이다. 그는 어느 기술적 증시분석에서 이렇게 말했다.

"증시가 주기적인 정점에 도달하면 갑자기 하락세로 돌아서서 급락할 수 있다. 하지만 상승세가 계속 이어지면서 전혀 예상치 못한 정도로까지 가격이 치솟을 가능성도 있다."

그야말로 유치한 수준의 논평이다. 이를테면 "두엄 위에서 수탉이 울면 날씨가 바뀌고, 그러지 않으면 날씨도 그대로다"라는 식으로 일기예보를 하는 것과 전혀 다를 게 없다.

이 대목에서 갑자기 모건J. P. Morgan의 말이 떠오른다. 1907년의 월스트리트 금융대란 시기에 한 저널리스트가 향후 경제전망에 관해 물어오자 그는 짧지만 의미심장하게 대답했다고 한다. "증시는 요동칠 겁니다." 물론 농담조로 한 말이었다. 나였다면 거기에 파리 시의 상징인 범선에 새겨져 있는 "흔들릴지라도 가라앉지는 않는다

Fluctuat nec mergitur"라는 글귀를 추가했을 것이다. 프랑크푸르트의 유대인 딜러들이 한 번은 퓌어스의 유대인 랍비에게 주식시장에서 앞으로 어떻게 처신해야 좋겠느냐고 물었다. 그의 대답은 "Kaufe(사라) nicht(아니다) verkaufen(팔아라)!"였다. 여기에 쉼표를 붙여보면 "사지 말고 팔아라!" 혹은 "팔지 말고 사라!"가 된다. 오직 이 말만이 증시와 관련해 틀리지 않는 조언일 것이다.

증시 예측 분야에서 가장 큰 유명세를 탄 인물 중 하나인 로버트 프레히터Robert Prechter의 허풍보다 나를 더 짜증나게 하는 것도 없다. 그는 증권가 소식지와 저서를 활용하여 자신이 개발했다는 이른바 '엘리어트 파동이론Elliott Wellen Theorie'을 퍼뜨리고 있다. 내가 볼 때 그것은 커피얼룩으로 치는 점에 불과하다. 그는 주식을 공매도 하라고 부추긴다. 주가는 반드시 오르기 마련이며, 어느 정도 수준에 이르면 현금화하는 게 상책이라는 것이다. 로버트 프레히터Robert Prechter는 수년 전부터 이런 식의 투자를 거의 강요하다시피 반복적으로 권유해왔으며, 그의 달콤한 속삭임에 넘어간 독자들은 영문도 모른 채 야금야금 돈을 날릴 수밖에 없었다.

조 그랑빌Joe Granville 또한 쉽게 잊을 수 없는 사람이다(불과 얼마 전까지만 해도 그는 독일에서만 수천 명의 추종자들을 이끌었다). 약 10년 전에 그는 다우존스 지수가 700포인트인 시점에서 자신의 분석결과 곧 400포인트로 하락할 것이라는 주장과 함께 약세장 투자를 부추겼다. 당시만 해도 그의 말이 얼마나 권위가 있었던지 연금을 받아 생활하는 할머니들까지 그 대열에 합류했다. 그러나 예측은 완전히 빗나갔다. 다우존스 지수가 400포인트로 떨어지기는커녕 정반대로

3000포인트 이상까지 치솟았던 것이다. 조 그랑빌은 단 한 번 다우존스 지수가 30포인트 하락할 것이라고 예견해서 맞춘 적이 있는데, 그 후로 심지어 스스로를 노벨 경제학상 수상자 감이라고 떠벌리고 다니기도 했다. 인간의 어리석음과 뻔뻔스러움의 한계는 도대체 어디까지일까?

이 외에도 독일에는 스스로 증권거래소의 거물이라고 칭하는 쿠르트 올리그뮐러Kurt Oligmueller라는 특이한 인물이 있었다. 그는 자신이 고안한 황금분할 이론Theorie des goldenen Schnitts을 적용하면 앞으로의 증권시세를 100% 정확히 계산해낼 수 있다고 허풍을 쳤다. 하지만 그의 이론은 유감스럽게도 비극으로 끝이 났다. 아내를 권총으로 쏘아 죽이고 자신도 자살하고 만 것이다. 나중에 들은 바로는 시카고 주가지수 선물시장에서 조 그랑빌이 예견한 증권시장 하락세에 거액을 투자하여 실패했고, 그 결과 전 재산과 모든 고객을 동시에 잃어버렸다고 한다.

또 연방준비은행이 결정한 사항들을 미리 알아내 그것을 마치 자신의 천재적인 예견인양 떠들썩하게 선전하며 돌아다닌, 이른바 이자율 예언의 대가 헨리 카우프만Henry Kaufmann을 언급하지 않을 수 없다. 사실 그 정도는 사환이라도 할 수 있는 일이었다. 그럼에도 월스트리트의 유명한 투자은행 살로먼브라더스Salomon Brothers는 채권시장의 흐름을 장악하기 위해 거금을 들여 그를 홍보사절로 영입했다. 오늘날 그가 이미 잊혀진 사람이라는 것은 그나마 다행이다. 하지만 엉터리 예언을 믿고 투자했다가 큰돈을 날린 수많은 사람들은 그를 결코 잊지 못할 것이다. 그의 인기와 권위가 얼마나 대단했던지 당시에 독일 연방은행에서 그에게 자문을 의뢰할 정도였다.

증시와 관련한 예상은 모두 그 적중률이 50%다. 이는 상승세와 하락세, 오름과 내림이라는 두 방향의 흐름밖에 존재하지 않기 때문이다. 자칭 이 분야의 대가라는 작자들이 컴퓨터의 도움으로 향후 증시의 흐름을 계산할 때 기준으로 삼는다는 필수요인들과 관련하여 나는 늘 다음의 질문을 떠올린다.

"길이가 20m, 너비가 4m, 깊이가 4m일 경우, 그 배를 운행하는 선장의 나이는 과연 몇 살일까?"

물론 컴퓨터로 정확한 답을 계산해놓았다. 하지만 그 답을 공개할 수 없다. 그건 혹시나 선장이 기분 나빠할지도 모르기 때문이다.

내 경력의 산 증인인
세 장의 오래된 문서

Kostolanys beste
Geldgeschichten

    몇 달 전 나는 지하창고를 정리하면서 1938년산 파이퍼 하이직 샴페인 12병을 찾아냈다. 하지만 유감스럽게도 거기에는 샴페인 대신 마데라에서 생산된 포도주가 들어 있었는데, 맛을 보니 아직 먹을 만했다. 그리고 4권의 책과 개인적인 물품들 사이에 서류가 가득 담긴 봉투 하나가 끼어 있었다. 나는 서류들을 한 장씩 꼼꼼히 훑어보았다. 그 와중에 내 인생행로에서 아주 중요한 순간들과 밀접한 관계가 있는 세 장의 흥미로운 문서와 마주쳤다.

    세 장의 문서는 말하자면 한 전문 투자자의 삶에 대한 살아 있는 증인이었다. 첫 번째 문서에는 1929년이라는 소인이 찍혀 있었는데, 당시 23살의 혈기왕성한 청년이었던 나는 증권투자자로 활동하며 이미 많은 돈을 벌어놓은 상태였다. 그 문서는 다름 아닌 생명보험증서로, 23살의 젊은 나이에 내가 30년 만기로 생명보험을 들었다는 것을 보여주고 있었다. 보험금액은 1만 달러였으며, 프랑스 프랑화와 달러화로 절반씩 분할하여 수령한다고 명시되어 있었다.

1929년도 당시에 1만 달러는 오늘날의 구매력으로 환산하면 약 40만 달러에 해당하는 거액이다. 그 문서는 당시 내가 투자로 엄청난 수익을 올렸다는 것과 더불어, 약간이나마 돈을 저축해두려는 마음을 먹었다는 것을 알려준다. 그때의 나는 건강한 청년이었고 부모님도 유복하게 살았으므로, 생명보험은 억지로라도 저축하려는 수단의 한 가지로 해석될 수밖에 없었다. 나는 매달 무조건 일정한 액수의 돈을 보험료 형식으로 저축해야 했으며, 만기일까지 살아 있을 경우 30년 후에는 약정한 금액을 고스란히 돌려받게 될 터였다. 앞날이 창창한 23살 청년이 만년의 생활을 걱정하여 저축할 생각까지 했던 것이다. 그 말은 곧 증권시장에서는 언제, 어떤 상황이 전개될지 아무도 모른다는 것을 의미했다.

하지만 그보다 더 흥미로운 것은 보험회사에서 증서와 함께 보내온 한 장의 편지(《서류 01》)로, 그 내용은 다음과 같았다.

"귀하의 특별한 요청을 받아들여 예외적으로 본 회사는 지금부터 향후 10년 동안에 자살의 경우에도 이 계약이 온전히 유효하다는 사실을 보증합니다."

젊은 나이에 생명보험에 가입했고, 그것도 모자라 자살조항까지 예외로 설정했다는 사실을 알고는 내 스스로도 깜짝 놀랐다. 자살이란 전 재산을 날리고 살아갈 희망이 전혀 보이지 않을 때 택하는 최후의 탈출구가 아니던가!

실제로도 그로부터 5년 후 나는 자살까지 생각하게 되었다. 그 이유를 설명해주는 것이 바로 두 번째 문서다(《서류 02》). 1934년 초에 나는 파리 법원으로부터 계고장을 받았다. 같은 해 2월 26일까지 내가 진 빚을 갚지 않을 경우 가구 일체를 경매에 붙이겠다는 일종의 최후통첩이었다. 대문에 차압딱지가 붙으면서 현실이 피부로 느껴졌다. 나는 4년 동안 성공가도를 달리다가 단번에 알거지 신세로 전락하고 만 것이다. 이유는 간단했다. 투자에 실패했던 것이다. 1932~1933년에 특히 고전을 면치 못했다. 당시 나는 시세하락을 겨냥하여 거액을 투자했지만 예상과는 달리 증시가 계속 치솟아 전 재산을 날리고 빚더미 위에 앉았다. 그래도 불행 중 다행이랄까, 제때 빚을 대신 갚아준 한 동료의 도움(우리 투자자들끼리는 끈끈한 유대감이 형성되어 있다)으로 가구만은 건질 수 있었다.

파산할 경우 증권투자자는 어떻게 해야 할까? 당연히 일을 해야 한다. 그래서 나도 잠시 중개인으로 취직했다. 투자자로서의 독립적인 생활을 포기하고 수수료를 챙기기 위한 노동 일선에 나선 것이다. 하지만 나는 곧 원래 상태를 회복했다. 아니 이전보다 훨씬 더 부자가 되었다는 표현이 적절할 듯하다. 그로부터 3년 후인 1936년에 세 번째 문서가 입증하듯이 15만 프랑이 넘는 수익을 올렸다(《서류 03》). 약 1만 2천 미국달러에 해당하는 액수로 오늘날의 구매력으로 환산하면 족히 20배가 넘는, 약 25만 달러에 달하는 거금이었다.

이것은 증권투자자라면 누구나 겪을 수 있는 일이다. 여기서 얻을 수 있는 한 가지 교훈이라면, 증권투자자는 오뚝이가 되어야 한다는 것이다. 가진 것을 다 잃었더라도 거기에 굴하지 말고 노동을 통해 재기의 발판을 마련해야 한다는 뜻이다.

어쨌든 나는 곧 더 이상 중개인으로 일할 필요가 없어졌다. 그 이후 지금까지 자유롭고 독립적인 투자자로 생활해오고 있다. 하지만 그때 길들여진 노동에 대한 미련은 아직도 버리지 못하고 있다. 나는 현재 열심히 강의하고 연설하고 글을 쓰고 토론회에 참석하고 있으며, 숨을 쉬고 있는 한 이런 일을 계속 해나갈 것이다. 물론 내가 하는 일들이 노동에 속하는지 아닌지는 전적으로 독자들이 판단할 문제지만 말이다.

헝가리 출신의 위대한 소설가이자 극작가인 프란츠 몰나르Franz Molnar에 관한 재미있는 일화가 있다. 한때 오스트리아 출신의 유명한 연출가 막스 라인하르트Max Reinhardt와 함께 일하기도 했던 프란츠 몰나르의 아내 릴리 다바스Lili Darvas가 새로 고용한 하녀에게 다음과 같이 지시했다.

"청소할 때 선생님께 방해가 되지 않도록 조심해주세요. 작업실에는 절대 들어가지 말아요. 일하고 계시거든요."

다음 날 하녀가 그녀에게 쪼르르 달려와 약간 화난 목소리로 이렇게 말했다.

"마님, 드릴 말씀이 있습니다. 우연히 주인님의 작업실을 들여다보게 되었는데, 주인님은 일을 하는 게 아니었어요. 글을 쓰고 있다니까요!"

Compagnie d'Assurances Générales
SUR LA VIE
Entreprise privée assujettie au Contrôle de l'État
PRIMITIVEMENT AUTORISÉE PAR ORDONNANCE DU 22 DÉCEMBRE 1819
N° D'IMMATRICULATION AU REGISTRE DU COMMERCE SEINE 38.608

Paris, le 21 SEPTEMBRE 19 29,

Monsieur André KOSTOLANGI,
50, rue de Monceau à P A R I S .

Monsieur,

En réponse à la demande que vous nous avez adressée
par l'intermédiaire de Monsieur HOUSSAY, notre représentant à
Versailles, relative au contrat d'assurance mixte que vous avez
souscrit, sous le N° 584.453, nous avons l'honneur de vous
informer, qu'à titre tout à fait exceptionnel, nous consentirons
à couvrir le risque de suicide, conscient ou non, après deux
ans de durée du contrat .

Veuillez agréer, Monsieur, l'assurance de notre
considération distinguée .

Pour la Compagnie :

Le Directeur Général,

292

SIGNIFICATION DE VENTE

L'An mil neuf cent trente **quatre LE SEPT MARS**
À la requête de **la Maison V. FRONNUN BINGEN RHEIN
SAARKELLEREIEN G.M.B.A. Société à responsabilité
limitée dont le siège est à BINGEN/RHEIN (Alle-
magne) poursuites et diligences de ses Gérants
demeurant audit siège**

Élisant domicile en mon Étude

J'ai, René DUQUENNE, Huissier près le Tribunal Civil de la Seine,
Audiencier à la Cour d'appel, demeurant à Paris, 40, Rue des Jeûneurs,
soussigné

Signifié et déclaré à **Monsieur KOSTOLANY**

René DUQUENNE
HUISSIER
40, Rue des Jeûneurs, 40
PARIS

demeurant à **PARIS 50 Rue de Monceau**

Que le **dix neuf** Mars 19**34**, à
toutes heures du jour il sera procédé au récolement des meubles et effets saisis
sur **lui**
par procès-verbal de **moi** Huissier,
à **PARIS** en date du **vingt six
Février 1934, enregistré** et ensuite à la vente d'iceux
aux enchères publiques **PARIS Rue Rossini Hôtel des Ventes**
à toutes heures du jour

Sommant l **e** susnommé de s'y trouver si bon l **ui**
semble avec déclaration qu'il y sera procédé tant en absence que
présence

Le présent acte a été notifié **au sus nommé en parlant à une
personne à son service ainsi déclaré**

sous enveloppe fermée ne portant d'autre indication, d'un côté, que les nom
et demeure de la partie, et de l'autre, que le cachet de mon Étude apposé sur
la fermeture du pli, par clerc assermenté dont les mentions seront visées
par moi sur l'original le tout conformément à la loi.

Coût : *quarante jours 22 cent*
y compris *1* feuill*e* de papier spécial dont le montant est de *4,30*

DÉCLARATION
Pour l'Impôt Général de 1937 sur le Revenu de 1936

Département : *Seine*

COMMUNE OU VILLE :

Modèle B

Timbre à date du Contrôle

I. — IDENTITÉ ET ADRESSE DU DÉCLARANT

NOM *Kozlofany* Prénoms : *Andre*
(Soulignez le prénom usuel.)

Nationalité : *Hongrois*

Adresse actuelle : *50 Rue de Monceau Paris*

Adresse où a été souscrite la déclaration précédente :

II. — SITUATION DE FAMILLE

Date et lieu de naissance *9 février 1906 Budapest* Etes-vous célibataire ? *Oui*

Etes-vous marié ? _____ Nom de famille de votre femme _____ Date et lieu du mariage _____

Etes-vous veuf ? _____ Date et lieu du décès de votre conjoint _____

Etes-vous divorcé ? _____ Date et lieu de votre divorce _____

Si tous vos enfants sont décédés indiquez-le ci-contre _____

Si vous êtes titulaire d'une pension militaire d'invalidité, indiquez ci-contre le degré d'invalidité reconnu : _____ pour cent

6) Traitements, Indemnités, Émoluments, Salaires, Pensions et Rentes Viagères.

Colonne réservée au Contrôleur.

Professions exercées. Noms et adresses des employeurs.

Mari *Premier Bourse des Valeurs chez A. Duguel agent de change. D'Epernay. Muller odont et A. Joghe. Banquier en Valeurs*

Femme,

Enfants,

		Par vous.	Par votre femme.	Par vos enfants.
APPOINTEMENTS BRUTS :	a) Sommes touchées en espèces l'année dernière, défalcation faite des retenues effectuées par l'employeur (retraite, assurances sociales, prélèvements)...	94666 15		
	b) Avantages en nature : (logement, nourriture, chauffage, etc...)	94666 15		
	Total des appointements bruts...			
Déduire les versements effectués par le salarié lui-même pour la constitution de pensions ou de retraite à capital aliéné...				
	Reste...			
Déduire en outre les frais professionnels (10 %, de la somme qui précède avec maximum de 20.000 francs, ou montant des frais réels, s'ils excèdent le forfait de 10 p. 100)...		52500		
	Reste : Traitement net...	94166 15		
PENSIONS et RENTES VIAGÈRES...				
	Total des traitements nets et des pensions...			
Déduire, impôts de l'année précédente sur les salaires et pensions (ligne 6 de l'avertissement)...	art. _ du rôle N° *40400*	4791	»	»
	art. _ du rôle N°		»	»
	art. _ du rôle N°		»	»
	Montant net...			
	TOTAL GÉNÉRAL à inscrire page 4...	94375 15		

7) Professions non commerciales. — Charges et Offices. — Revenus n'entrant pas dans une des six catégories ci-dessus.

Professions exercées. Adresses des exploitations.
par vous *Néant*
par votre femme
par vos enfants

	pour votre exploitation	ou celle de votre femme	pour celle de vos enfants
Recettes...			
Dépenses...			
Bénéfice net (Différence)...			
TOTAL à inscrire page 4...			

바보들이 없다면
세상이 어떻게 되겠는가

Kostolanys beste
Geldgeschichten

증권거래소도 중독성이 있다. 이곳은 아주 독특한 분위기가 지배하는데, 소란스러운 전장의 공기가 마약처럼 작용하기 때문이다. 나는 우연히 증권거래소에 발을 들여놓았다가 다시는 그곳을 벗어나지 못한 사람들을 숱하게 보아 왔다. 피치 못할 사정으로 다른 업종으로 전환하는 경우도 있지만, 대부분의 경우 향수 때문에 전전긍긍하다가 기회만 되면 곧장 '실낙원'으로 되돌아온다.

1929년의 대규모 증권파동 이후 수많은 투자자들이 파산하였다. 증권시장은 한동안 물 한 방울 없는 사막과 같았다. 한때 주식투자 동료였던 두 사람이 우연히 길에서 마주쳤다.

"자네, 요즘 뭐하고 지내나?"

한 친구가 물었다.

"칫솔장사를 하고 있다네. 자네는?"

"후유!"

다른 친구는 한숨부터 내쉬었다.

"이 사람아, 말도 말게. 아직도 증권거래소 주위를 어슬렁거리고 있다네. 마누라는 내가 술집에서 피아노를 치는 줄로만 알고 있을 걸세."

말할 수 없는 좌절감과 정신적, 육체적 고통에도 불구하고 언제든지 상황만 호전되면 다시 증권거래소로 발길을 돌리는 것이 투자자들의 생리이자 법칙인 것이다.

내 친구 중 한 사람인 프리데릭 A.도 일종의 투자중독자였다. 철강사업을 하고 있었던 그는 한국전쟁 중에 사업이 크게 번창하면서 엄청난 돈을 벌었다. 그는 자신의 땀과 노력으로 돈을 벌었음을 아주 자랑스럽게 여겼다. 그의 눈에는 우리 같은 주식투자자들이 무위도식자, 게으름뱅이, 혹은 국가경제의 기생충쯤으로 보였을 것이다. 그의 생각이 완전히 틀렸다고는 할 수 없었다. 그렇다고 내가 육체적 노동을 하지 않고도 안락한 삶을 즐긴다는 사실을 부끄럽게 생각한다는 말은 결코 아니지만 말이다. 동료들끼리 한자리에 모이면 우리는 그를 '철의 장막eiserner Vorhang'까지 팔아먹는 무서운 친구라고 놀려대곤 했다. 그러던 어느 날 나는 그 친구에게 한국전쟁이 영원히 계속되지는 않을 것이며, 따라서 '정직하게 번' 돈을 주식에 잘만 투자해놓으면 언젠가는 큰 이득을 볼 것이라고 충고했다. 전쟁이 곧 끝난다는 소문도 있고 하니 서두르는 게 좋다는 말도 덧붙였다.

다음 날 그가 나를 찾아왔다. 밤새 내 말을 되새겼던 모양이었다. 그는 다짜고짜 종이와 펜을 건네며 자신이 시험적으로 살 수 있는 종목을 몽땅 적어 달라고 했다. 그는 분명 본격적으로 투자에 뛰어들 생각은 없어 보였다. 나는 먼저 독일의 영Young 채권과 남아메리카의 드비어스De Beers 주식을 적은 다음, 미국의 대형 우량주 몇 개를 추가했다. 내 예측은 기가 막히게 들어맞았다. 얼마 후 독일의 영 채권은 100배, 남아메리카의 드비어스 주식은 10배, 그리고 다른 종목들도 몇 배씩 뛰어오른 것이다. 첫 번째 투자에서 톡톡히 재미를 본 그 친구는 이제 뉴욕, 유럽은 물론 오스트리아로까지 투자범위를 넓혀나갔다.

처음에는 현금으로 시작했다. 그러다 자금이 부족해지자 돈을 빌려 쓰다가 마지막에는 외상구매를 하기에 이르렀다. 투자가 정점에 이르렀을 무렵 그는 단 하루만의 시세차익이 자기 가족 1년 생활비의 5배가 넘는다는 사실을 확인하곤 깜짝 놀랐다. 또 그는 주가가 떨어질 수도 있다는 사실을 알게 되었다. 갈수록 시세차익은 커졌고 덩달아 주식투자도 점점 더 까다로워졌다. 그러니 그 스트레스가 오죽했겠는가? 어느 화창한 날, 투자회의를 하던 중(추측하건대 드비어스 주가가 약간 떨어진 시점이었을 것이다) 그는 급기야 신경과민으로 쓰러져 병원으로 실려갔다.

그의 가족들은 비상회의를 하고 모든 계약을 해지해야 한다는 결정을 내렸다. 그날로 모든 주식은 매각되었고, 그 돈은 그대로 온전히 은행에 맡겨졌다. 그리고 그다음에 어떤 일이 벌어졌을까? 그 친구가 수면요법을 받으며 병원에서 5개월을 보내는 동안 증권시장이 붕괴되었다. 그때가 바로 주가폭락으로 전 세계 증권거래소가 휘청대던 1962년 봄이었다. 친구가 완치되어 퇴원할 무렵에는 주가

바보들이 없다면 세상이 어떻게 되겠는가

가 바닥을 치고 있었다.

하지만 그는 전혀 걱정할 게 없었으며, 마치 새로 태어난 듯한 기분을 맛보았다. 수면요법이 그와 그의 재산을 구한 것이다. 만약 외상으로 매수한 주식들을 그대로 보유하고 있었더라면 틀림없이 알거지가 되고 말았을 것이다. 덕분에 나도 마음의 짐을 덜 수 있었다. 순진한 친구를 투자의 세계로 끌어들인 것이 바로 나였으니까 말이다. 끝이 좋으면 모든 것이 좋다는 말도 있지 않은가.

그런데 일단 투자 열병에 걸리면 그렇게 간단하지 않다. 주식을 손에 쥐고 있을 때는 주가가 떨어질지 몰라 두렵고, 주식을 사두지 않았을 때는 주가가 오를지 몰라 조바심을 낸다. 병에서 회복된 내 친구가 그랬다. 주가가 바닥을 친 다음 서서히 회복세를 보이자 그 친구는 안달이 나기 시작했다. 주가가 급격한 상승곡선을 그리기 시작하자, 이러다 혹시 막차까지 놓치는 게 아닌가 하는 두려움에 거의 심리적 공황상태에 빠졌다. 너무 늦었다는 내 경고도 "소 귀에 경 읽기"에 불과했다. 그는 다시 주식을 사들이기 시작했다.

나는 매일 주식을 사고파는 얼치기 투기꾼들과 증권거래소에 빌붙어 사는 기식자들을 경멸한다. 하지만 솔직히 말하면 그들이 없으면 증권거래소도 존재할 수 없으며, 증권거래소가 존재하지 않는다면 자본주의 시스템 자체도 존재할 수 없다. 왜냐하면 그들이 게임에 더 많이 참여할수록 거래량은 늘어나고 자금유동성도 활발해진다. 그리고 자금유동성이 활발해질수록 진정한 투자자들이 자신들이 보유한 주식을 대규모로 시장에 유통시킬 기회가 그만큼 더 커진다.

인류가 존재하는 한 과거에도, 현재에도, 그리고 미래에도 투자자와 투자는 항상 존재해왔으며 또 존재할 것이다. 누군가가 나에게 투자의 역사를 한마디로 요약해달라고 한다면 나는 이렇게 말하겠다. 인간은 '놀이하는 존재homo ludens'로 태어나서 놀면서 이기기도 하고 지기도 하는 바, 놀이하는 존재로서의 인간은 영원히 사라지지 않을 것이라고.

그러므로 나는 주식과 증권거래소라는 말만 들어도 모두가 진저리를 치는 암울한 시기가 지나가고 나면, 사람들이 과거의 모든 상처를 완전히 잊고 다시 증권거래소로 몰려드는 시기가 반드시 돌아온다고 확신한다. 마치 불빛에 끌려 그 주위에 항상 불나방들이 꼬이듯이 말이다. 증권거래소가 자력으로 그렇게 할 수 없으면 고도로 성장한 금융산업이 그 역할을 대신할 것이다. 그리고 이때 가장 큰 미끼는 다름 아닌 돈일 것이다.

나는 투자자를 종종 알코올 중독자와 비교하곤 한다. 알코올 중독자는 만취한 다음 날 아침이면 다시는 술을 입에 대지 않겠다고 다짐한다. 그러다가 저녁 어스름이 되면 칵테일 딱 한잔만 하자는 것으로 마음이 바뀌고, 그 한잔이 꼬리에 꼬리를 물고 이어지면서 결국에는 그 전날과 같은 밤을 맞이하게 되는 것이다.

그러니 다른 관점에서 보면 이런 중독현상이 꼭 나쁘다고만 할수도 없다. 바보들이 없다면 세상이 어떻게 되겠는가? 주식시장은또 어떻게 되겠는가?

주식과 증권거래소에 관한 단상들 II

Kostolanys beste
Geldgeschichten

•도박은 즐거움도 주고 슬픔도 주는 게임이다. 도박꾼의 가장 큰 즐거움은 이기는 것이고, 두 번째로 큰 즐거움은 지는 것이다. 왜냐하면 도박꾼의 즐거움은 이기는 것과 지는 것 사이의 긴장에서 오기 때문이다. 지는 경우가 없으면 긴장도 없고, 긴장이 없으면 즐거움도 없다.

•프랑스가 낳은 위대한 극작가 몰리에르는 "너무 많이 아는 바보는 아무것도 모르는 사람보다 두 배나 더 어리석다"고 했다. 이 말은 주식투자에도 그대로 적용될 수 있다.

•정직한 채무자란 상속인은 실망시킬지언정 채권자는 실망시키지 않는 사람이다.

•투자자는 증시의 흐름을 뒤쫓는 것이 아니라 증시의 흐름보다 앞서나가야 한다.

•증권거래로 먹고 사는 사람의 1/5이 투자자들이라면 나머지 4/5는 중개인들이다.

•완벽한 사람은 있을 수 없으며, 대부분 절반 정도쯤 형성된 사람들이다. 문제는 그 절반으로 무엇을 만들어내냐는 것이다.

•자기자신의 채권자가 자신이 아니라는 사실을[46] 기뻐하는 사람들도 있다.

•필요가 없다면 경제신문이 존재할 이유도 없다.[47]

•투자자는 나이가 들면서 모든 것을 잃을 수도 있다. 하지만 그때까지 쌓아온 경험만은 그대로 남는다.

•언젠가 조르주 클레망스George Clemencaue[48]는 "전쟁은 너무나 중요한 문제라 군인들에게만 맡겨 놓을 수는 없다"고 말했다. 마

---

46 자신은 좋은 채무자가 못 되는데 운이 좋아 관대한 채권자를 만났다는 것을 뜻한다.
47 경제 관련 신문들이 제 역할을 다하지 못하는 사실을 꼬집는 말이다.
48 프랑스의 유명한 정치가이자 언론인.

찬가지로 경제는 너무나 중요한 문제이기 때문에 교수들이나 경제학자들에게만 맡겨놓아서는 안 된다.

•증권시장에서 가장 위험한 것은 돌발변수다. 전혀 예상하지 못한 상황에서도 침착함과 객관성을 유지하는 투자자는 거의 없다. 대부분의 경우 증시붕괴의 원인은 객관적인 숙고가 아니라 대중심리적인 현상이다. 누군가가 일단 어떤 문제를 발견하면, 그것이 아무리 사소한 것일지라도 순식간에 퍼져나간다.

•대중심리적인 반응은 증권거래소나 극장이나 매한가지다. 누군가가 하품을 하면, 곧 모든 사람이 하품을 한다. 누군가가 헛기침을 하면, 그 즉시 홀 전체가 헛기침 소리로 채워진다.

•우리에게 정작 필요한 것은 자본이 아니라 용돈이다. 심지어 어떤 사람은 재산보다 용돈을 더 좋아하기도 한다.

•투자펀드들이 높은 수익을 올리고 있으면, 그것은 상승세의 제3국면이 끝나간다는 것을 의미한다.

•많은 자산가들은 일생의 1/3은 돈을 모으는데, 두 번째 1/3은 그 돈을 지키는데, 그리고 마지막 1/3은 그 돈을 자식에게 물려줄 방법을 고심하느라 보낸다.

• 저널리스트와 주식투자자는 직업적으로 '뉴스와 사건'이라는 동일한 원료를 사용한다. 전자가 그것을 바탕으로 기사를 쓴다면, 후자는 그것을 분석하여 돈을 번다.

• 증권거래소에서 일하는 사환이라면 누구나 자신의 메모장에 큰돈을 가지고 다닌다. 문제는 그것을 어떻게 찾아내느냐는 것이다.

• 주식투자자들은 종종 한 시대를 움직이기도 한다. 물론 그들의 지갑으로.

• 인플레이션은 민주주의의 대가다. 아니 좀 더 정확히 표현하자면 선동정치의 대가다. 왜냐하면 그 어떤 의회도 감히 인플레이션을 막기 위해 취할 수밖에 없는 강력한 조처들을 나서서 관철시키지 못하기 때문이다.

• 증권중개인들은 누구나 자신의 지성이 차츰 망가져가는 것을 경험한다. 아무리 지적이고 정직하고 책임감이 강한 사람이라도, 중개인이 되는 순간부터 계약과 수수료에 대해서만 끊임없이 생각하도록 강요당한다. 그러므로 시간이 흐르면서 자연히 변질될 수밖에 없다.

• 국가부도? 금융위기? 한마디로 '말짱 헛소리'다!

• 주가동향을 안정세로 보느냐 약세로 보느냐 하는 것은 전적으로 투자자의 입장에 달려 있다. 동일한 시세를 두고 강세로 판단하는 사람이 있는가 하면, 약세로 판단하는 사람도 있다. 자신이 지고 있는 빚의 정도에 따라.

• 만약 내가 향후 1년 동안의 주가변동을 미리 예견한다면 사람들은 1년 내내 나를 정신병자로 취급할 것이다.

• 강세장 투자자들은 주가가 떨어질 때 입는 손실보다 주가가 오를 때 그 주식을 사두지 못해 놓친 이익을 더 안타까워한다.

• 뚜렷한 주관을 갖고 결단을 내릴 수 없는 사람은 증권거래소에 발을 들여놓지 말아야 한다.

• 생각, 논증, 혹은 동기부여가 없는 투자자는 룰렛게임을 하는 사람과 같다. 그런 사람은 단지 도박꾼일 뿐이다.

• 단지 대규모로 주식을 거래한다는 이유만으로 다른 사람들이 더 많이 알고 있거나 더 좋은 정보를 갖고 있을 것이라고 믿어서는 안 된다. 그들이 그렇게 하는 이유는 각양각색이라 거기서 어떤 결론을 이끌어내는 것은 아예 불가능하다.

• 경제는 배울 수 있는 것이 아니라 스스로 체득하고 또 견뎌내

야 하는 것이다.

• 현금을 손에 쥐고 낮은 시세에서 특정 주식을 사려고 하는 것
은 배가 몹시 고픈데 도중에 식당을 발견했을 때와 비슷한 즐
거움을 준다.

• 나는 좋지만 틀린 뉴스보다, 나쁘지만 정확한 뉴스를 선호한
다. 후자의 경우 내가 서 있는 위치를 정확히 파악할 수 있지만,
전자의 경우 자칫 잘못된 길로 빠질 수도 있기 때문이다.

• 결단력이 없는 투자자들에게 주가는 항상 높거나 너무 높으
며, 또한 주식을 사기에는 시기가 항상 너무 늦거나 아직 너무
이르다.

• 투자자의 마음은 수시로 바뀐다. 동일한 주식에 대한 동일한
시세를 두고도 어떤 때는 너무 높게 평가하고, 또 어떤 때는 너
무 낮게 평가한다. 그리고 그러한 평가는 결코 객관적인 사고에
의한 것이 아니다. 때로는 그것이 잠을 잘 잤는지, 혹은 급성 질
병이나 신경증에 시달리고 있는지 등 증권거래와는 전혀 무관
해 보이는 일에 좌우되기도 한다. 따라서 대부분의 주식투자자
들은 객관적일 수가 없다.

• 주식을 살 때는 상상력을 동원해야 하지만 주식을 팔 때는 현

　　　　　　　주식과 증권거래소에 관한 단상들 II

명해야 한다.

- 투자자는 저녁에는 어떤 착상을 떠올리고, 아침에는 비판적인 태도를 취하고, 낮에는 과감하게 결단을 내려야 한다.

- 증권거래소, 다시 말해 금융시장은 매일 똑같은 작품이 공연되지만 그 제목은 항상 바뀌는 극장과도 같다.

- 어떤 정부가 국가를 폭력 없이 다스리면서 동시에 금융 질서를 유지하려면 교활해야 한다.

- 경제전문가들은 수건으로 두 눈을 가린 채 싸우는 검투사들이다.

- 경제와 관련하여 진실을 알리거나 유용한 조언을 하는 것은 금물이다. 그것은 한마디로 적을 만드는 지름길이다.

- 볼테르는 "아무리 나쁜 상황이라도 좋은 결과를 낳을 수 있다"라고 말했는데, 그것은 주식거래에도 그대로 적용될 수 있는 명언이다.

- 증권시세와 관련해서는 오늘 일어난 일이 아니라 내일, 혹은 모레 일어날 일이 중요하다. 왜냐하면 오늘 일어난 일은 이미

시세에 반영되었기 때문이다.

• 주식투자자는 체계적인 사람이 아니라 즉흥적으로 생각하고 판단하는 사람이다.

• 수중에 돈 한 푼 없어도 남에게 감동을 줄 만한 백만장자라야 나를 감동시킬 수 있다.

• 사기꾼들이 대중을 속이는 것을 수수방관만 하는 대중매체도 그 사기에 책임이 있다.

• 돈을 많이 벌 수 있는 자질과 삶을 즐길 수 있는 자질을 동시에 갖춘 사람은 극히 드물다.

• 증권시장에 나쁜 소문이 돌면서 공포 분위기가 조성되더라도 어느 순간이 지나고 나면 언제 그랬냐는 듯 모든 게 금세 잊혀진다. 이것이 바로 저 유명한 페타 콤플리 현상이다.

• 증권거래에서 우리가 무엇을 해야 할지 알려주는 것은 우리의 감정이고, 무엇을 피해야 할지 알려주는 것은 우리의 지성이다.

• 증권거래에 관한 한 많은 경우 일의적이고 명확한 조언보다 다의적이고 모호한 조언이 더 효과적이다.

• 사람들은 대부분 일정한 시간이 흐른 뒤에야 비로소 자신이 배운 바를 제대로 이해한다(나의 세미나를 염두에 두고 하는 말이다).

• 주식투자자들의 반응은 소규모 시장이든 대규모 시장이든 매한가지다. 왜냐하면 개미투자자나 대규모 펀드매니저나 인간적인 반응에 있어서는 차이가 없기 때문이다.

• 주식을 살 때는 낭만적이어야 하고, 주식을 팔 때는 현실적이어야 한다. 그리고 그 사이의 시간에는 그것에 대해 완전히 잊어버려야 한다.

• 옵션을 산다고? 그것은 어음을 발행하는 것과 같다. 일단 서명을 하고 나면 시간이 얼마나 빨리 흐르는지 실감하게 된다.

• 증권거래소에서는 확실히 '늙은 생강이 맵다'.

• 붐이 일기 직전이나 붕괴가 발생한 직후에는 정적만이 흐른다. 그리고 그 사이에 일어나는 것은 합리적인 사고와는 전혀 무관한 히스테리적인 소동에 불과할 뿐이다.

• 프랑스의 건전한 시민 가정에서는 대부분의 경우 집안에서 가장 우둔한 아들을 증권거래소로 보내는데, 거기에는 그럴만한 이유가 있다.

• 약세장 투자(공매도)는 똑똑한 사람만 이해할 수 있다. 머리가 나쁜 사람은 무엇을 어떻게 사야 하는지, 무엇을 사면 안 되는지를 전혀 알 수 없다.

• 투자 전문가나 금융저널리스트에게 가장 위험한 일은 자신들의 예상이 너무 자주 적중하는 것이다. 그럴 경우 동료들은 시기심과 질투심에 사로잡혀 그들이 실패할 순간만 고대할 터이니까 말이다.

• 투자자는 증권가 소문에 관한 한 자신의 아버지도 믿지 말아야 한다.

• 프랑스의 위대한 작곡가 자크 이베르Jacques Ibert는 "문학작품이란 10%의 영감과 90%의 땀으로 이루어지는 것"이라고 말한 바 있다. 주식의 경우 땀은 곧 경험을 의미한다.

• 증권시장에서 모두가 아는 사실은 내게 전혀 무의미하다.

• 인플레이션은 채권자의 지옥이자 채무자의 천국이다.

• 로스차일드는 언젠가 "나를 따라 주식투자를 하는 사람은 쓰디쓴 경험을 하게 될 것"이라고 말했다.

• 주식투자자의 90%는 주관적인 판단력은 고사하고 아예 생각 자체가 없는 사람들이다. 심지어 경마도박을 하거나 스포츠 복권을 사는 사람도 나름의 생각과 동기부여를 갖고 있는데 말이다. 주식투자자들 대부분은 맹목적으로 대중심리를 좇는다.

• 엄청난 인플레이션을 겪고 있던 시절 빈의 한 대형 은행장은 "우리는 영리하지도 유능하지도 못하고, 단지 정직할 뿐"이라고 말한 적이 있다. 오늘날이라면 아마 그는 당장 그 자리에서 내려와야 할 것이다.

• 과도한 투자 열풍을 잠재우는 특효약은 손실이다.

• 분석가는 생각하고 증시는 제멋대로 방향을 튼다.

• 주식투자자가 모든 것을 알 필요는 없고 단지 모든 것을 이해하기만 하면 된다. 하지만 모든 것을 이해했다고 해서 모든 것을 그대로 실천에 옮겨서는 안 된다.

• 아무리 열정적인 투자자라도 가끔씩은 휴식을 취하며 잠시 증시의 흐름을 관망하는 것이 필요하다.

• 나는 종종 개장시간에 증권거래소로 가는 것과 낚시하러 가는 것 중 어느 것이 더 나을지 저울질하곤 한다. 전자의 경우 이런

저런 정보를 접하고 그것과 정반대의 결정을 내릴 수 있는 반면, 후자의 경우 무엇을 해서는 안 되는지를 두고 보다 깊이 생각할 수 있다.

- 고객의 돈으로 투자하는 은행가는 보통 실패하면 사기꾼 취급을 받지만 그 반대의 경우 천재로 부각된다.

- 대부분의 투자자들은 젊어서 날린 돈을 나이 들어 다시 벌어들인다.

- 내 심장은 왼쪽에 있고 내 머리는 오른쪽에 있다. 그리고 내 지갑은 오래전부터 왼쪽도 오른쪽도 아닌 미국에 있다.

- 현명한 여성이라면 약세장 투자자를 애인으로 두는 것이 바람직할 것 같다. 그러면 평생 돈 때문에 고생할 일은 없을 터이니까 말이다.

- 증권시장에서 절반의 진실은 완전한 거짓말이다.

- 우리는 대형 금융기관들이 결코 모범생들의 집합체가 아니라는 사실을 단 한순간도 잊지 말아야 한다.

- 신처럼 무에서 유를 창출할 수 있다고 믿는 사람들을 벌주기

위해 악마가 증권거래소를 만들어냈다.

• 워싱턴 대통령이 밤낮으로 가동시킨 유일한 공장은 다름 아닌 돈을 찍어내는 조폐공장이었다.

• 증권거래소는 다음 해에 일어날 사건들뿐만 아니라, 그 사건들을 토대로 일반 대중이 그 다음 해에 일어날 것으로 기대하는 것들까지 담보로 삼아 할인가로 미리 돈을 빌려준다. 다시 말하면 선취의 선취를 하는 셈이다.

• 사람들은 종종 주가가 계속 하락함에도 불구하고 시장이 안정적이라고 말하기도 하고, 정반대로 주가가 계속 상승함에도 불구하고 시장의 기능 상태가 불안정하다고 말하기도 한다.

• 경영전문가, 경제학자 등 이른바 경제 관련 전문가들은 증권시장과 일정한 거리를 두어야 한다. 그들에게 증권거래소는 학문적인 방법으로는 결코 헤쳐나올 수 없는 무시무시한 덫과 같다. 그들을 위해 단테의 다음 말을 인용해주고 싶다.
"이곳에 발을 들여놓는 자, 모든 희망을 버릴지어다!"

• 돈과 관련해서는 오직 한 가지 슬로건만 존재한다.
"더 많이!"

• 우리는 절대 주식과 열애에 빠져서는 안 되며, 비상시에는 그 것으로부터 쉽게 벗어날 수 있어야 한다.

• 전차와 주식은 절대 뒤쫓아가서는 안 된다. 기다려라, 그러면 곧 다음 전차(혹은 기회)가 온다.

• 주식투자에서 가장 어려운 두 가지 일은 손실을 받아들이고 작은 이익에 연연하지 않는 것이다. 하지만 그보다 더 어려운 일은 뚜렷한 주관을 갖고 다수와는 정반대로 행하는 것이다.

• 증권시장에서 어떤 사건이 심리적인 영향력을 행사하려면 잠시도 지체해서는 안 된다. 다음 날이면 벌써 그 사건이 까마득히 잊혀지기 마련이니까 말이다.

• 정부가 특정 조처에 대해 강하게 부인하면 할수록 나중에 시행될 가능성도 그만큼 더 커진다.

• 옛 백만장자들의 눈에 최근에 성공한 사람들은 모두 벼락부자로 비춰진다. 그들은 단순한 시간의 흐름 속에서 재산이 형성된다는 사실을 이해하지 못하고, 갑작스러운 성공의 배후에는 뭔가 구린 구석이 있을 것이라고 지레짐작한다.

• 투자자에게 악취를 풍기는 것은 돈 자체가 아니라 투자로 날

려버린 돈이다.

• 주식투자가 너무 쉽다면 광부, 벌목공 같은 중노동자가 존재할 리 없다. 누구나 투자자가 될 터이니까 말이다.

• 특별한 이유도 없이 누군가의 초대를 거절할 수 있는 사람이 진정으로 독립적이다.

• 경제 및 금융과 관련해 최근에 도는 흑색보도는 이 분야에 대한 경험이 전혀 없는 사람들이 만들어낸 이야기에 불과하다.

• 평소 철저한 낙관론자가 갑자기 비관론자로 바뀐다는 것은 증시흐름에 큰 전환점이 이루어지고 있다는 신호다. 물론 정반대의 경우도 마찬가지다. 그러므로 평소 철저한 비관론자가 갑자기 낙관론자로 바뀐다면 가능한 한 빨리 증권시장에서 발을 빼는 것이 현명하다.

• 신경과민인 투자자가 가장 신경이 곤두서는 순간은 주식을 보유하지 않은 상태에서 증시가 급등하기 시작할 때다.

• 투자에 성공하려면 깊이 생각하되 단순하게 행동해야 한다.

• 증권시장에서 전문가의 조언에 따라 돈을 벌면 성공이고, 전

문가의 도움 없이 돈을 벌면 그보다 더 큰 성공이다. 하지만 가장 큰 성공은 전문가의 조언과 정반대로 투자하여 돈을 버는 경우다.

• 언젠가 나는 한 유명한 증시 예언자의 강연에 참석한 적이 있다(그의 이름은 이 자리에서 거론하지 않겠다). 나는 그의 엉터리 말을 더 이상 견딜 수 없어 그만 자리를 털고 일어섰다. 그러자 옆 좌석에 앉아 있던 사람이 말했다. "잠시 어디 다녀오시려고요?" "다녀오다니요?" 내가 말했다. "나는 그냥 갑니다."

4장;

확신과 열정,
나의 투자모험은 끝나지 않았다

뉘른베르크의 마이스트징거와
US스틸

Kostolanys beste
Geldgeschichten

    내 인생에서 음악과 자금 사정은 떼려야 뗄 수 없는 관계로, 어떤 때는 음악계의 사건들이 주식투자에 영향을 미치기도 했다. 그 대표적인 예로 오페라 〈뉘른베르크의 마이스트징거Die Meistersinger von Nürnberg[49]〉가 내 투자에 큰 역할을 했다.

    1937년 봄, 파리에서 있었던 일이다. 나는 종일 설레는 마음으로 저녁이 되기만을 기다렸다. 지휘자 빌헬름 푸르트뱅글러Wilhelm Furtwängler가 이끄는 독일 공연단의 〈뉘른베르크의 마이스트징거〉 공연티켓을 예매해두었기 때문이다. 수백만 명의 음악애호가들에게 그 작품은 가장 아름다운 오페라였다. 주위 수백 킬로미터 내에서

---

49 1868년 뮌헨에서 초연된 바그너의 희가극이다. 16세기 중엽 뉘른베르크가 무대이며, 특히 전주곡으로 유명하다. 여기서 마이스트징거란 14~16세기 독일의 장인과 수공업자들이 시와 음악을 위해 만든 조합의 일원을 말한다.

자주 공연되곤 했는데, 나는 어릴 적부터 그 오페라를 동경해오던 터였다. 그 작품의 음악은 내가 무인도로 추방된다면 가지고 가고 싶은 물품목록 제1호이기도 하다.

하지만 공교롭게도 그날, 내가 투자한 주식을 걱정하느라 공연을 기다리는 기쁨이 반감되었다. 당시 중일전쟁이 한창이었는데, 뉴욕 주식시장이 동요하며 연일 주가가 하락하고 있었다. US스틸United States Steel Corporation의 주가는 250에서 180으로 급락했는데, 그날 하루만 해도 몇 번이나 그 근사치를 맴돌다가 가까스로 경계수치인 180을 유지하고 있는 상황이었다. 다우존스 이론에 따르면, 최후의 방어선인 180이 무너지면 주가는 바닥까지 곤두박질치게 된다. 어쨌든 차트분석가들은 그렇게 주장했다. 더군다나 중일전쟁의 발발로 주가의 하락세가 장기화될 조짐까지 보였다. 그러니 어찌 조바심이 나지 않겠는가?

당시에 나는 다양한 미국 주식을 보유하고 있었는데, 그것이 바그너의 오페라에 대한 나의 즐거움을 위협했다. 내 머릿속은 온통 US스틸 주식과 제너럴모터스Gneral Motors 주식에 대한 생각뿐이었다. 이 와중에 어떻게 오페라 멜로디에 제대로 집중할 수 있었겠는가? US스틸과 제너럴모터스는 주식시장의 프리마돈나였다. 나는 극장에 가기 위해 옷을 갈아입는 동안 이런저런 생각을 했다.

'예술과 음악에 몰두하는데 방해가 된다면 주식이며 돈이며 그게 다 무슨 소용이란 말인가?'

유일한 해결책은 보유한 주식을 모두 처분하는 것이라는 결론에 도달했다. 물론 주가가 다시 반등세로 돌아설 경우에는 상당한 손실을 감수해야만 했다.

극장으로 출발하기 직전, 나는 파리의 중개인에게 전화를 걸어 증권거래소의 문이 닫히기 전에 내가 보유하고 있던 모든 주식을 매도하라고 지시했다. 그 짧은 시간 동안 나는 완전히 딴 사람이 되어 극장으로 들어섰다. 장세가 불안한 시기에 주식 걱정을 완전히 떨쳐버리고 나니, 오페라 극장에 느긋하게 앉아 있다는 사실 하나만으로도 너무나 즐거웠다. US스틸도, 제너럴모터스도, 그때만은 먼 별나라 이야기처럼 여겨졌다.

그 후 며칠 동안 주가는 큰 변동이 없다가 나흘째 되던 날 US스틸 주가가 갑자기 180에서 120으로 곤두박질쳤다. 그 바람에 투자 전문가나 일반 투자자 할 것 없이 모두 엄청난 손실을 입었지만, 나는 그 대열에서 용케 빠져나올 수 있었다. 음악에 대한 열정이 최악의 사태에서 나를 구해준 것이다. 〈뉘른베르크의 마이스트징거〉에 등장하는 주인공 한스 작스Hans Sachs는 제화공이자 시인이었는데, 마찬가지로 표현하자면 나는 투자전문가이자 음악애호가인 셈이다.

중요한 정보는
어떻게 다뤄야 하는가

| 공산주의자 친구의 조언

사람들은 내게 종종 어떤 식으로 투자를 해야 하며, 또 어떤 기술이 최선인지 물어온다. 하지만 그에 대한 답은 그리 간단하지 않다. 왜냐하면 조언은 언제나 미심쩍고, 때로는 잘못된 방향으로 안내할 때가 있기 때문이다. 그리고 정보는 거의 언제나 엉터리다. 그렇다면 남는 것은 영감밖에 없다. 내 경우 영감은 전 세계 거의 모든 품목을 대상으로 한 40여 년의 투자경험에서 우러나온다.

그 전형적인 예로 나의 투자 성공담 하나를 소개하겠다.

1967년 봄, 나는 뉴욕 증권거래소에서 컨트롤데이터Control Data의 주식을 샀다. 그렇다면 어떻게 그 회사를 떠올리게 되었을까? 이미 나는 몇 년 전부터 컴퓨터가 20세기의 산업혁명을 주도할 것이라고 생각하고 있었다. 컴퓨터 분야의 알파와 오메가는 당연히 IBM이다. IBM 주식의 가치를 과소평가하려는 의도는 전혀 없지만, IBM은 일반 투자자들이 투자대상으로 삼기에 제격이다. 하지만 우리처럼 모험을 즐기는 투자자들은 IBM 주식에 더 이상 관심이 없다.

반면에 컨트롤데이터는 초창기의 어려움을 극복하고 주식 서열에서 최상위 계급인 대형 우량주Blue chips로 급성장했다. 최상위 주식이 우량화되면 될수록 투자자들이 얻는 수익은 초창기의 어려움을 극복하고 향후 전망이 밝은 기업의 주식에서 기대되는 것보다 상대적으로 적어진다. 위험한 투자일수록 수익 또한 커지기 마련이다. 그래서 나는 컴퓨터 산업과 관련하여 향후 발전할 전망이 가장 밝은 회사를 찾아내야 했다. 그런 회사를 찾아내는 것은 투자자의 방법에 달려 있다. 그런데 내가 취하는 방법은 약간 특이하다.

잘 알다시피 나는 전 세계를 무대로 여행을 자주 한다. 어느 날은 뉴욕에 있다가 다음 날이면 모스크바나 부에노스아이레스에 있는 식이다. 그러던 중 어느 날 파리에서 우연히 한 친구를 만나게 되었다. 그는 해박한 컴퓨터 지식이 있었다. 헝가리 사람들은 대부분 컴퓨터 영역에서는 까막눈이나 다름없었지만, 그 친구는 특이하게도 서유럽의 컴퓨터 산업에 대해 전문가였다. 부유한 가문 출신으로 현재 서유럽에서 살고 있으며 확고부동한 공산주의자이자 탁월한 연구자였다. 그는 각종 전문서적들을 탐독했고 유럽 곳곳을 여행했으며, 컴퓨터에 관해서는 그 누구보다도 잘 알고 있었다. 하지만 주식에 관해서는 전혀 몰랐다.

그런 사실이 이 이야기에서는 장점으로 작용했다. 미국이었다면 내 친구처럼 똑똑한 사람이 돈과 관련한 일로부터 자유로울 수는 없었을 것이며, 그의 그런 능력이 내 관심을 끌지는 못했을 것이다. 그는 단지 컴퓨터를 전문 기술자의 눈으로 바라볼 뿐, 주식에는 전혀 관심이 없었다. 바로 그런 이유 때문에 그가 들려주는 컴퓨터 이야기가 내게는 훨씬 더 흥미진진하게 다가왔던 것이다.

그와의 대화에서 나는 컨트롤데이터가 탁월한 성능을 지닌 컴퓨터로서 심지어 어떤 면에서는 IBM도 능가한다는 사실을 알게 되었다. 그때부터 나는 컨트롤데이터 주식에 관해 면밀히 검토하기 시작했다. 1963년에 70달러였던 주가가 1966년에는 25달러로 떨어져 있었다. 컴퓨터의 성능 자체는 완벽했지만 회사가 자금난을 겪고 있었던 것이다.

그러던 어느 날 신문에서 체이스맨해탄 은행Chase Manhattan Bank이 컨트롤데이터에 1억 3천만 달러의 융자금을 지원해준다는 기사를 읽었다. 그것은 나에게 청신호였다. 기술적인 관점에서 아주 뛰어난 회사가 한동안 극심한 자금부족으로 어려움을 겪다가 이제 은행의 도움으로 다시 일어설 준비를 하고 있다는 것이었다.

따라서 만약 내가 컴퓨터 산업 관련 주식을 살 의향이 있으면 당연히 컨트롤데이터를 제일 먼저 떠올릴 수밖에! 회사가 처한 현재 상황을 보면 28달러도 너무 높게 책정된 것이라며 완강히 만류하는 중개인의 말을 귓등으로 흘리며 과감히 컨트롤데이터 주식에 거금을 투자했다. 그리고 1년 후 바로 그 중개인이 향후 전망으로 미루어 보아 주가가 130달러가 될 때 파는 게 최선일 것이라고 내게 조언했다.

| 이자율 33/4 멘델스존 채권

앞에서도 언급했듯이 제2차 세계대전이 끝난 후 나는 향후 유럽의 발전에 대해 아주 낙관적으로 판단했기 때문에 전쟁으로 시세가 폭락한 유럽 각국의 채권에 거액을 투자했다. 벨기에, 노르웨이, 덴마크, 독일 및 일부 프랑스 채권을 사들였는데, 전쟁이 끝나고 혼돈 상태가 정리되면 증권시장도 곧 정상화될 것이라는 확신에서였다. 국가나 정부에 따라 부채를 정리하는 시기나 방법은 천차만별이기 마련이었다. 내 판단이 옳았다. 내가 사둔 채권들의 가치가 줄줄이 상승하면서 엄청난 수익을 안겨주었다. 하지만 단 하나, 프랑스 채권이 문제였다.

그 채권은 전쟁 발발 직전인 1939년에 암스테르담 멘델스존 Mendelssohn & Co. 은행에서 출시한 국채로서 이자율이 33/4였다. 채권의 뒷면에는 발행요건이 다음과 같이 구체적으로 명시되어 있었다.

"프랑스 정부는 본 채권의 소유자에게 전쟁과 혁명이 일어나거나 지진이나 홍수와 같은 천재지변이 발생하더라도 소유자의 선택에 따라 스위스 프랑화, 네덜란드 굴덴화, 혹은 미국 달러화로 원금과 그 이자를 지급할 것임을 보증한다. 환급장소는 제네바, 암스테르담, 혹은 바젤의 국제결재은행BIS으로 한정한다."

하지만 휴전협정이 체결되자마자 프랑스 정부는 명시된 모든 약관을 철회하고 프랑스 프랑화로만, 그것도 통제경제로 인해 실제적인 국제시세 10% 수준으로, 겨우 책정된 가격으로 지급한다고 발표했다.

그러자 제네바와 암스테르담에서 해당 채권 가격이 10~20%로 폭락했다. 나는 프랑스 정부가 직접 서명한 채권이라면 100% 신뢰할 수 있다고 확신했다. 여태껏 단 한 번도 채무를 방기한 적이 없었기 때문이다. 심지어 미국이나 영국까지 폐지하는 마당에 아직도 금약관gold clause[50]을 유지하고 있는 전 세계 유일한 곳이 프랑스가 아니던가? 내가 프랑스 채권에 거금을 투자한 것도 바로 그런 이유에서였다. 상황이 정상화되면 프랑스 정부가 원래 약속대로 스위스 프랑화, 굴덴화, 혹은 달러화로 원금과 이자를 지급할 것이라는 점에는 의심의 여지가 없었다.

그래서 나는 이 문제를 두고 최고 상급기관인 재무부와 담판을 짓기로 결심했다. 나를 친절히 맞아준 고위 관료 앞에서 이렇게 말했다.

"존경하는 국장님, 저는 월스트리트의 투자 전문가입니다. 저의 전문영역은 유럽 각국의 채권으로, 채무국들의 신용을 믿기 때문에 전쟁을 전후하여 대규모로 사들였습니다. 저는 상황만 호전되면 그 즉시 프랑스 정부가 밀린 부채를 말끔히 청산할 것이라고 믿어 의심치 않습니다.

다른 국가들은 이미 지불을 끝마쳤습니다. 심지어 공산권 국가들마저도 합리적인 수준에서 타협이 이루어졌답니다. 그런데 딱 한 곳에서 불협화음을 들어야만 했습니다. 프랑스 정부가 발행한 멘델스존 채권이 바로 그것으로, 저도 그 채권을 다량 보유하고 있습

---

[50] 화폐 가치의 변동으로 인한 채권자의 손해를 미연에 방지하기 위한 조처로서, 채무자가 빚을 금이나 금화로 갚거나 금화가치로 환산하여 갚도록 규정한 금전 채권상의 약정이다.

니다. 국장님도 잘 알고 계시듯이 약관에는 스위스 프랑화, 굴덴화, 혹은 달러화로 원금과 이자를 지급한다고 명시되어 있습니다."

나는 재무국장의 표정에서 마치 나쁜 일을 하다 현장에서 들킨 학생처럼 당혹스런 기색을 읽어낼 수 있었다.

"물론 다 맞는 말입니다. 하지만 잘 아시다시피 시기가 좋지 않습니다. 갚을 의지가 없는 것이 아니라 우리나라의 외환보유고가 바닥났답니다."

"그건 저도 잘 압니다. 하지만 제게 한 가지 복안이 있는데, 어쩌면 국장님께서 저를 도와주실 수 있을지도 모릅니다."

"말씀해보세요! 경청하겠습니다."

"국장님께서 제가 보유한 채권을 현재가격으로 환산하여 폐쇄형 프랑화로 지불하는 겁니다. 아시다시피 그 프랑화는 프랑스에서만, 그것도 특정한 거래에 한해서만 사용이 가능합니다(당시 폐쇄형 프랑화는 외환시장에서 공시가격보다 약 5~10% 할인되어 거래되고 있었다)."

나는 내가 받게 될 폐쇄형 프랑화의 구매자를 월스트리트에서 찾을 수 있을 것이라 확신하고 있었다. 그 거래가 점점 더 흥미롭게 다가왔다. 프랑스 정부로서는 외환을 낭비할 필요가 없어서 좋고, 나로서도 정상가격의 90%를 챙길 수 있으니 만족스러웠다.

"그 제안에 흔쾌히 동의하겠습니다. 보유한 주식이 어느 정도 됩니까?"

나는 내가 실제로 보유한 것보다 더 많은 숫자를 불러주었다. 그리고 재무부 청사를 벗어나자마자 서둘러 우체국으로 달려갔다. 그리고는 취리히의 율리우스 베어^{Julius Bär} 은행에 근무하는 친구 에

른스트 갈에게 전화를 걸어 내가 운용할 수 있는 자금을 몽땅 끌어
모아 멘델스존 채권을 최대한 많이 사달라고 주문했다. 이유는 간
단했다. 멘델스존 채권을 폐쇄형 프랑화로 바꿔 시장에서 처분하
면 10~30%, 혹은 그 이상의 이익을 챙길 수 있었다. 솔직히 말해 상
황이 너무 절묘하게 맞아떨어진 게 아니냐고 반문하는 독자도 있을
것이다.

하지만 나는 이 이야기를 통해 '증권거래소에서는 모든 일이 가
능하며, 심지어는 논리적인 것까지도 가능하다'는 내 철칙을 다시
한 번 확인할 수 있었다. 왜냐하면 그로부터 1년 후 프랑스 정부는
문제의 그 채권에 대한 원금과 이자를 소유자의 선택에 따라 스위
스 프랑화, 굴덴화, 혹은 달러화로 지급한다고 발표했던 것이다.

Kostolanys beste
Geldgeschichten

| 나의 주식투자 바로미터

이른바 주식 중독자라는 사람들은 전 세계 어디서나 동일한 특성을 보인다. 그들은 각자 '주식투자'라는 자신만의 특이한 안경을 통해 모든 사건을 바라본다. 그 안경은 종종 사고의 변화까지 초래한다. 정부의 규정, 공식적인 결정, 조처, 법령 따위가 자신에게 불리하다고 판단되면 그들은 그것을 자의적이고, 비도덕적이며 어리석을 뿐만 아니라 심지어는 국가의 이익에 반한다고 판단해버린다.

나는 어떤 주식투자자든지 그 사람과 만나서 몇 마디만 나누어 보면, 그가 투자한 종목을 알 수 있다. 투자자들은 주식시세를 단지 정치적·경제적 사건들의 투영으로만 보며, 그 결과 전적으로 주가동향에만 의존하여 정치적·경제적 예측을 하는 경향이 강하다. 그들에게 증권거래소란 여러 학자들의 주장처럼 단순한 온도계에 머무는 것이 아니다. 한걸음 더 나아가 미래의 정치적·경제적 날씨

변화를 예보해주는 바로미터barometer인 것이다. 내게도 바로미터가 하나 있지만 그 성격은 전혀 다르다. 다른 사람들은 증권거래소를 바로미터로 여기지만, 나는 증권거래용 바로미터가 따로 있다.

월스트리트 은행가 제국의 마지막 수장이었던 J. P. 모건이 죽은 후 그의 개인 소장품들이 뉴욕 경매시장에 나왔다. 오팔, 금세공 문갑, 다이아몬드가 박힌 도자기 장식품, 비취와 크리스털로 만들어진 장식품 등 아주 값비싼 물건들 가운데 유독 강철로 만든 작은 물건 하나가 내 시선을 사로잡았다.

당시 나는 월스트리트에 발을 디딘 지 얼마 되지 않은 신참으로서 모건의 명성에 깊이 감동하고 있던 터였다. 행운의 마스코트를 하나 갖고 싶었는데, 주머니 사정상 그 작은 강철 제품이 내가 살수 있는 유일한 물건이었다. 모건이 월스트리트 23번 가에 위치한 자신의 작은 궁궐 속 업무용 책상 위에 늘 비치해두었던 바로 그 바로미터였다. 그의 저택 벽에는 복수심에 불탄 한 투자자가 던진 폭탄 자국이 아직도 선명하게 남아 있다.

운 좋게도 나는 30달러에 그 바로미터의 주인이 될 수 있었다. 나는 모건을 흉내 내어 그것을 내 책상 위에 두었다. 그런데 며칠 후 바로미터가 제대로 작동되지 않는다는 사실을 알게 되었다. 분명히 '맑음'을 가리켰는데 날씨는 험상궂었다. 잠시 후 천둥번개를 동반해 장대비가 쏟아지고 있는데도 계속 '변동 없음'을 가리키는 것이었다. 뭔가 잘못된 게 분명했다.

그 원인이 무엇인지를 캐다가 나는 아주 이상하면서도 놀라운 사실을 알게 되었다. 바로미터가 가리키는 것은 단순한 날씨가 아니라 '월스트리트의 날씨'였던 것이다. 그것은 주식투자 바로미터였다. 어쩌면 그 작은 기계 하나에 모건 은행의 성공비결이 담겨 있을지도 모른다는 생각에 가슴이 두근거렸다.

나는 너무 흥분한 나머지 날이 밝자마자 그 이야기를 친구들에게 들려주었다. 소문은 꼬리에 꼬리를 물고 퍼져나갔다. 〈뉴욕포스트New York Post〉의 일급 칼럼니스트를 비롯해 전 일간지의 엘리트 기자들이 내 이야기를 기사화했다. 미국에서만 무려 300개가 넘는 신문에서 그 기사를 다뤘다. 덕분에 나는 불과 며칠 사이에 유명인사가 되었다. 아주 먼 곳으로부터 전보와 편지가 쇄도했다. 거기에는 한결같이 동일한 내용이 담겨 있었다. "마술 바로미터가 어떻게 예보하나요?"

그때부터 나는 그 바로미터를 신주단지 모시듯 애지중지하고 있으며, 그것은 아직도 여전히 제대로 작동한다. 믿거나 말거나 말이다.

| 헝가리의 피티아

앞서 말했듯 나는 마술 바로미터를 갖고 있다. 하지만 내 동료들 중 상당수는 나보다 훨씬 더 '확실한' 정보원을 두고 있었는데, 나는 몇 년 전에야 그 사실을 알게 되었다.

당시 나는 고향 부다페스트에서 실로 오랜만에 달콤한 휴가를 보내고 있었다. 잠시 동안이나마 주식과 관련된 업무로부터 해방되니 너무나 행복했다. 그도 그럴 것이, 가난한 공산주의 국가에서 주식 따위에 관심을 가질 만큼 여유로운 사람이 과연 몇이나 되었겠는가?

　그런데 도착한 지 사흘째 되던 날, 어릴 적 친구가 찾아와 나를 꼭 만나고 싶어하는 사람이 있으니 함께 가자는 게 아닌가. 모처럼 만나는 친구의 부탁이라 매정하게 거절할 수는 없었지만, 마음속으로는 그 친구가 몹시도 원망스러웠다. 이름을 듣고 보니 나도 알 것 같았다. 바바라 질비거Barbara Silbiger라는 독실한 유대인 노파였는데, 내가 어렸을 때부터 부다페스트에서 영험한 점쟁이로 통하던 아주 유명한 여자였다. 제국의 섭정을 맡았던 니콜라우스 호르티Nicolaus Horthy 장군, 총리대신 베틀렌Bethlen 공작 등 많은 정부요인 및 상류층 인사들이 그녀의 단골고객 내지 그녀의 환자였다. 새해가 되면 일간지마다 그녀가 점치는 1년 운세가 실리곤 했다. 말하자면 그녀는 공식적으로 인정받은 '헝가리의 피티아Pythia[51]'였다.

　나는 그녀의 초대가 전혀 달갑지 않았다. 내 미래에 관해서는 절대로 알고 싶지 않았기 때문이다. 두려움과 기대로 맞이한 하루하루가 내게는 큰 즐거움이자 삶의 활력소였던 것이다. 그러자 친구는 바바라의 관심이 완전히 다른 곳에 있기 때문에 점이나 예언 따위에 관한 이야기는 일체 없을 것이라며 나를 안심시켰다. 단지 내게서 뭔가 색다른 것을 경험하고 싶어 한다는 것이다. 그래서 우리 두 사람은 헝가리의 델피, 전 세계의 거의 끝자락에 위치한 부다페스트의 뒷산을 향해 길을 떠났다.

---

[51] 그리스 아폴로 델피 신전에서 신탁을 행하던 여사제들을 일컫는 말

헛간이나 다름없는 곳에서 울긋불긋한 장신구로 요란하게 치장을 한 늙은 여자가 우리를 맞이했다. 낡아빠진 안락의자가 그녀의 육중한 몸무게에 눌려 신음하고 있었다. 환기가 되지 않는 방은 온갖 잡동사니들로 가득 찬, 그야말로 난장판 그 자체였다. 그러나 그녀가 입을 떼는 순간 그녀에 대한 이미지가 완전히 바뀌었다. 그녀의 어투는 아주 고상하고 세련되었다. 몇 개국의 언어를 넘나들었으며, 그것도 거의 완벽하게 구사했다.

"그러니까 당신이 아주 정직한 방법으로 주식투자를 한다는 바로 그 젊은이군요. 주식에 관해서는 훤히 꿰고 있다고 들었어요. 당신에게 한 수 가르침을 받는다면 더 큰 영광이 없겠네요."

나는 내 귀를 의심했다. 겉으로 봐서는 아무것도 모를 것 같은 할머니(더군다나 공산주의 국가에서)가 어떻게 다우존스 지수, 투자신탁, 전환사채 따위를 알 수 있단 말인가? 우스갯소리로 들리겠지만, 나는 그녀에게 주식투자의 원리를 가르치는 일이 매우 즐거웠다. 두 시간 가까이 그곳에 머물면서 그녀의 질문에 성의껏 대답해주었다. 헤어질 무렵 그녀는 내게 계속 연락을 주고받자고 제의했다. 나는 전 세계 주식시장의 동향에 대한 내 견해를 수시로 알려주겠노라고 아주 기꺼운 마음으로 약속했다.

며칠 후 다시 서유럽으로 돌아오자마자 지인들에게 그 우연한 만남에 대한 이야기를 꺼냈다가 아주 깜짝 놀랐다. 알고 보니 헝가리 출신으로서 외국에서 활동하고 있는 네 명의 아주 노련한 주식 전문가들이 벌써 오래 전부터 그녀와 연결되어 있었던 것이다. 그들은 취리히, 런던, 제네바, 뉴욕, 이렇게 네 곳에서 주로 활동했는데,

정기적으로 그녀에게 선물을 보내고 그 대가로 전 세계 모든 증권 거래소에 대한 그녀의 예언을 전달받았다고 한다. "가을의 월스트리트에서는 모든 것을 매각 처분하라!"라는 식의 명령조의 메시지가 있는가 하면, 어떤 때는 "파리에서는 P로 시작되는 주식은 모조리 사들일 것!"이라는 식의 아주 신비로운 메시지도 보내왔다. 심지어는 "취리히에서는 노란색의 주식이 폭등할 것임!"이라는 회화적인 메시지도 있었다.

나는 그럴 수도 있겠다는 생각이 들었다. 그녀는 분명 뭔가에 근거한 자신의 직감을 따르고 있었다. 어쩌면 평범한 사람들이 생각하지 못하는 어떤 것에서 나름대로의 결론을 이끌어내는 것일지도 모른다. 어쨌든 그녀는 공산주의 국가의 한 허름한 방에 앉아 네 명의 국제적인 주식투자자들을 좌지우지하고 있었다.

그녀를 만나고 얼마 후 나는 새로운 작업 시스템을 도입했다. 쉽게 말해 직통전화를 개설한 것이다. 파리에서 저 멀리 부다페스트의 산으로 '내 의견'을 전해주면, 그 의견은 그녀의 예언을 꼬리표로 달고 다시 전 세계 곳곳으로 배달되었다. 이 새로운 시스템 덕택에 그녀의 조언이 전문성을 갖추게 된 셈이었다. 물론 그녀의 예언이 적중했는지는 이 자리에서 거론할 문제가 아닌 것 같다.

주식, 사랑, 그리고 열정

| 주식 앞에서는 사랑도 스쳐가는 바람

나는 꽤 젊은 나이에 돈에 대한 맹목적인 집착으로부터 벗어났지만, 내 주변 사람들은 대부분 그렇지 못했다. 그들 중 한 사람은 아직도 기억에 생생하다. 주식과 자신을 동일시하는 아주 독특한 인물이었는데, 당시 내 눈에 비친 그는 그야말로 투자의 화신이었다. 빈에서 살고 있었지만 사실 그에게 거주지는 아무런 의미가 없었다. 증권거래소, 텔렉스, 전화기만 있다면 지구상의 어디에 살더라도 상관없었던 것이다. 그의 사무실은 텔레프린터, 연감, 경제잡지, 메모 등으로 발 디딜 틈조차 없었으며 어쩌다 그의 투자가 적중했을 때를 제외하고는 매우 침울한 분위기였다. 사방에 걸린 차트들과 그의 머릿속을 가득 채운 숫자들, 오직 그것들만이 삶의 활력소였으며 나머지는 무의미했다.

심지어는 하루의 시간 배분까지도 주식에 의해 정해졌다. 그가 직시하는 것은 단 한 가지, 주식뿐이었다. 비가 오거나, 천둥과 번개가 치거나, 햇빛이 비치거나, 어쨌든 간에 그에게 중요한 것은 오직 주식시세뿐이었던 것이다. 주식시장의 개장을 알리는 첫 번째 종소리를 듣기 위해 그는 매일 아침 부리나케 증권거래소로 달려 갔다. 폐장을 알리는 두 번째 종소리가 그에게는 마치 죽음을 알리는 조종처럼 들렸지만, 집에 도착하는 순간 다시 자신의 즐거움을 만끽할 수 있었다. 외국의 증권거래소와 연결된 사무실의 텔레프린터와 전화기를 집으로 돌려 놓았기 때문이다. 주식, 채권, 외환, 원자재, 이것이 그가 살아가는 이유이자 행복을 느끼는 세계였다.

한마디로 그는 투자 중독자였다. 그의 일상생활은 모두 투자와 연결되어 있었다. 면도를 할 때면 '질레트Gillette'를 떠올렸으며, 음료수를 주문할 때면 '코카콜라Coca-Cola'만 찾았다. 그가 입는 와이셔츠의 면직, 그가 매는 넥타이의 견직, 그가 즐겨 마시는 커피에 넣는 설탕 등 주변의 모든 물건들이 투자대상으로 보였다.

어느 날 아침 그는 평소보다 서둘러 증권거래소로 향했다. 라디오에서 약세장을 예상하고 투자한 어느 회사가 파산 위기에 처했다는 소식을 들었기 때문이다. 물론 그에게는 희소식이었다. 그는 자신의 예상이 적중했다는 만족감에 콧노래를 흥얼거리며 잰걸음으로 거래소 계단을 올라갔다. 위층 객장에서는 주가하락을 알리는 감미로운 음악이 흘러나오고 있었다. 그는 모차르트와 바흐의 음악에는 익숙하지 않았지만, 주가상승의 장조와 주가하락의 단조는 기막히게 구분해냈다.

'난데없이 복도에 웬 사다리지? 괜히 건방 떨다 다치지 말고

얌전히 밑으로 지나가야겠다. 이럴 땐 몸을 사리는 게 상책이야.'

순간 그는 마치 누군가에게 한 대 얻어맞은 듯 화들짝 놀랐다. 웬 금발 소녀가 사다리 꼭대기에서 그를 향해 웃고 있는 게 아닌가! 멈춰 서서 그녀의 모습을 머리 끝에서 발끝까지 찬찬히 살폈다.

'이건 말도 안 돼.'

잠시 후 그는 고개를 가로저었다.

'저 아가씨가 나를 보고 웃고 있네.'

그는 도망치듯 객장 안으로 사라졌지만 소녀의 미소가 계속해서 그를 쫓아왔다. 손이 약간 떨렸으며 동료들이 건네는 축하인사도 건성으로 받아넘겼다. 그 이상한 소녀의 미소가 여전히 그의 눈앞에 맴돌고 있었다. 어떤 때는 왼쪽에서 나타났다가 또 어떤 때는 오른쪽에서 보이는 것 같기도 했다. 그는 불안한 눈빛으로 사방을 두리번거렸다. 마침내 폐장을 알리는 두 번째 종소리가 울렸다. 그날은 이상하게도 개장 시간이 한없이 길게 느껴졌다.

'밖으로 나가면 다시 보게 될까? 아냐, 내가 헛것을 본 게 분명해. 설마 그곳에 사다리가 있었을 리가. 하물며 여자라니?'

거리로 나선 그는 평소보다 천천히 걸으며 사방을 둘러보았다. 집에 돌아오니 전화벨이 요란스럽게 울려댔지만 수화기를 들지 않았다. 텔레프린터가 계속 달깍거리며 외국의 주식정보를 토해내고 있었지만 만사가 귀찮아 내버려두었다. 뉴욕도, 시카고도, 부에노스아이레스도 그 순간만큼은 그에게 무의미한 단어들일 뿐이었다. 밤이 깊었지만 도무지 잠을 이룰 수가 없었다. 지금까지 살아온 자신의 인생역정이 주마등처럼 스치고 지나갔다. 인간적인 따뜻함과는 거리가 먼, 오직 투자모험으로 지새웠던 저 공허한 나날들. 그는 자신이 개인적으로 쓸 수 있는 돈을 계산하느라 꼬박 밤을 새웠다. 그녀를 다시 만날 수만 있다면 모든 것이 달라질 수도 있다는 얼토당토않은 생각이 들기도 했다. 그는 초조하게 증권거래소를 향하는 시간만을 기다렸다.

그러나 금발의 소녀는 보이지 않았으며 그의 얼굴에는 실망의 빛이 역력했다. 그가 주식투자자로 발을 들여놓은 이후 생전 처음으로 주식시세 외의 다른 일에 관심을 보이는 그의 모습을 보고 동료들은 고개를 갸우뚱했다. 그는 하루 종일 안절부절못하다 폐장을 알리는 종소리가 울리자마자 서둘러 집으로 향했다. 그런데 거래소의 특별관람석 유리창 너머로 웬 소녀가 치렁치렁한 금발머리를 빗고 있는 게 아닌가! 흠칫 놀라며 걸음을 멈추는 순간 그는 소녀와 눈이 마주쳤다. '나를 기다려 주겠소?' 그의 눈빛이 던지는 말에 소녀의 눈빛이 살포시 '예!'라고 대답했다.

그는 마치 구름 위를 걷는 듯했다. 오랫동안 마음속으로만 갈망해왔던 진정한 삶이 이제야 손에 잡히는 듯했다. 집에 도착하자마자 자신의 결심을 실행에 옮기기 시작했으며, 며칠 동안 쉬지 않고 여러 곳에 전문을 띄웠다. 물론 이번에는 새로운 투자를 하기 위해서가 아니라 거래를 청산하는 전문이었다. 일주일 만에 자신의 모든 거래관계를 정리한 다음, 이번에는 외국을 돌아다니며 계좌잔액을 정리해 모두 현금으로 바꿨다. 마지막 날 밤, 그는 최종적으로 자신의 계좌를 점검한 다음 여행가방을 집어 들었다. 앞으로 전개될 새로운 삶에 대해 마음이 설레었다.

'현금은 모두 은행에 맡기고 이제 두 번 다시 주식에 손대지 않을 거야. 물론 딱 한 번은 거래소에 가야겠지. 나를 애타게 기다리고 있을 그 소녀를 데려와야 하니까. 그리고 그녀와 오래오래 행복하게 살아야지.'

그는 지그시 눈을 감고 머릿속으로 그녀와 만나는 장면을 그려 봤다.

"여기 있었군. 일주일 내내 자네를 찾고 있었다네."

그는 오래전부터 알고 지낸 친구를 우연히 열차 안에서 만났다. 그는 세간에 꽤 알려진 주식중개인이자 투자자였다.

"내 말 좀 들어보게!"

엉덩이가 의자에 닿기도 전에 그가 눈을 반짝이며 운을 떼었다.

"이건 정말 백 년에 한 번 올까 말까 한 굉장한 기회일세."

"난 관심 없다네. 주식에서 손을 뗐거든."

"어허 이 사람, 무슨 그렇게 심한 농담을 하나? 지나가던 개가 다 웃겠네."

"농담이 아니라네. 주식이라면 이제 진저리가 난다네."

"하지만 내 말을 들으면 금세 생각이 달라질걸. 잘 들어봐. 그러니까…."

그의 말을 저지하려고 손사래를 쳤지만 소용없었다. 그 친구의 혀가 제동장치가 풀린 자동차처럼 격렬하게 요동치기 시작했다.

"뉴욕 주식시장에서 무조건 모피를 사야 해. 그것도 천연가죽을! 정말이지 이건 100% 확실한 정보라고. 시세는 이미 상당히 올랐지만 앞으로도 계속 오를 거야. 러시아 사람들이 닥치는 대로 사들이고 있거든. 아르헨티나, 캐나다 할 것 없이 전 세계 시장을 무대로 그들의 에이전트들이 설치고 돌아다닌대. 그 때문에 가죽 품귀 현상이 일어났으며, 심지어 독일에서는 가죽이 부족해서 일손을 놓는 신발 공장들이 속출하고 있다는 소문이야."

그는 자기 생각에 몰입해 침을 튀겨가며 열변을 토했다.

"자네도 잘 알다시피 가죽의 가격은 다른 생산물과 관련이 없어. 가죽은 부차적인 생산물이거든. 황소를 도축하는 건 가죽을 얻기 위해서가 아니라 살코기 때문이라는 말이지. 어떤 원자재 가격이 오르면 그것의 생산이 늘어나는 게 일반적인 현상이야. 구리의 경우를 생각해보자고. 수년 전 구리가격이 폭등하자 오랫동안 방치해두었던 구리광산이 다시 가동되었던 일을 자네도 기억할거야. 고무나 위스키도 그와 비슷했지. 누가 알겠나. 혹시 니켈광산이 다시 붐을 일으킬지.

하지만 가죽은 이것들과 전혀 다르지. 가격이 천정부지로 뛰어오를 수 있거든. 왜냐하면 살코기 소비량이 늘어나지 않는 한 도축업자들은 절대로 도축량을 늘릴 수 없기 때문이지. 오히려 도축량이 줄어들고 있다고 보는 게 정확하겠지. 돼지고기, 생선, 조류의 수요가 급증하는 추세라고. 게다가 채식주의가 유행하고 있다는 사실은 더 이상 언급할 필요도 없겠지. 한마디로 말해 당분간 가죽생산이 늘어날 일은 거의 없다는 거지.

다른 쪽에서는 정반대 현상이 일어나고 있어. 캄차카에서 건져 올린 엄청난 양의 캐비아와 바닷가재를 생각해보라고. 그것들을 수출한 대가로 받은 거액의 자금으로 러시아 사람들은 과연 뭘 할까?

무조건 가죽을 사들이고 있다는 거야. 군인을 예로 들어 보자고. 군화, 탄피, 탄약주머니 등 몸에 걸친 건 죄다 가죽제품이야. 게다가 겨울용 군화와 여름용 군화가 따로 있지. 또 전 세계에 군인들이 좀 많아? 머리끝에서 발끝까지 가죽장비로 무장한 군인들 말이야. 그뿐만이 아니지. 신발도 없이 사는 수많은 미개국 국민들은 또 어떻고? 수십억 명의 중국인들은? 설마 이래도 내 말이 틀렸다고 하지 않겠지?"

그러고도 한참 동안 장황한 말이 계속되었다. 그는 정치, 외교, 경제, 지리 등 다방면을 예로 들며 무조건 가죽을 사야 한다는 결론을 내렸다.

"현재 정세로 미루어볼 때 가죽보다 좋은 투자처는 없어. 전 세계 어딘가에서 일단 화약냄새만 풍겼다 하면 가죽 수요가 기하급수적으로 늘어날 건 불을 보듯 뻔하지."

"자네 의견을 반박하고 싶은 생각은 추호도 없네. 사실 다 옳은 말이기도 하고. 하지만 다시 한 번 말하지만 난 사업에서 이미 손 털었어."

"그렇다면 좋아, 억지로 떠밀 수는 없는 노릇이니까. 나중에라고 생각이 바뀌거든 연락주게. 여기 내 전화번호야."

그 말을 끝으로 두 사람은 헤어졌다. 그날 밤 우리의 주인공은 열차 침대칸에서 잠을 이루지 못하고 밤새도록 뒤척였다. 꿈속에서 군화, 중국산 황소, 채식주의자들, 탄환, 닭을 잡는 도축업자, 러시아 군인의 구두 밑창, 그리고 사다리 위에 서 있던 금발의 소녀도 얼핏 보았다.

그는 열차에서 내리자마자 서둘러 집으로 향했다. 집은 이전과는 전혀 다른 모습으로 바뀌어져 있었다. 차트와 메모판들로 가득했던 벽면은 텅 비어 있었으며, 텔렉스도 눈에 띄지 않았다. 여행을 떠나기 전에 그가 모조리 치워버린 것이다. 그는 이제 면도를 하면서도 질레트 주식을 떠올리지 않았다. 옷을 입으면서 면직 가격을 떠올리지 않았고, 넥타이를 매면서 습관적으로 상표를 확인하던 버릇도 없어졌다. 완전히 새로운 인생이 시작된 것이다. 그는 참으로 오랜만에 거울 앞에 섰다. 얼굴에 몇 가닥의 주름이 잡혀 있는 피곤에 지친 낯선 남자가 멍하니 마주보고 서 있었다. 그는 잠시 생각에 잠겼다가 거울 속 남자를 향해 중얼거렸다.

"자네 아무래도 제정신이 아닌 것 같아. 어떻게 하루아침에 그 모든 걸 내팽개칠 수 있단 말인가? 사람의 본성은 속옷처럼 마음 내키는 대로 입었다 벗었다 할 수 있는 게 아니라고."

그는 말을 마치자마자 마치 누군가에게 조종을 받는 듯 뚜벅뚜벅 걸어가 수화기를 집어 들었다. 전화선을 타고 중개인의 목소리가 들려왔다.

"뉴욕 증권거래소에서 내 명의로 ○○가죽을 매수해줘요. 그것도 가능한 최대한으로."

그는 엄청난 양의 주식을 주문했으며, 은행에 저축해두었던 돈을 몽땅 담보로 예치해야만 했다. 그러고는 책상에 앉아 차분히 업무를 재개했다. 쉴 새 없이 전문이 전송되었으며, 다시 설치된 텔렉스는 요란스럽게 달각거리며 깨알 같은 글자가 박힌 용지를 부지런히 토해내기 시작했다. 그렇게 몇 시간을 정신 없이 보낸 다음 가죽

계약서를 챙겼다. 하마터면 이런 절호의 기회를 놓칠 뻔했다는 생각을 하니 정신이 아득해지는 듯했다. 앞으로 손에 쥘 막대한 이익금에 대한 상상으로 날아갈 것만 같았다. 그는 특별관람석 쪽으로는 두 번 다시 눈길조차 주지 않았다. 두려웠던 것이다. 그는 다시 아침이면 가장 먼저 객장에 출근하고, 저녁이면 가장 늦게 퇴근하는 생활로 돌아갔다.

그렇다면 그가 집중적으로 투자한 가죽가격은 어떻게 되었을까? 그동안 아이젠하워 대통령이 소련의 당서기장 후르시초프를 미국으로 초청하는 역사적인 사건이 일어났다. 동서간의 긴장완화라는 위대한 역사의 서막이었다. 핵심 사안이 평화공존과 군비축소였던 만큼 군화와 탄띠의 폭발적 수요는 물 건너 간 거나 다름없었다. 당연히 가죽가격은 폭락했으며, 그는 담보로 예치했던 자신의 전 재산을 날려버렸다. 나도 그때 상당한 손해를 입었다. 금방이라도 손아귀에 잡힐 듯한 일확천금의 유혹을 나 역시 뿌리치지 못했던 것이다. 그나마 다행히 조금 일찍 발을 빼는 바람에 결정적인 타격은 피할 수 있었다. 손재수가 들었는지 그 해에는 투자하는 족족 손해를 입었다.

나는 이 글을 완성한 다음 이 이야기의 실제 모델이 된 그 친구에게 직접 읽어주었다. 그 친구는 관심 있게 들으면서 연신 고개를 끄덕였다. 그러다가 잠시 침묵이 흐른 뒤 그가 정색하며 한마디를 던졌다.

"정말 재미있게 썼군. 그런데 자네, 이 정보는 모르지? 지금은 돼지 뱃살을 사야 할 때라고!"

| 아주 특이한 결투

몇 년 전이었던가? 부다페스트 증권가에 파산바람이 휘몰아친 적이 있었는데, 그 와중에서 일어난 한 사건이 특히 기억에 남는다. 그것은 투자와 유머가 절묘하게 조화된 흥미진진한 스캔들로, 그 희극적인 상황 때문에 당시 암울한 분위기의 사람들이 잠시나마 입방아를 찧게 하는 즐거움을 선사했다.

'헝가리 살라미 주식회사'는 밀라노 살라미와 경쟁하기 위해 아주 독특한 맛을 지닌 제품을 시장에 내놓았다. 그때 개발된 그 유명한 소시지는 오늘날까지도 헝가리의 수출 분야에서 효자 노릇을 톡톡히 하고 있다. 회사는 날로 번창했으며, 증권거래소는 이 회사의 주식을 사려는 사람들로 연일 북새통을 이루었다. 50크로네에 불과하던 주가가 며칠 새 300크로네로 폭등했다. 주가가 '터무니없이' 높다고 판단한 일부 투자자들은 '약세장 신디케이트'를 결성했다. 주가의 상승곡선이 곧 하향세로 돌아설 것이라는 게 그들의 생각이었다. 물론 그 회사 살라미의 품질이야 두말할 나위 없이 훌륭했지만, 주가가 높은 것에 대해서는 회의적이라는 것이었다. 사실 그것은 아주 논리적인 판단이었지만, 2 곱하기 2가 4가 아닐 수도 있는 곳이 주식시장이 아니던가!

그들의 예상대로 결국 주가가 폭락하기는 했다. 하지만 그 원인은 그들의 논리와는 전혀 무관했으며, 그 시점도 훨씬 늦었다. 왜냐하면 투자세계의 실질적인 대부들이 그야말로 삼류 코미디에 얽혀 들었기 때문이다.

그녀는 매력적이고 섹시했다.

그녀의 남편은 부다페스트의 잘 알려진 은행가이자 노련한 주식투자자였다.

제3자인 그녀의 정부 역시 열정적인 투자자였는데, 우연의 일치로 문제의 살라미 주가가 하락하는 쪽에 투자한 신디케이트의 책임자였다.

그녀는 몇 달 전부터 부다페스트의 대형 상점에 진열된 보석을 갖고 싶어 안달이 나 있었다. 그녀의 정부도 보석을 애인에게 선물하고 싶었지만, 남편이 문제였다. 어느 날 갑자기 자신도 모르는 값비싼 보석을 목에 두르고 있는 아내에게 의심의 눈초리를 보내지 않을 남편은 없을 테니 말이다. 한참을 궁리한 끝에 두 사람은 남편을 속일 멋진 계획을 꾸몄다.

그녀는 우선 남편에게 그 보석을 사달라고 조르기 전에 몰래 보석가게를 찾아가 미리 짜놓은 계획을 실행에 옮겼다.

제3자인 그녀의 정부가 미리 보석가격의 4분의 3을 지불한 다음, 그 보석을 다시 진열장 속에 넣어둔다는 것이 1단계 계획이었다. 2단계는 두 번째 구매자인 그녀의 남편이 등장하면, 보석가게 주인은 각본에 따라 원래 가격의 4분의 1만 제시하는 것이었다. 그렇게 하면 그녀의 남편은 특별 할인판매에 혹해 틀림없이 그 보석을 사게 될 것이라는 게 그들의 계산이었다.

그녀는 남편에게 자신의 생일날짜를 암시해주면서 어떤 보석가게에서 할인판매를 한다는 이야기를 슬쩍 흘렸다. 그러자 남편이 정색하며 말했다.

"여보, 도대체 날 어떻게 보고 그런 소릴 하는 거요. 설마 나를 세일 날짜에 맞춰 아내 선물이나 고르는 구두쇠로 생각하는 건 아니겠지?"

말은 그랬지만 다음 날 그는 몰래 보석가게를 찾아갔다. 가격도 가격이지만 보석의 모양새도 그의 취향에 딱 맞았다. 그는 그 자리에서 현금으로 보석을 사서 주머니에 넣고 아주 흡족한 표정으로 가게문을 나섰다. "모든 게 계획대로 됐습니다." 그가 떠나자마자 가게주인이 그녀에게 전화를 걸었다.

그리고 며칠이 지났다. 그녀의 남편은 마냥 즐거운지 연신 콧노래를 흥얼거렸다. 그녀도 보석을 목이 빠져라 기다렸지만 감감무소식이었다. 기다리다 지친 그녀는 더 이상 참지 못하고 보석의 행방을 캐기 시작했다. 알고 보니 그 보석은 이미 다른 사람의 목에서 빛나고 있었다. 그것도 남편의 애인인, 부다페스트에서 가장 예쁘다고 소문난 프리마돈나의 목에서 말이다.

소문은 삽시간에 도시 전체로 퍼졌다. 사람들은 만날 때마다 그 이야기로 침을 튀겼다. 분노와 질투심으로 괴로워하던 남편은 부정한 아내를 그냥 둘 수 없다며 자신의 명예를 되찾기 위해 아내의 정부를 '생매장'시키기로 작정했다. 그리고 복수의 수단으로 칼이나 총보다 훨씬 더 강력한 무기인 '주가조작'이라는 무시무시한 방법을 선택했다.

연적의 아킬레스건은 주가하락을 예상하고 자신의 전 재산을 투자한 문제의 그 '살라미'였다. 이처럼 주가하락을 예상하고 투자한 사람의 숨통을 조이려 할 때 쓰는 전략을 증권가 은어로 '코너corner'라고 한다.

선물시장에서 강세장을 겨냥한 투자자들은 주식을 매수하더라도 당장 가져오지 않으며, 약세장을 겨냥한 투자자들은 주식을 매도하더라도 바로 양도하지 않는다. 양도 예정일에 강세장을 예상한 투자자들이 실제로 존재하는 것보다 더 많은 주식을 산 것으로 밝혀지면 약세장을 겨냥한 투자자들은 곤경에 빠지게 된다. 실제로 존재하는 것보다 더 많은 주식을 매도했다는 사실을 제때 알지 못했기 때문이다. 그럴 경우 그들은 결제 날짜에 주식을 양도할 수 없게 되고, 따라서 부족한 수량의 주식을 기세등등한 강세장 투자자들로부터 사들이지 않으면 안 된다. 그때는 당연히 부르는 게 값이다. 이것이 바로 '코너'라는 것이다.

배신감에 사로잡힌 남편은 모든 자금력을 동원하여 문제의 살라미 주식을 사들이기 시작했다. 그러자 살라미의 주가가 300에서 갑자기 1000, 2000, 3000 하는 식으로 가파르게 치솟았다. 돈이 바닥나자 그는 독일의 물주에게 자금을 빌려가면서까지 자신의 의지를 계속 관철해나갔다. 마감일이 다가오자 우리의 가련한 정부는 복수심에 불타는 은행가의 요구조건을 들어주느라 값비싼 대가를 치러야 했다.

하지만 상대방의 승리감도 그리 오래가지 못했다. 무모한 응징에 눈먼 나머지, 그와 그의 은행은 정상가격의 10분의 1에도 미치지 못하는 주식에 천문학적인 금액을 쏟아 부은 것이다. 남편은 산더미처럼 쌓인 살라미 주식을 처분하려 했으나 매수자가 없었다. 파산은 당연한 결과였다. 물론 제3자인 그의 연적 또한 엄청난 타격을 입은 것은 마찬가지였다.

주식, 사랑, 그리고 열정

이 이야기는 동일한 거래에서 강세장 투자자와 약세장 투자자 모두 '파산'이라는 동일한 운명을 맞이할 수도 있다는 사실을 입증하는 전형적인 사례다.

그 후 무대에 올랐던 주인공들은 사방으로 뿔뿔이 흩어졌다. 보석가게 주인은 오랫동안 뉴욕 메디슨 가에서 보석상을 운영했다. 20년 전쯤 나는 그녀의 정부였던 남자를 브라질 상파울루에서 우연히 만난 적이 있는데, 그는 여전히 투자업에 종사하고 있었다. 빚더미에 앉아 도산한 은행가는 파리에서 자살했고, 얼마 후 그의 부인도 이탈리아에서 죽었다. 은행가의 애인이었던 프리마돈나는 어쩌면 아직도 할리우드를 배회하고 있을지 모른다. 목소리를 잃었다는 소문도 나돌았다. 그렇다면 보석은 어디로 갔을까? 그야 바람에게 물어볼 수밖에!

| 여성과 주식투자

앞서 소개한 이야기처럼 투자에서 여성의 역할이 결정적인 경우는 그다지 많지 않다. 물론 여성들도 남편이나 남자친구에게 훌륭한 보조자가 될 수 있다. 여성들은 나를 만나면 종종 주식투자에서 자신들이 알아야 할 것이 무엇인지 묻는다. 솔직히 말해 주식투자에서 여성이 알아야 할 것은 그다지 많지 않다. 그 이유는 증권거래소라는 곳이 생리적으로 남성들을 위한 전장터이기 때문이다. 하지만 바로 그 때문에 주식투자에 빠진 남성들의 속성을 여성들이 알아야만 한다. 남성들이 주식을 통해 이익을 챙긴다면 여성들은 그 이익에서 다시 자신의 이익을 챙기기 때문이다.

대개 주식투자자들은 돈을 물 쓰듯이 쓰는 경향이 있다. 그것은 그리 흔치 않지만 한 번씩 대박이 터질 때면 주체할 수 없을 만큼 많은 돈이 한꺼번에 들어오기 때문이다. 대부분의 사람들은 넝쿨째 굴러들어온 돈이 알고 보면 잠시 빌린 것에 불과하다는 사실을 쉽게 간과한다. 다음번에 상황이 급변하면 그것을 다시 토해내야 하는데도 말이다.

쉽게 얻은 돈의 상당 부분을 우리 주식투자자들은 여성들을 위해 쓴다(당연히 우리도 신사들이니까). 주가가 상승해서 투자수익이 많을수록 여성들은 풍요로워진다. 반대로 운명의 수레바퀴가 역회전하면서 주가가 곤두박질칠 때 가장 먼저 고통받는 것도 여성들이다.

주가상승과 주가하락이란 도대체 무엇을 뜻할까? 나의 오랜 친구가 이 질문에 대해 명쾌하게 대답을 한 적이 있다. 자신의 꼬맹이 아들 녀석이 던진 질문에 그가 이렇게 대답했다는 것이다. "얘야 주가상승이란 샴페인, 캐비아, 그리고 멋진 여성들이다. 또 주가하락이란 맥주 한잔, 소시지 몇 조각, 지하철, 그리고 네 엄마를 의미한단다." 어떤 경제학 교수도 주가상승과 주가하락, 호황과 불황을 이처럼 간단명료하게 정의할 수 없을 것이다.

물론 주가하락을 겨냥하고 투자하는 사람들도 있다. 현명한 여성이라면 비상용으로 이런 투자자들 중 한 명쯤은 애인으로 두는 것도 상책이다. 그럴 경우 그녀는 주식시세와는 무관하게 늘 행복할 수 있을 터이니까 말이다.

주식시장의 동향은 풍향계처럼 수시로 변한다. 아무리 경험이 많은 주식 전문가라도 그때그때 부는 바람의 방향을 정확히 읽어내

주식, 사랑, 그리고 열정

기란 쉽지 않다. 바로 이 점을 여성들이 잊지 말아야 한다. 남성들의 마음은 예외 없이 주식시세에 좌우되기 때문이다. 현명한 여성이라면 돈이 궁한 시기가 닥쳐도 머지않아 풍요로운 시기가 반드시 돌아올 것이라는 믿음을 갖고 기다릴 줄도 알아야 한다. 주식투자자들에게는 주변 여성들의 태도가 중요한 역할을 한다. 자금사정이 어려운 시기에 남편을 이해하지 못하고 바가지만 긁는 아내 때문에 엄청난 스트레스를 받고, 그 때문에 무리하게 배팅을 하다 전 재산을 날려버린 투자자들이 한둘이 아니다.

투자자의 아내나 애인 노릇하기는 어디 쉬운 일이던가! 주식투자가 일상생활의 분위기를 좌우한다. 휴가, 새 차, 모피코트 등 손꼽아 기다려왔던 것들이 단지 주식시세가 예상을 벗어났다는 이유 하나 때문에 하루아침에 물거품이 되는 일도 비일비재하다.

사실 주식투자자와 함께하는 생활은 그리 쉽지 않다. 잠자리에 들어서도 주식에 관한 꿈을 꿀 만큼 대부분의 투자자들은 주식이 삶의 전부다. 그러다 보니 대화의 주제도 늘 주식이다. 파트너가 주식시세, 배당금 따위에 한창 열을 올릴 때 그 말을 관심 있게 들어주거나 적어도 관심이 있다는 인상이라도 심어준다면 그녀는 한 남자의 마음을 사로잡았다고 해도 과언은 아닐 것이다.

물론 하루 종일 시달리다 파김치가 되어 집에 돌아와서는 아내의 수다를 마지 못해 건성으로 들어주는 남편도 있다. 그러나 주식투자자라면 절대 그런 일은 있을 수 없다. 그들은 자기 아내가 아니라 고객과 마주 앉아 있는 것처럼 늘 토론하고, 논쟁하고, 설득하고 싶어한다. 따라서 현명한 여성이라면 자신의 남편이 어떤 주식에 투자했는지 반드시 알고 있어야 한다. 또한 남편은 자신이 주주로 참여하는 회사의 치즈나 음료가 식탁에 오르면 기뻐하지만, 잘못 투자한 회사의 식품이 식탁에 오르면 식욕을 잃기 마련이다.

주식투자자의 아내나 애인은 훌륭한 광고모델이기도 하다. 부인의 장신구나 옷차림만 봐도 그 남편의 투자 성공 여부를 판단할 수 있기 때문이다. 값비싼 보석으로 치장한 매력적이고 우아한 여성은 남편 주위에 있는 고객, 동료, 또는 은행가들에게 남편의 신용도를 높여준다. 다시 말하자면 아내는 남편이 이룬 성공의 상징인 셈이다.

'주식과 관련한 기술적인' 기본지식이 없는 여성이라도 주식을 통해 이득을 취할 수 있다. 내 친구의 부인인 베라 칼만이 그 대표적인 사례라 할 수 있다. 나의 좋은 친구였던 작곡가 에머리히 칼만Emmrich Kalman과 전화로 길게 나누었던 이야기들이 지금도 기억에 생생하다. 그는 빈 오페레타의 거장으로 열정적인 주식투자자이기도 했다.

1950년대 초에 파리와 빈 사이를 오간 장거리 통화에서 칼만은 당시 재정 고문이었던 나에게 여러 가지 자문을 구하곤 했다. 예를 들면 아내 베라를 위해 까르띠에에서 좋은 조건으로 다이아몬드를 살 기회가 있는데, 그 때문에 10만 달러어치(요즘 화폐가치로 환산하면 약 25만 달러에 해당한다)의 주식을 팔아야 할지 말지를 물어왔다. 나는 두말 않고 그렇게 하라고 대답했다. 왜냐하면 그보다 한 시간 전에 그의 아내 베라가 프랑스에서 내게 전화를 걸어 자기 남편을 설득해달라고 부탁했기 때문이다. 그 이유인즉슨 친구들은 모두 아주 멋진 다이아몬드 반지를 하나 이상은 갖고 있는데 자기만 그렇지 못하다는 것이었다. 듣고 보니 그녀의 주장도 나름대로 일리가 있었다. 며칠 후 베라 여사의 아름답고 섬세한 손가락에는 멋진 다이아몬드 반지가 반짝거리고 있었다.

이성적인 판단을 앞세운다면 IBM이나 제록스Xerox의 주식을 보유하는 것이 더 나았을 것이다. 하지만 달리 생각해보면 희귀한 반지를 끼고 다니면서 질투심 많은 친구들에게 자랑하는 즐거움이 주식을 통해 얻는 이익보다 그 가치가 덜하다고 단정할 이유도 없지 않은가? 내 경험에 비추어보면, 아내나 애인이 은행계좌보다 차라리 보석이나 모피 등에 매료되어 있을 때가 남자들에게는 덜 위험하다. 보석이나 모피 따위는 한계가 있지만, 은행계좌는 결코 그렇지 않기 때문이다.

전쟁이 끝난 후 나는 음악계의 우상인 리하르트 슈트라우스Richard Strauss를 스위스에서 만나 친구가 되는 행운을 얻었다. 우리는 취리히 부근에 있는 바덴 시의 베르나호프에서 종종 식사를 했는데, 그럴 때마다 나는 그 위대한 음악가로부터 음악에 대한 이야기를 듣고 싶어 안달했다. 하지만 부질없는 희망이었다. 그의 관심사는 오직 돈이었고, 그의 부인인 파울리네 여사 또한 나만 보면 증권시장에 대한 질문만 해댔다.

사람들은 누구나 주식투자라는 비상한 제도에 한 번쯤은 자극을 받기 마련인데, 다음에 소개하는 이야기가 그 전형적인 예라 할 수 있다. 프랑스 리비에라에 살 때 나는 종종 부다페스트 출신 친구인 야노스H. Janos를 집으로 초대하곤 했다. 당시 그는 문화계의 저명

인사로서 특히 프랑스 문학에 조예가 깊었다. 나는 그를 기쁘게 해 줄 심산으로 프랑스 작가이자 콩쿠르상 수상자인 이웃 친구 M. C 씨를 초대한 적이 있다. 그는 예술비평가로 미국 모 대학의 불문학 교수였다.

사실 나는 그 프랑스인 앞에서 헝가리 친구를 자랑하고 싶었고, 또 공산주의 국가인 헝가리도 프랑스 문학의 최근 흐름에 대해 잘 알고 있다는 것을 알려주고 싶었다. 친구인 야노스는 문학적 의견을 교환하기 위해 하루 종일 준비했지만 애석하게도 기대했던 고담준론은 이루어지지 않았다. 그날의 주빈인 불문학 교수가 전자공학, 유가, 금값, 금융시장 등에 관한 질문을 쉴 새 없이 내게 퍼부어 댔기 때문이다. 그 바람에 야노스는 아무 말도 꺼내지 못하고 시종일관 꿀 먹은 벙어리 모양 시무룩하게 앉아 있기만 했다. 문학적 화제로 이야기 꽃을 피워보려고 했던 오찬은 그렇게 해서 실패로 끝나고 말았다.

나는 유명인사로서의 대가를 톡톡히 치른 셈이었다. 그런 이유로 사교계의 부인들이 예술가, 소설가, 기타 멋진 사람들을 초대하는 자리에는 절대 나를 부르지 말라고 부탁하고 싶다. 나 때문에 분위기를 망칠 가능성이 높기 때문이다. 이는 능력 있는 주식투자자라면 누구에게나 일어날 수 있는 일이기도 하다.

주식, 사랑, 그리고 열정

코러네이션
신디케이트

Kostolanys beste
Geldgeschichten

너무나 많은 사건들이 일어났던 시기인 19세기의 말엽, 사람들은 금을 좇는 인간의 꿈이 드디어 실현되었다고 믿었다. 누가 최초로 트란스발Transvaal[52]의 금광을 발견했는지는 모르겠지만, 다들 시바 여왕의 보물창고가 열렸다고 상상했다.

하지만 환상은 너무나 컸다. 숙련된 노동력의 부족, 높은 자재 비용(특히 채광에서 필수적인 다이너마이트의 높은 가격), 운송 문제, 광부들에 의한 도굴 등 극복해야 할 장애물이 한두 가지가 아니었다. 광부들의 임시 거처가 곧 화려한 도시로 탈바꿈하였는데, 그곳이 바로 세실 로즈Cecil John Rhodes[53]가 금융의 지브롤터로 육성하려 했던 요하네스버그였다.

---

52 현재 남아프리카공화국 동북부에 위치한 세계 제1의 금산지.
53 영국의 아프리카 식민지 정치가. 남아프리카 케이프주 식민지 총독으로 남아프리카 경제계를 지배하고 막대한 재산을 모았다.

금은 단순한 환영이 아니라 엄연한 실체이다. 단지 채굴이 필요할 뿐이다. 금의 존재는 증권시장에 새로운 붐을 일으켰다. 남아메리카의 유가증권 파동이 불러온 암울한 분위기가 아직 완전히 걷히기 전이었음에도 불구하고, 영국의 증권거래소로 대규모 자본이 흘러들어왔다. 새로운 회사들이 우후죽순으로 설립되면서 다시 투자의 윤무가 시작되었다. 사람들은 연금술사들처럼 금에 매료되었다. 하룻밤 새 일확천금을 거머쥘 수도 있었으니 그럴 만도 했다. 한때 서커스단의 광대였던 바니 바나토Barny Barnato가 그 모든 소동의 지휘봉을 잡고 있었다.

시장에 나온 주식은 종류를 막론하고 무엇이든 날개 돋친 듯이 팔려나갔다. 회사가 설립되면 그 즉시 증자가 이루어지고, 새로운 지분증서에 잉크가 채 마르기도 전에 다시 증자가 계획되었다. 1867년에 림포포 광산회사Limpopo Mining Company가 설립되자 연이어 수백 개에 달하는 유사기업들이 문을 열었다. 독일인들이 이 도박에 참여하면서 제국의 자본이 대규모로 시장에 풀렸는데, 사실 그 시장은 그처럼 많은 자본이 필요하지 않았다.

마찬가지로 프랑스인들도 금 열풍에 휘말려 수백만 달러를 같은 시장에 쏟아부었다. 프랑스 예금주들은 이미 오래전부터 트란스발 비트바테르스란트의 금광, 로디지아와 스페인의 구리광산, 전 세계의 유정, 우라늄 광산 등 그 종류를 가리지 않고 지하자원 개발에 언제나 흔쾌히 돈을 투자해왔었다. 그런데 예나 지금이나 프랑스에서 신성한 재물로 다루어지는 금이 투자의 대상이었으니 그 열기가 오죽했으랴!

당시의 금 투기 열풍과 관련하여 숱한 이야기들이 전해지는데 그중 하나를 소개해보겠다. 런던의 은행가 바이트는 함부르크에 거주하는 자신의 모친에게 주식을 담은 작은 소포 하나를 보냈다. 그는 함께 보낸 편지에 절대 비밀을 지킬 것을 부탁하며 그 주식의 가격이 곧 10배로 뛸 것이라고 했다. 그리고 자신의 돈으로 주식을 살 때까지는 소포를 개봉하지 말라고 당부했다.

그 은행가는 사실 여자의 호기심과 자기 모친의 착한 마음씨를 계산해서 그런 행동을 한 것이다. 예상대로 모친은 당연히 그 소포를 열어보았고, 그 즉시 친한 친구들과 차를 나누며 아들이 전한 이야기를 그대로 전했다. 그리고 그 친구들이 다시 다른 친구들에게 이야기를 전하는 과정이 계속 이어졌다. 절대 비밀이라는 꼬리표를 달고 입에서 입으로 전해지며 이야기는 삽시간에 온 도시로 퍼져나갔다. 그리고 며칠이 지나지 않아 함부르크의 거의 모든 사람들이 나서서 은행가 바이트가 런던의 증권시장에 풀어놓은 주식을 고스란히 사들였다.

1895년 여름, 투자 열풍이 절정에 도달하며 주가는 그야말로 천정부지로 치솟았다. '코러네이션 신디케이트'가 발행한 주식이 단 몇 주 만에 10파운드에서 2천 파운드로 폭등한 것이다. 사실 그 주식은 광산업과는 전혀 무관했다. '코러네이션 신디케이트'는 원래 다른 회사들의 재기를 돕는다는 취지에서 결성된 것이었다.

이처럼 엄청난 회오리 사태를 야기시킨 금융회사들은 이제 시장의 정상화 따위에는 전혀 관심이 없었다. 그 회사들의 주식이 투자대상이었기 때문이다. 하지만 그 건물의 구조는 너무나 취약해서 미풍만 불어도 와르르 무너져내릴 정도였다. 그리고 그런 미풍은 언제 어디서 어떻게 불어 닥칠지 아무도 몰랐다.

드디어 우려하던 사태가 벌어졌다. 어쩌면 어느 회사의 시원찮은 채굴 결과나 또 다른 회사의 노동자 파업, 혹은 어떤 정치적인 어려움이 그 원인이었을 수도 있다. 하지만 그건 아무래도 상관없었다. 아무리 하잘것없는 사건이라도 치명타로 작용할 수 있는, 그야말로 폭발 직전의 상황이었으니까 말이다. 주가는 단박에 10분의 1로 폭락했고, 오늘날에는 그 이름조차 기억되지 않는 무수한 기업들이 흔적도 없이 사라졌다.

그로부터 100여년 후 비슷한 사태가 반복되었다. 이번에도 역시 진원지는 영국이었으며, '코러네이션 신디케이트'의 역할은 신용과 품위를 자랑하는 독일의 신용은행이 이어받았다. 이와 관련하여 나는 1987년 4월 〈캐피털〉지의 칼럼을 통해 악랄하기 그지없는 유통사기극을 다음과 같이 공개적으로 비난한 적이 있다.

나는 독일 은행들이 증권시장에서 아주 무책임하고 파렴치한 행동을 취했다고 확신한다. 그들은 일반 대중에게 그것이 우량주든 불량주든 간에 특정 주식들을 무한정 떠넘기기 위해 아주 고전적인 속임수(노련한 투자자라면 누구나 금세 알 수 있는)를 동원했다.

처음에는 외국 투자기관들이 독일 주식을 공격적으로 매수했다. 그것은 독일 시장이 너무 협소해서 매도나 매수를 포함한 거래량이 정상치를 조금만 넘어서도 쉽게 병목현상을 일으킬 수 있다는 사실을 간과한 결과였다. 그래도 외국인(특히 미국인과 영국인) 투자자들은 가치가 높은 마르크화 덕택에 약간의 이익이나마 챙기고 빠질 수 있기에 그리 큰 문제는 없을 것이다. 하지만 독일인 투자자들은 대부업체 창구 직원들의 말에 넘어간 것을 크게 후회하고 있을지도 모른다.

독일인 예금주들 중에서도 상황이 호전될 때까지 기다릴 수 있을 정도의 충분한 자금력과 인내심을 갖춘 경우는 손실을 최소화할 수 있을 것이다. 하지만 추측하건대 대다수는 그러지 못하고 상당한 희생을 감수해야 할 것이다. 독일의 증권시장은 시세차익이라는 면에서는 꽤 유리한 투자처이지만, 그것은 결코 지난 몇 년간의 좋은 시절이 앞으로도 계속 이어진다는 것을 보증하지는 못한다. 신주유통의 덫에 걸린 투자자들의 손해가 특히 클 것 같다. 세계에서 가장 크고 믿음직스럽다는 금융기관들, 이를테면 미국에서 이미 막대한 손실을 입힌 바 있는 신발 제조업체의 주식을 순진한 투자자들에게 떠넘길 것이라고 누가 상상이나 할 수 있었겠는가?

새로운 주식을 유통시키기 위해 대대적인 광고가 이루어졌으며, 당연한 결과로서 마치 포르쉐(독일의 고급 스포츠카 제조업체)나 제분회사 주식의 경우처럼 서명인은 누구나 발행가격 310마르크에 3주씩 배당받았다. 이 주식은 특히 많은 소액 예금주들에게 인기가 높았다. 최초 공시가격은 500마르크였다. 하지만 영국에서 독일 증권시장으로 유입되고 독일 투자자들이 경쟁적으로 매입하는 와중에 주가는 1,500마르크로 치솟았다. 이 과정에 시세조작이 있었는지는 확인되지 않았다. 하지만 어쨌든 이 사건은 독일 금융시장의 역사에서 큰 오점으로 기록될 것이다.

다들 이런 식이라면 어떻게 믿고 증권거래를 할 수 있겠는가? 책임 있는 기관들이 시세조작 같은 파렴치한 행위를 모의하는 대신 독일의 우량주식들을 보호하는데 전력을 기울여야 함은 너무나 당연하다. 그리고 일반 예금주들도 정상가보다 3배나 부풀려진 주식 따위에 현혹되지 말고 보다 안정적인 우량주들에 투자해야 한다.

내가 이 칼럼을 쓴지도 벌써 4년이 지났다. 당시에 큰 인기를 끌었던 그 유통주식이 결국 어떤 비참한 운명을 맞이했는지는 이 자리에서 굳이 설명하지 않아도 될듯하다. 주식투자에 조금이라도 관심이 있는 독자라면 누구나 다 아는 사실일 터이기 때문이다. 다시 강조하지만 주식투자자는 늘 조심하고 또 조심해야 한다. 여기서 거론한 이야기와 비슷한 상황이 언제든 다시 반복될 수 있기에 하는 말이다.

ECU, 칵테일이냐 전통 민속주냐?

몇 년 전부터 가칭 유럽통화 'ECU(에쿠)'가 사람들의 입에 자주 오르내린다. 'European Currency Unit(유럽 통화단위)'를 의미하는 에쿠는 아주 적절한 선택인 것 같다. 이것은 1266년부터 1653년까지 다양한 액면가로 주조된 바 있는 옛 프랑스 화폐의 부활이기도 하다. 에쿠는 사실 벨기에와 룩셈부르크의 프랑, 독일의 마르크, 네덜란드의 굴덴, 덴마크의 크로네, 프랑스의 프랑, 이탈리아의 리라, 포르투갈의 에스쿠도, 스페인의 페세타, 아일랜드의 파운드, 그리고 그리스의 드라크마가 뒤섞인 일종의 칵테일이다.

나는 에쿠를 이를테면 뉴욕 증권거래소에 상장된 30개 우량기업 주식 종목들의 시세비율 평균치인 다우존스 지수의 경우처럼 하나의 지수라고 부르고 싶다. 이 이론적인 통화도 다우존스 지수와 마찬가지로 취합된 당일시세로 표시된다. 하지만 엄밀한 의미에서 다우존스 지수가 유가증권이 아니듯이, 에쿠 또한 통화는 아니다.

물론 사람들은 이 이론적인 계산단위로 거래를 하고(마치 뉴욕 증권거래소에서 공식적으로 지수들로 거래가 이루어질 수 있듯이), 심지어는 채권을 발행하거나 채무계약을 체결하는 등 다양한 상거래 행위를 할 수 있다. 하지만 그것이 에쿠가 통화라는 사실을 입증하지는 못한다. 왜냐하면 에쿠를 구성하게 될 유럽 각국의 다양한 통화들 사이에는 엄청난 시세차이가 존재하기 때문이다.

유럽의 단일통화는 분명 모든 열정적인 유럽인들의 꿈같은 소망이긴 하다. 하지만 그것이 정치적으로 통합된 하나의 유럽을 향한 토대 혹은 전제조건은 아니다. 오히려 그와는 정반대다. 다시 말해 통합된 유럽이 단일 유럽통화 에쿠(에쿠가 도입된다는 가정 아래의)의 전제조건인 것이다. 왜냐하면 통화란 사람들이 해당 국가의 생산품들을 사고, 임금 및 세금 등을 계산할 수 있는 금속, 종이, 혹은 심지어는 플라스틱으로 만들어진 제톤Jeton에 다름 아니기 때문이다. 그러므로 유럽 각국에서 지불수단으로 사용될 제톤, 즉 화폐는 유럽 단일 중앙은행에서 발행되어야 한다. 그런데 이러한 형태의 유럽 중앙은행은 현재로서는 꿈 같은 소망에 불과한 것으로서 그 실현 가능성이 아주 희박하다.[54]

심지어 단일한 유럽통화를 향한 첫걸음이라고 할 수 있는 유럽공동체EC, European Community 모든 통화들 간의 안정된 환시세 평준화parity[55]부터가 가시밭길이다. 하룻밤 사이에 10~20%씩 널뛰기를 한

---

54 유럽중앙은행은 2000년에 설립되었는데, 이 책은 1991년에 출간되었다.
55 거래 당사국 통화들의 실질 구매력을 동등하게 만드는 환율조정.

다면 환시세 평준화가 무슨 소용이 있겠는가? 기업가들이나 상인들에게는 이처럼 급격한 환율등락이 클린플로트clean float[56]보다 더 위험하다. 고정된 환시세 평준은 다름 아닌 무제한적 태환성convertibility[57]을 의미한다.

앞으로 이러한 무제한적 태환성이 독일 마르크화를 중심으로 형성될 가능성이 아주 크다. 하지만 그러기 위해서는 최근 이미 여러 차례 겪은 바 있는 것처럼 어떤 이유에서든 프랑스나 이탈리아 국민들이 다시 공황상태를 맞이할 경우, 독일 연방은행이 과연 얼마만큼의 프랑화나 리라화를 수용해야 하는지에 대한 문제가 선결되어야 한다. 마찬가지로 프랑스 예금주들이 한꺼번에 엄청난 액수의 돈을 다른 나라의 통화로 바꾸려고 할 경우, 연방은행이 어떻게 대처해야 할지에 대해서도 답이 주어져야 할 것이다.

계획된 유럽통화라는 말이 들릴 때마다 나는 늘 이전의 오스트리아–헝가리 이원제국의 크로네를 떠올린다. 1878년(오스트리아와 헝가리의 화친과 통합이 이루어진 11년 후)부터 1918년(오스트리아–헝가리 이원제국의 해체)까지 양국이 공동의 관세구역을 형성했을 뿐만 아니라 군대와 외교정책까지 공유함으로써, 다시 말해 양국이 초국가적인 권력에 의해 통치되면서 크로네는 자신의 역할을 제대로 해낼 수 있었다. 황제이자 동시에 양국의 국왕인 한 명의 전제군주는 양국의

독립적인 의회에 입법 권한을 부여했다. 그리고 양국의 법령들은 동일한 국가 수장에게 재가를 받았다. 모든 국가적인 사안들에 대한 양국의 결속력이 얼마나 강했던지, 오스트리아−헝가리 중앙은행은 공동화폐를 발행하여 한쪽 면에는 독일어를 그리고 다른 쪽 면에는 헝가리어를 새겨넣을 정도였다(이 전제군주국에 속한 여러 민족들의 8종 언어도 작은 글씨체로 함께 인쇄되었다).

이 오스트리아−헝가리 크로네는 엄격하게 관리된 금본위제도에 힘입어 제1차 세계대전이 발발하기 전까지는 언제든지 금으로 교환될 수 있었다. 또한 그로 인해 양국의 기업가, 상인, 농장주, 연금생활자, 납세자에게는 동일한 금리정책과 신용정책이 적용되었다. 그리하여 이 '황제와 왕의 이원군주국'은 오스트리아와 합스부르크 왕가에 대한 헝가리인들의 적개심에도 불구하고 복잡하기 이를 데 없는 체제를 유지할 수 있었다. 당시 오스트리아에 대한 헝가리인들의 반감이 얼마나 뿌리깊었는지는 헝가리 국수주의자들 사이에서 회자된 유명한 속담만 봐도 미루어 짐작할 수 있다. "헝가리는 그 어떤 약속을 하든 오스트리아를 절대 믿지 않는다."

하지만 현재 유럽공동체에 속한 각국의 중앙은행들은 제각각 독자적인 금리정책과 신용정책을 펴나가고 있다. 그리고 그 과정에서 그때마다 사회정책, 조세정책, 경제정책 및 기타 여러 가지 국내 정치적 상황 변화에 영향을 받는다. 이러한 것들은 다시 국가적 특성, 국민들의 생활태도, 노동단체들의 성향 등과 같은 요소들에 영향을 받는다. 심지어는 이러한 현상들조차도 수시로 변하면서 어떤 때는 평화적이었다가 또 어떤 때는 공격적인 형태를 취하기도 한다.

통화팽창률이 20% 이상인 나라가 있는가 하면, 2%도 되지 않는 나라도 있다.

유럽 공동 중앙은행은 유럽의 모든 기업가들에게 동일한 조건으로 신용대출을 해주어야 한다. 그리고 기업가들은 노동자들에게 각국 노동단체들이 받아들일 수 있는 수준에서 동일한 임금을 지불해야 한다. 유럽공동체에 속한 국가들은 공동의 조세정책을 수용함은 물론, 필수적 전제조건으로 동일한 통화팽창률과 동일한 국내정책상의 발전도 제시해야 한다. 하지만 지금으로서는 이 모든 것이 불가능하다. 누가 중재 역할을 맡을지에 대한 논의에서 지금까지 단 한 번도 의견일치를 보지 못했다. 심지어 서머타임제도 도입과 같은 현실적으로 아주 사소한 문제마저도 전 유럽적인 차원의 합의에 이르기까지 수년이 걸렸다.

뿐만 아니라 유럽공동체에 속한 국가들의 상황이 천차만별인지라, 이를 테면 공동의 생계비 지수를 위한 토대로서 동일한 물품목록을 작성하는데도 어려움이 따른다. 왜냐하면 어떤 품목들은 특정 국가의 소비자들에게는 중요한 반면에 이웃 국가의 소비자들에게는 상대적으로 훨씬 덜 중요할 수도 있기 때문이다. 그러므로 우리는 유럽 연방공화국의 중앙은행이 설립되고 공동화폐가 10개국 혹은 20개국 언어로 발행되는 순간이 가능한 한 빨리 오기만을 기다릴 수밖에 없다.

미국과 달러에 대한
나의 편애

Kostolanys beste
Geldgeschichten

| 경제가 우선이다

지금까지의 경험, 인식, 이념을 토대로 나는 특정 통화의 운명은 그 나라의 운명과 직결되어 있다는 결론에 도달했다. 앞에서도 언급했듯이 통화는 오직 자신의 침대에서만 죽을 수 있고, 또 자신의 침대에서만 회복되어야 한다. 통화의 질과 통화의 미래는 그 나라의 미덕과 악덕, 다시 말해 그 나라 예금주, 기업가, 펀드매니저, 정치가의 미덕과 악덕에 달려 있다. 한마디로 각국의 화폐가치를 결정하는 것은 해당 국가의 경제적 잠재력이다.

무엇보다도 중요한 것은 그 나라 국민들의 전반적인 심리적 분위기다. 자국의 발전가능성과 미래에 대해 국민들이 근본적으로 신뢰하고 있는가? 신뢰가 있다면 거의 모든 것이 허용된다. 재정적자와 무역수지 적자(특히 이 두 가지 적자가 국민총생산에 비해 상대적으로 그리 크지 않을 경우)도 전혀 문제될 게 없다. 하지만 반대로 신뢰가 없을 경우에는 그 어떤 경제정책적, 금융정책적 조처도 전혀 도움이 되지 못한다.

나는 미국의 미래를 낙관적으로 보기 때문에 당연히 달러화도 신뢰한다. 이러한 열정적 낙관주의는 내 젊은 시절의 한 부분을 보냈던 '학교', 다시 말해 제2차 세계대전 중에 어려운 시기를 맞고 있던 미국에서의 생활에서 유래한다. 나는 미국 전역을 여행하며 돌아다녔다. 그 무렵 나는 유일한 일이자 취미로서 주위의 모든 것을 보고 듣고, 모든 사건(물론 월스트리트에서 일어난 사건도 포함하여)을 추적하였으며, 저녁이면 그 경험들을 토대로 뭔가 결과를 이끌어내곤 했다. 그때 그 '학교'에서 배운 모든 것이 내가 현재 이해하고 있는 경제, 정치, 금융에 관한 얇은 지식의 바탕을 이루고 있다.

당시의 나는 주식투자자로서 월스트리트에서 계속 활동하고 있었으며, 만약 하버드 비즈니스스쿨에 다녔더라면 지불했을 수업료보다 훨씬 비싼 수업료를 경험을 축적하는 데 바쳤다. '더하기 빼기 곱하기에 시간을 낭비하는 대신 더 많이 생각하고 더 많이 고민하라'는 내 평생의 신조가 만들어진 것도 바로 그때였다. 숫자는 피상적인 현상에 불과한 것으로, 심지어 어떤 경우에는 흔적도 없이 사라져버리는 비누거품과도 같다. 그보다 중요한 것은 숫자 뒤에 감춰진 진실, 다시 말해 그 원인이다.

나는 주식투자자이면서 동시에 음악애호가다. 내가 예로 드는 일화들이 자주 음악 분야와 관련이 있는 것도 같은 맥락에서다. 다음 예도 마찬가지다.

18세기 문학살롱들에서는 오페라에 대해 열띤 토론이 벌어지곤 했다. 주요 주제는 오페라에서 음악과 언어 중 어느 것이 우선하느냐, 어느 것이 더 중요하느냐 하는 문제였다. 마찬가지로 수십 년 전부터 우리 투자자들 사이에서도 비슷한 형태의 입씨름이 진행되고 있다. 경제와 금융 중에서 어느 것이 더 중요하냐는 것이다. 내 대답은 확고부동하다. 당연히 경제가 우선이다. 물론 오페라에서의 언어처럼 우리 정치체계에서 금융도 중요하다. 하지만 언어나 금융이나 결정적인 역할은 하지 못한다.

주식투자자에게는 특히 중기적으로 금융이 중요한 역할을 한다. 왜냐하면 한 나라의 금융 상황이 다양한 정부규제들을 낳고, 이러한 규제들이 다시 중기적인 주가변동에 결정적인 변수로 작용하기 때문이다. 하지만 장기적으로는 그렇지 못한데, 여기에는 앞서 언급한 여러 요인들이 작용한다.

경제가 먼저고 그다음이 금융이다. 예를 들어 아무리 최신식 생산설비와 최고의 품질을 자랑하는 공장이라도 무책임한 재정관리로 인해 파산할 수 있다. 그럴 경우 해당 회사의 주주들은 당연히 큰 손실을 입게 된다. 하지만 회사를 유리한 조건에서 인수한 새로운 소유주가 우수한 기반시설을 바탕으로 그 공장을 다시 살려내면서 엄청난 수익을 올릴 수도 있다.

또 다른 예를 들면 이해하기가 훨씬 더 쉬울 것이다. 유기체인 인간의 신체를 경제에, 그리고 특정인의 생활방식을 금융에 비유해보자. 건강하고 강인한 신체는 아무리 방탕한 생활을 하더라도 완전히 망가지지는 않는다. 물론 그로 인해 손상을 입고 엄청난 불행을 겪을 수는 있겠으나 죽음에까지 이르지는 않는다. 하지만 태어

미국과 달러에 대한 나의 편애

나면서부터 병약한 신체는 아무리 조심스럽고 엄격한 생활을 하더라도 결코 건강해지지 못한다. 마찬가지로 아무리 경솔한 정치 지도자라도 그 기반만 튼튼하다면 경제에 일시적인 타격은 입힐지는 몰라도, 그 경제를 완전히 망가뜨릴 수는 없는 법이다. 반대로 최고의 회계사들을 동원하여 아무리 엄격하고 철두철미하게 재정관리를 하더라도 기반이 취약한 경제로는 어떤 성과도 이끌어낼 수 없다.

레이건 대통령이 결코 기적을 일으킨 것은 아니라고 내가 주장하는 것도 바로 이런 이유다. 그가 이루어낸 것은 다른 정치 지도자들도 할 수 있었을 것이다. 미국의 인플레이션 없는 경제적 도약은 레이건의 업적이 아니라 엉클 샘Uncle Sam[58]의 업적이었다.

다비드 벤 구리온David Ben Gurion[59]은 "기적을 믿지 않는 사람은 현실주의자가 아니다"라고 말한 바 있다. 현실주의자이자 실용주의자인 레이건은 인플레이션과 대규모 실업사태라는 두 가지 문제를 한꺼번에 해결하려는 계획을 추진하면서 기적을 믿었다. 레이건의 계획이 발표되었을 때 많은 전문가들, 경제학자들, 회계사들은 "지나가는 개도 웃을 일"이라며 콧방귀부터 뀌었다. 그들은 유럽 사람들이 책을 통해 배우는 온갖 규범과 강령이 무조건적으로 실제와 부합하지는 않는다는 사실을 까마득히 잊고 있었다. 뿐만 아니라 경제에 관한 한 외국에서 체득한 경험들이 미국에서는 아직도 통하

---

58 '샘 아저씨'라는 뜻으로 미국인을 의인화한 표현.
59 이스라엘의 초대 총리로 영국의 팔레스타인 통치가 막을 내린 후 이스라엘 건국에 큰 역할을 했다.

지 않았다. 그들은 레이건의 희망이 현실화되는 것을 직접 확인하고 난 후에야 비로소, 미국은 엄청난 잠재력을 갖췄기 때문에 그들의 눈에는 여태껏 불가능한 것으로만 비췄던 과제들까지도 해결할 수 있다는 사실을 인정하게 되었다. 당시의 레이건은 그들과는 전혀 다른, 완전히 새로운 사고를 하고 있었던 것이다.

하지만 그런 그도 그 일을 해낼 수 있는 유일한 인물은 아니었다. 언젠가 조르주 클레망스는 "이 묘지에는 수천 명의 고귀한(대체가 불가능한) 사나이들이 잠들어 있습니다"라고 말한 바 있다. 나는 정반대의 의미로 지미 카터 대통령 치하의 미국이 전 세계의 조롱거리가 되고 있던 불행한 시기에, "대통령들은 계속 왔다가 가지만 미국은 늘 그대로 존재한다"고 말했다. 레이건은 국민 대다수의 신뢰를 얻었다. 그건 대단히 중요한 문제다. 왜냐하면 우리의 모든 자유주의 체제는 신뢰를 바탕으로 하기 때문이다. 신뢰가 없으면 신용이 있을 수 없고, 신용이 없으면 경제적 발전도 있을 수 없다.

지식인들은 레이건을 두고 경멸하는 의미에서 배우, 아니 심지어는 엉터리 배우라고 칭했다. 그렇지만 정치나 경제를 이해할 수 있는 자격을 갖춘 사람이 어디 교수, 국가 관료, 혹은 노동조합의 지도자 뿐이겠는가? 수년 전에 레이건이 한창 선거운동에 매달리고 있을 때, 나는 영화계와 연극계에서 잔뼈가 굵은 죽마고우에게 영화배우도 현명한 사람이 될 수 있는지 물었다. 그러자 그의 대답이 걸작이었다.

"그야 당연하지! 하지만 그러려면 배우라는 직업은 때려치워야겠지."

미국과 달러에 대한 나의 편애

| 개미와 베짱이

현재 전 세계에는 강한 반미성향을 보이는 사회단체들 및 국가들이 수두룩하다. 이들은 모든 수단을 동원하여 미국의 이미지와 신뢰성에 흠집을 내는 것은 물론 심지어는 앞으로의 발전잠재력에 대해서까지 의문을 표한다. 그리고 이들이 사용하는 무기 중 하나는 당연히 미국의 통화인 달러화다.

달러의 신용도를 떨어뜨리기 위해 온갖 선전선동뿐만 아니라 통계수치까지 동원된다. 이때 인용되는 통계수치는 항상 엉터리는 아니지만 불완전하거나 낡고 오래된 것이기 일쑤다. 물론 숫자들은 거의 대부분 왜곡되어 해석된다. 유럽의 자료들과 직접적인 비교가 불가능할 뿐만 아니라 회계, 계산법 등도 유럽의 경우와는 다르기 때문이다. 그럼에도 불구하고 편견에 사로잡힌 일부 사람들은 대중을 호도하기 위해 통계학을 마치 전가의 보도처럼 휘둘러대고 있는 것이다.

예를 들어 어떤 사람들은 미국의 재정적자와 천문학적 액수의 부채를 끈덕지게 물고 늘어진다. 하지만 백분율로 따져보면 미국의 재정적자는 실제로 슈미트Schmidt 정부의 재정적자보다 크지 않다. 우리는 미국 재정에서 가장 큰 지출항목인 국방예산은 물론 하이테크 산업에 투여되는 엄청난 액수의 돈까지 정상적인 비용으로 처리되고 있다는 사실을 간과해서는 안 된다. 반면에 유럽에서는 이러한 산업 출자금이 정상적인 비용으로 처리되는 대신 별도의 국가보조금 형식으로 조달된다. 어디 그뿐이랴! 모든 유럽 국가들과는 달리 미국에는 부가가치세가 없다. 미국 정부가 5%의 부가가치세만 부과해도 모든 재정적자가 단박에 해소될 것이다. 하지만 부가가치세는 차치하고서라도 간접세를 도입하겠다는 말조차 들리지 않는다.

미국의 부채 또한 독일(즉 서독)의 부채에 비해 상대적으로 크지 않다. 현재 독일의 부채는 정확히 국민총생산의 50%에 달한다. 심지어는 미국에서는 존재하지 않는 연금채무까지 계산에 넣어야 한다. 사실 이 연금채무도 원래는 부채항목에 들어가야 하는데 지금의 독일정부는 그렇게 하지 않고 있다. 현재로서는 그 액수를 정확히 산정해낼 수도 없는 이러한 재정항목은 앞으로 통계학이 발전할수록 점점 더 큰 부담으로 작용할 것임이 분명하다. 나는 재무회계에 관한 한 내 친구 카를 짐머러Carl Zimmerer를 가장 신뢰한다. 그런 그가 독일의 이른바 '연금구멍Rentenloch'을 8조 마르크로 추정하고 있다. 독자의 시각적인 이해를 돕기 위해 재차 강조하자면, 어떤 재무제표에도 잡히지 않는 빚이 8,000,000,000,000마르크에 달한다는 것이다.

심지어 많은 분석가들은 미국의 빚이 브라질의 빚을 능가한다고 주장한다. 이는 단순한 농담의 차원을 넘어 이 책을 읽는 독자들의 지적수준에 대한 모독이다. 미국에서 나오는 수치들이 천문학적이라면, 미국의 국민총생산 또한 천문학적이라는 사실을 잊지 말아야 한다. 그처럼 어마어마한 수치가 유럽 각국의 입장에서는 중압감으로 작용하겠지만 미국의 경우는 전혀 그렇지 않다. 그건 통화가 처한 상황도 마찬가지다. 미국에서 통화량을 조금만 늘려도 유럽은 돈이 흘러 넘치게 된다. 반대로 미국에서 조금만 통화긴축정책을 펼쳐도 유럽은 위험한 디플레이션을 걱정하게 된다. 미국과 유럽 간의 이러한 불균형 상태는 늘 유럽 각국에 불리하게 작용하지만, 유감스럽게도 현재로서는 마땅한 해결책이 없다.

이와 관련하여 나는 늘 스웨덴의 유명 소설가 아우구스트 스트린드베리August Strindberg의 단편소설을 떠올린다. 그 소설에서는 작고 연약한 남자와 크고 힘센 남자가 서로 대립하는데, 대부분의 사람들은 항상 전자의 편만 든다. 작고 연약한 남자는 칭찬을 받고, 크고 힘센 남자는 비난을 받는다. 어쩌면 존경은 후자가 받을지 몰라도, 사랑은 늘 전자의 몫이다.

앞에서 언급한 여러 가지 왜곡된 수치들과 그 수치들에 대한 엉터리 해석을 내세우며 사람들은 병적인 반미주의를 조장한다. 하지만 그럼에도 불구하고 외환거래상들은 통계학과 무역수지라는 최면에 걸려들어 그것에 의지하여 자신들의 투자방향을 설정한다. 오늘 발표된 수치가 내일이면 수정되고, 모레면 다시 그것이 수정되는 과정이 계속 반복된다는 것을 뻔히 알면서도 말이다. 미국 소설가 마크 트웨인은 "거짓말에는 일반적인 거짓말, 새빨간 거짓말, 통계, 의 세 종류가 있다"고 했다. 참으로 의미심장한 말이다.

하지만 이보다 더 흥미로운 것은 그토록 오랫동안 세계경제의 '모유' 역할을 해왔음에도 불구하고, 미국의 무역수지 적자에 대해 전 세계인들이 불평하고 있다는 사실이다. 높은 달러화 가치 뿐만 아니라 계속 증가하는 국민총생산 덕분에 미국의 소비규모가 갈수록 커져 간다. 그런데 사람들은 미국인들이 분수에 넘치는 생활을 하며 버는 것보다 더 많이 소비한다고 비난하고 있는 것이다. 미국의 많은 젊은이들이 코카콜라 대신 샴페인을 마신다는 것조차 곱지 않게 본다. 물론 달러화 가치가 고공행진을 벌이던 당시 스페인에서 미국으로의 샴페인 수출량이 2배로 늘긴 했다.

최근 20년 동안 인식이 많이 달라지긴 했지만 그래도 미국인들이 저축에 적극적이지 않다는 사실에는 변함이 없다. 미국인들도 저축을 하지만 유럽인들과는 그 방법이 다르다. 그들은 예금통장도 갖고 있지만 대부분의 돈을 대형 생명보험이나 주식 포트폴리오에 숨긴다. 이 외에도 세제상의 혜택을 받는 주식투자가 가능한 이른바 저축상품savings plan도 있으며, 중개인들이 관리하는 금리연동제 투자신탁Money Market Funds[60]에도 천문학적인 액수의 돈이 위탁된다. 이 펀드는 매주 해약이 가능하며 마찬가지로 이자율도 매주 갱신할 수 있다. 다시 강조하지만 그럼에도 불구하고 미국인들은 타고난 예금주라기보다 타고난 사업가다. 미국 아기들은 요람에서부터 이미 앞으로의 투자를 생각하고, 어떤 기업이 더 큰 이익을 남겨줄지 고민한다. 반면에 독일 아기들은 젖도 떼기 전부터 노후의 연금생활을 계획한다.

많은 젊은이들이 내게 편지를 보내 앞으로의 인생을 어떻게 설계해야 하는지에 대한 조언을 구한 바 있다. 얼마 전에 앞날이 창창한 열여덟 살 소년이 보낸 편지에는 가능한 한 빨리 은퇴하여 연금생활을 누리는 것이 자신의 가장 큰 목표라고 써 있었다. 나로서는

---

60 투자신탁회사가 고객들의 자금으로 펀드를 조성한 다음 금리가 높은 기업어음, 양도성 예금증서, 콜 등에 집중투자하여 그 이익금을 고객에게 돌려주는, 만기 30일 이내의 단기금융상품이다. 익일 입출금제도로서 하루만 예치해도 이익금을 받을 수 있다.

정말이지 웃음밖에 나오지 않았다. 왜냐하면 나 같은 경우는 35세 때부터 이미 '은퇴'한 후 60세때에야 비로소 본격적인 활동을 시작했기 때문이다. 물론 '은퇴기간' 동안에도 늘 나의 개인적인 투자에 신경을 쓰고 증권시장의 동향을 예의주시하면서 연금생활의 권태로움을 이겨냈지만 말이다.

미국인들은 분명 예금지상주의자가 아니며 앞으로도 그럴 것이다. 왜냐하면 그들은 현재의 삶을 즐길 줄 알기 때문이다. 그건 나도 마찬가지인데, 라퐁텐의 〈개미와 베짱이〉 우화를 자주 인용하면서 그 내용을 약간 비트는 것도 이와 무관하지 않다. 독자 여러분도 잘 알다시피 원래 이야기에서 개미는 겨울을 대비해 여름 내내 땀 흘려 일하며 식량을 준비한다. 반면에 베짱이는 여름 내내 빈둥빈둥 놀면서 노래만 부른다. 겨울을 나기 위한 저축 따위는 아예 머리속에 없다. 그러다 겨울이 닥치고 굶주림에 지친 베짱이가 개미를 찾아가지만 문전박대를 당한다.

하지만 내가 각색한 이야기는 여기서 끝나지 않는다. 겨울이 지나고 다시 봄이 오자 개미는 굴에서 나와 다음 겨울을 위해 열심히 식량을 준비하기 시작한다. 그런데 그 순간 베짱이가 멋진 롤스로이스를 타고 나타난다. 그는 왼손에 큼지막한 여송연을 든 채 연신 콧노래를 흥얼거리고 있었다.

"어디서 그렇게 멋진 차를 구했나? 그리고 또 지금 어디로 가는 중인가?"

"차 문제는 알 필요도 없고, 난 지금 파리로 가고 있어."

"롤스로이스를 타고 말이야?

"그야 당연하지. 내 차거든." 베짱이가 거만하게 대답했다.

"그렇다면 부탁 하나 하자." 개미가 풀 죽은 목소리로 말했다.

"라퐁텐 선생을 찾아가 내 안부를 전하며 괴테의 괴츠[61]를 인용해주면 고맙겠네."

│ 달러의 귀환

일반 대중은 물론 경제학자들과 외환거래상들까지 나서서 달러화 가치가 조금 오른 것을 두고 왜 그토록 호들갑을 떠는지 나는 잘 모르겠다. 아마 아주 소폭의 상승이라도 10주일 동안이나 같은 흐름이 지속되었다는 사실을 도저히 납득하기 힘들어서 일 것이다. 하지만 그 전에 그린백Greenback[62]은 1,45마르크까지 폭락하지 않았던가? 그런데도 이 문제에 대해 깊이 생각하는 사람은 아무도 없다. 대부분의 사람들은 미국 통화의 하락세를 극히 논리적이고 자연적인 현상으로 받아들인다. 왜 그럴까? 제대로 생각하지 않기 때문이다. 물론 달러화 가치가 다시 2~3페니히만 떨어져도 각 신문마다 그 사실을 대서특필했다. 그때는 달러 보유자들만 불편한 심기를 드러냈을 뿐이다.

그들을 위해서라도 정확한 정보를 제시하는 것이 나의 임무인 것 같다. 국제적인 상품거래에 종사하는 전문가들은 수년 전부터

---

61 괴테의 작품 〈괴츠 폰 베를리힝엔(Goetz von Berlichingen)〉에 등장하는 주인공으로, 독일에서는 '농민들을 위한 귀족 출신의 의적'으로 통한다.
62 미국 정부가 발행한 달러 화폐로 뒷면이 녹색이었기 때문에 붙여진 명칭.

미국과 달러에 대한 나의 편애

한 목소리로 구매력을 토대로 평가할 경우, 미국 달러의 가치가 이론적으로 2,20마르크 정도는 되어야 한다고 주장해오고 있다. 엉클 샘의 통화가 지나치게 평가절하되고 있다는 말이다. 독일의 거대 산업체에 종사하는 전문가들의 견해에 따르면 미국 기업들의 채산성을 포함하여 평가할 경우 달러가치는 3마르크를 상회한다.

하지만 심리적·기술적 이유에서 현재 달러가치가 1,75마르크에 머물고 있는 상황에서 제아무리 훌륭한 이론이라도 무슨 소용이 있을까? 다른 통화와 대비하여 특정 통화의 가치를 정확히 산정하는 것은 사실상 불가능하다. 그건 컴퓨터도 할 수 없는 일이다. 외환도 주식처럼 가변적이기 때문이다. 독일의 자동차 제조회사 다임러_{Daimler} 혹은 IBM의 실제 가치가 얼마인지 누가 알 수 있겠는가?

외환시세를 결정하는데 작용하는 요인은 무수히 많다. 투자자들과 도박꾼들이 주식과 통화를 사고팔 수 있는 증권거래소가 존재하는 것도 바로 그 때문이다. 다시 말해 달러화의 가치도 투자에 의해 결정되는 것이다. 나는 외환투자를 미궁, 혹은 좀 더 정확히 말해 정신병원이라 부르고 싶다. 예를 들어 영국은행_{Bank of England}의 추정에 따르면 전 세계적으로 매일 6천억에서 7천억 달러가 거래되는데, 이 중 최대 5%만이 세계무역에 필요한 액수다. 그리고 나머지는 순전히 도박용이다. 이런 대혼란 속에서 어떻게 정상적인 사고를 유지할 수 있겠는가?

이 대목에서 우스갯소리 하나가 문득 떠오른다. 두 명의 떠돌이가 전신주 아래에 누워 전선들이 윙윙대는 소리를 듣고 있다. 그중 한 친구가 "저게 무슨 소리지?"라고 묻자 다른 친구가 "유대인들이 통화를 하고 있는데"라고 대답한다. "팔겠습니다, 사겠습니다-팔겠습니다." 물론 여기에서 사고파는 대상은 달러다.

정치가, 아니 심지어 현직 장관이나 중앙은행의 고위 간부의 발표나 기자회견을 들을 때마다 나는 그들이 투자의 위력에 대해 얼마나 무지한지 새삼스레 확인하게 된다. 사실 투자는 정부나 중앙은행의 결정을 저지하거나 심지어는 무산시킬 수 있는데도 말이다.

달러가치가 1,45마르크로 폭락한다고 가정해보자. 그러면 그 결과가 수년 전부터 달러화에 압력을 행사해온 독일 연방은행으로 고스란히 되돌아간다. 왜냐하면 독일 연방은행은 인플레이션과 싸워야 하는데, 그러기 위해서는 달러화 평가절하와 높은 금리라는 두 가지 무기밖에 사용할 수 없기 때문이다. 하지만 제3의 무기인 세금인상이 어떤 정치적인 이유에서 더 이상 작동하지 않을 경우 상황은 더욱 악화된다. 우리는 라인란트팔츠Rheinland-Pfalz 주 의회선거 이후부터는 이러한 사실을 알고 있다. 외환거래상들이 달러 시세에 연방은행이 개입한다는 사실을 아는 순간 당연한 결과가 초래된다. 그들은 선물거래로 달러를 매도할 것이며, 그것은 다시 추가적인 시세하락을 부추길 터이니 말이다.

하지만 동전에는 또 다른 면도 있는 법이다. 몇 년 전부터 전 세계적으로 달러에 대한 엄청난 매도포지션Short position[63]을 기록하고 있는데, 그 액수가 무려 3,500억 달러에 이른다. 그린백을 대상으로 한 일반 투자자들의 선물 공매도가 현재 이러한 매도포지션의 대부분을 차지하는데, 일본 수출업자들도 여기에 적극적으로 참여하고 있다는 소문이다. 하지만 어느 날 철석같이 믿고 있는 신이 달러의 하락세에 돈을 건 모든 투자자들에게 며칠 안에 선물 공매도한 액수만큼 달러를 다시 사들이라고 명령한다면 어떻게 되겠는가? 지금은 다른 일 때문에 신이 너무 바빠서 그나마 다행이다.

1980년대에 달러의 가치가 눈 깜짝할 사이에 3,40마르크로 폭등한 것처럼 돌발변수는 늘 있기 마련이다. 물론 그때와 똑같지는 않겠지만 유사한 상황은 언제든지 재현될 수 있다.

그러므로 투자자들은 항상 정신을 바짝 차려야 한다. 기초적인 자료들이 달러 시세를 끌어올리면 시장개입으로 그러한 흐름을 저지하는 양상이 계속 이어져오고 있다. 하지만 그게 언제까지 가능할까? 그건 나도 잘 모르겠다. 한 가지 분명한 것은 지나치게 평가절하된 통화에 대한 시장개입이 논리에 어긋난다는 것이다. 달러 시세는 언제든지 폭등할 수 있다. 특히 미국이 무역수지 적자로부터 벗어날 경우 그럴 가능성이 크다. 그런 의미에서 한 오스트리아 여성의 재치 있는 말은 새겨둘 만하다. 미국 통화의 가치를 어떻게 평가하느냐는 질문에 그녀는 간단하게 대답했다.

"1달러는 늘 그대로 1달러죠."

---

63 투자자가 통화, 유가증권, 상품에 대해 선물계약을 매도로 유지하고 있는 상태를 말하며, 선물가격이 내리면 수익을 얻지만 반대로 오르면 손실을 감수해야 한다.

Kostolanys beste
Geldgeschichten

증권중개인들의 수수료 계산기가 어떻게 작동하는지를 관찰할 때마다 나는 지난 시절을 향수처럼 떠올리곤 한다. 그들의 머리속에는 '사고팔고 또 사고 또 판다'는 오직 한 가지 생각밖에 없다. 다시 말해 수수료를 챙기는 것만이 증권중개인들의 주된 관심사다. 물론 그들도 많은 비용이 들지만, 그 비용은 모두 시세차익이 아니라 수수료로 충당된다. 그들은 고객들에게 조언을 한다. 하지만 최종 목적은 고객의 이익이 아니라 언제나 자신들이 받는 수수료다. 진정한 중개인은 절대로 직접 투자에 나서지 않는다. 그것은 그들이 취해야 할 옳은 태도이기도 하다. 사건들의 압박을 못 이겨 고객들이 제정신이 아닐 때도 중개인은 냉철함과 객관성을 유지해야 하기 때문이다.

다음에 소개하는 일화는 과거의 중개인들과 증권거래소를 대하는 그들의 입장이 어떠했는지를 보여주는 전형적인 사례라고 할 수 있다.

제1차 세계대전이 발발하기 전까지만 해도 부다페스트는 유럽에서 가장 큰 곡물거래소였다. 밀, 귀리, 옥수수 등의 곡물을 대상으로 한 선물거래에 엄청난 돈이 몰려들었다. 전 유럽인들이 앞다투어 거래에 뛰어들었으며, 그건 헝가리 사람들도 마찬가지였다. 그중 가장 큰 투자자는 많은 경작지를 소유한 농장주들이었다. 그들은 풍작이 예견되면 자신들의 예상 수확량에 몇 배를 더해 선물로 매도했고, 반대로 흉작이 예견되면 자신들의 예상 수확량에 몇 배를 더해 선물로 매수했다.

시세는 끊임없이 요동쳤으며, 그에 따라 멀리 떨어져 있던 구경꾼들의 투자 욕구도 덩달아 커져 갔다. 평소에는 투자에 별로 관심이 없던 일반인들까지 가세하면서 증권시장은 그야말로 북새통을 이루었다. 그중에서도 밀, 보리, 귀리, 고무 등이 특히 인기 품목이었다. 그들은 부다페스트 증권거래소가 폐장하면 헝가리의 시간으로 밤 10시에야 개장하는 미국 시카고 증권거래소의 마감 시세를 초조하게 기다렸다. 날씨와 작황, 그리고 앞으로의 시세동향이 사람들의 일상사가 되었다.

독일 출신인 모리츠 코브라흐Moritz Kobrach는 부다페스트 상품선물 거래시장에서 가장 유능하고 부유한 중개인이었다. 그는 헝가리어에는 아주 서툴렀지만 신기하게도 "사주세요! 팔아주세요!"라는 가장 중요한 두 단어만은 언제나 정확하게 이해했다. 엄청난 재산에도 불구하고 그는 아주 검소한 사람으로서 매일 벌어들이는 수수료만으로 생활했다. 하지만 늘 주문이 넘쳐났기에 그것만으로도 부족함이 없었다.

밀 시세가 서서히 하향곡선을 그리던 어느 시점에 고객 중 한 사람이 풀 죽은 모습으로 그의 사무실로 찾아왔다.

"코브라하 씨, 밀 가격이 떨어지면서 상승세를 예상한 내 투자도 엉망이 되고 말았어요. 거의 파산 직전이랍니다. 자, 여기 금으로 된 시계와 담배케이스, 그리고 2만 굴덴이 있습니다. 내가 입은 손실은 말로 표현할 수조차 없지만 그래도 최소한의 성의라도 보이는 게 도리다 싶어 이렇게 찾아온 거랍니다. 이게 내가 가진 전부이니 그리 알고 너그러이 받아주시기 바랍니다. 이제 증권시장이라면 아예 말도 꺼내기 싫습니다."

"그래, 그래요. 아주 솔직한 분이시네요."

코브라하는 전혀 놀라는 기색도 없이 천연덕스럽게 대답했다.

"좀 무리하게 투자한 것은 사실입니다. 그렇지만 저도 전혀 책임이 없다고는 말할 수 없겠죠. 자, 먼저 시계부터 돌려받으세요. 누구에게나 시간은 금이니까요. 또 여기 담배케이스도. 선생께서 담배를 끊으시게 되면 세수가 줄어들 것이고, 그러면 자연히 내수경기도 악영향을 받게 될 터이니까 말입니다. 가져오신 2만 굴덴으로 모든 채무관계를 끝맺겠습니다. 그건 그렇고, 제가 판단하기에는 밀 가격이 계속 더 떨어질 것 같은데요. 이번에는 반대로 하락세를 예상하여 선물매도 계약을 맺으면 어떻겠습니까?"

그 남자는 어떻게 대답해야 할지 몰라 가만히 있었고, 그것은 곧 동의의 표현으로 받아들여졌다.

"알겠습니다. 어쨌든 자전거는 계속 굴러가야 하니까요. 이기고 지는 건 병가지상사라는 말도 있지 않습니까?"

코브라하는 이렇게 말하면서 머리속으로는 벌써 수수료 액수부터 계산했다. 이번 경우처럼 가끔씩 수수료를 떼먹는 고객도 있긴 하지만, 중요한 것은 무조건 바퀴를 굴러가게 하는 것이다. 어쨌든 주문이 있어야 수수료도 있을 터이니까 말이다.

바로 이런 분위기가 '어제의 세계'였다. 하지만 오늘날의 중개인들은 더 이상 코브라하처럼 관대하지도 않고 또 그럴 수도 없는데, 어쩌면 당연한 현상이다. 만약 그럴 경우 며칠도 못 가 파산하는 것은 불을 보듯 뻔한 일이다. 뿐만 아니라 오늘날 정부 당국의 규제 또한 엄격하기 이를 데 없다. 그렇지만 요즘의 중개인들도 수수료 계산기가 제대로 계속 작동하도록 늘 신경 써야 하는 것은 과거와 조금도 다를 바 없다. 예나 지금이나 중개인들의 첫 번째 신조는 수수료이고, 그 '마법의 주문'은 거래량이다. 왜냐하면 하루에 거래되는 주식량이 많으면 많을수록 증권회사들의 수익도 그만큼 증가하기 때문이다.

중개인들이 아무렇게나 자신들의 속내를 그대로 드러낼 때마다 나는 깜짝깜짝 놀라곤 한다. 내가 증권사에 전화를 걸어 주식시황을 물어볼 때 돌아오는 대답은 대개 이런 식이다. "환상적입니다, 아주 엄청나네요, 주문이 빗발치고 있습니다. 거의 수천만 주가 거래되고 있는 것 같아요…."

그렇다면 지수는 어떠냐고 내가 물어보면 거의 변화가 없다는 답변을 한다. 그러면 나는 화가 나서 이렇게 반문한다.

"그런데도 환상적이고 엄청나단 말이 나와요?"

"하루에 수천만 주가 거래되는데 어떻게 환상적이 아니란 말씀이에요?"

"여보시오, 그건 당신네들한테 그렇다는 거지, 나에게 그렇다는 건 아니잖아요? 내 관심사는 오로지 주가가 올랐는지 아닌지, 다시 말해 시세변동이란 말이에요. 거래량은 당신네들 중개인들에게나 중요하지 정작 우리 고객들과는 무관하지 않소?"

간단하게 정리해보자. 기계가 제대로 작동하려면 끊임없이 기름칠을 해주어야 한다. 그 점에 관해서는 나도 반대할 이유가 없다. 중개인들이 수많은 일반 예금주들을 자본시장에 끌어들임으로써, 우리 자본주의 시스템 전체에 유리하게 작용하기 때문이다. 투자자든 도박꾼이든 고객이 많으면 많을수록 시장의 자본흐름도 그만큼 더 활발해진다. 그리고 시장의 자본유동성이 원활하면 원활할수록 필요할 경우 투자자들이 주식에 투자해둔 돈을 다시 융통하기가 그만큼 더 쉬워진다. 자금회전이 활발한 시장에서는 불과 몇 초 만에 수천 주의 주식매도가 가능하며, 그럼에도 우려할 정도의 큰 시세변동은 일어나지 않는다. 오직 그렇게 함으로써 증권거래소는 예금자본을 기업들에 동결하기도 하고 다시 풀어내기도 하는 원래 역할을 충실히 할 수 있는 것이다.

수많은 증권중개인들이 전화통에 매달려 한시도 쉬지 않고 고객들을 증권시장으로 불러들인다. 그러한 모습을 볼 때마다 나는 늘 "자전거는 계속 굴러가야 한다"고 말한 '철학자' 모리츠 코브라하를 떠올린다.

그런데 모리츠 코브라하는 나중에 증권거래소를 배신했고 그 때문에 가혹한 벌을 받는다. 중개인으로 벌어들인 대부분의 돈을 투자하여 대형 신발공장을 인수한 것이다. 하지만 얼마 버티지 못하고 파산하고 만다. 전 재산을 날린 코브라하는 고향 독일에서 가난하게 말년을 보내다 사망했다.

영원히 해가 지지 않는 제국,
증권거래소

　전 세계 거의 모든 증권거래소들은 이른바 '연통관의 법칙'에 따라 작동한다. 어느 곳에서 누군가가 단추 하나를 누르면 그 즉시 수천 킬로미터 떨어진 곳까지 그 파급효과가 미치는 것이다. 쿠웨이트의 수장이 어떤 결정을 내리면 금세 토론토의 금광 관련 회사들의 주가가 상승한다. 파리에서 대형 금융사건이 터지면 그 여파로 뉴욕에서 파운드화 가치가 폭락한다. 한마디로 전 세계 곳곳에서 매일매일 일어나는 갖가지 사건들이 주식시장과 통화시장, 상품거래소, 아니 전 세계 금융계에 크고 작은 영향을 끼치는 것이다.

　그 배경에는 언제나 돈을 향한 인간의 끝없는 욕망이 도사리고 있다. 돈을 얻기 위해서는 합리적인 사고뿐만 아니라 속임수나 비밀정보가 동원되기도 하고, 심지어는 사람들의 무지와 태만을 이용하기도 한다. 이처럼 화려한 세계, 영원한 나의 제국 증권거래소는 결코 멈추지 않을 것이며 밤낮을 가리지 않고 계속 굴러갈 것이다.

뉴욕 증권거래소가 문을 닫고 나면 곧 샌프란시스코와 호놀룰루에서 잇달아 게임이 벌어진다. 월스트리트의 불이 꺼지는 순간 도쿄와 홍콩의 증권거래소로 사람들이 몰려들기 시작한다. 얼마 후에는 봄베이와 텔아비브, 두 시간 후에는 아테네, 다시 또 한 시간 뒤에는 밀라노, 연이어 프랑크푸르트와 런던에서 주식시장이 열린다. 파리에서 폐장을 알리는 벨이 울리면 미국의 수많은 주식중개인들이 전광판 앞에 앉아 고객들을 불러모으기 시작한다. 이리하여 주식시장의 24시간이 지나가면 또 다른 24시간이 시작되는 것이다. 좀 더 나은 삶을 추구하는 인간의 근원적 욕망에서 빚어지는 성공과 좌절의 파노라마, 이 매력적인 곳이 내가 몸담아 왔고 앞으로도 계속 몸담게 될 세계다.

다른 모든 사람들처럼 주식투자자들도 낙관주의와 비관주의라는 두 부류로 나뉘어진다. 그들의 특성은 투자에 대한 사고를 그대로 반영한다. 보유한 주식의 절반을 팔았는데 그 주가가 계속 오를 경우, 낙관론자는 아직도 절반은 가지고 있다는 사실을 다행으로 생각한다. 그리고 그 주가가 떨어지면 적어도 절반은 팔았다는 사실에 기뻐한다. 반면에 보유한 주식의 절반을 팔았는데 그 주가가 계속 오를 경우, 비관론자는 그 사실에 화를 내고, 그 주가가 떨어지면 나머지 절반을 팔지 않은 사실에 또 화를 낸다.

하지만 게으름이나 '삭막한' 활동 등 여러 약점에도 불구하고 투자자들과 도박꾼들은 적어도 자본주의 경제체계에서는 아주 중요한 역할을 한다. 그들은 수익창출이라는 원래의 목적을 추구하는 과정에서 증권거래소를 통해 자본을 유통시킨다.

자유로운 시장경제에서 주식투자자들의 중요성은 아무리 강조해도 지나치지 않다. 나는 여러 경험을 통해 주식투자자들은 거대한 국제가족, 다시 말해 전 세계 곳곳에 퍼져 있는 비밀단체의 일원이라는 사실을 알게 되었다. 그리고 전 세계 거의 모든 증권시장들을 돌아다니며 온갖 종류의 사람들과 만나는 과정에서 그 사실을 확신하게 되었다. 투자자 두 사람이 만나면 어떤 말을 주고받을까? 다름 아닌 증권거래에 관한 이야기이다. 이 주제는 그야말로 무궁무진하다. 지금까지 수없이 많은 대화와 토론을 해왔음에도 불구하고 시간이 갈수록 증권거래에 대한 내 열정은 식기는커녕 오히려 더 강해져가는 것 같다. 여러 차례 대단한 성공을 거두고 엄청난 돈도 벌어봤지만 아직도 내 야망은 충족되지 않았다.

나는 지금부터 약 30년 전쯤에, 가끔씩 중개인들에게 전화를 걸어 매수 혹은 매도 주문을 내는 게 전부인 투자자의 일상에서 벗어나고 싶었다. 진정한 나의 능력을 발휘할 수 있는 '공식적인 직업'을 갖고 싶었던 것이다. 물론 그 직업도 증권거래와 직결되어 있었지만 말이다. 하지만 내 순진한 소망은 평생 잊을 수 없는 쓰라린 경험으로 막을 내리고 말았다.

1961년에서 1962년으로 넘어가는 겨울, 월스트리트는 온통 축제 분위기였다. 당시 미국의 투자 열풍은 절정에 도달해 있었다. 크게 머리를 굴릴 필요도 없었다. 오늘 사고 내일 팔고, 또 모레 사고 그 다음 날 팔기만 하면 돈이 저절로 굴러들어왔다. 운이 좋아 새로 발행된 주식을 살 수 있으면 그 자체가 곧 복권당첨과 마찬가지였다. 오전에 10달러였던 주가가 오후가 되면 20~30달러로 뛰어오르곤 했으니 더 이상 무슨 말이 필요하랴! 증권사 매니저 부인의 단골 미용사와 친하게 지내면 신주 구매자 대열에 합류하기가 쉽다는 소문이 나돌 정도로 누구나 기회를 놓치지 않으려고 그야말로 동분서주했다.

어떤 천재적 지휘자가 이끄는 오케스트라의 선율에 따라 점점 더 많은 대중들이 돈을 좇아 광란의 윤무 속으로 휩쓸려 들어갔다. 신흥 자본가들의 걸작품인 복합기업들은 나날이 번성했다. 그에 발맞춰 증권회사들도 경쟁적으로 완벽한 능력을 갖춘 중개인들을 고용하면서 고객유치에 나섰다. 중개인들은 대부분의 시간을 전화기와 씨름하며 보냈다. 왜냐하면 전화 한 통화로 수백, 수천 주의 주식을 팔아 엄청난 수수료를 챙길 수 있었기 때문이다. 특히 새로 발행되는 주식들은 모두 '뜨거웠으며', 심지어는 그 열기가 너무 강해 고객들이 손에 화상을 입기도 했다.

이런 열기 속에서 중개인들의 숫자는 늘 부족했다. 그 때문에 각종 방송과 신문마다 모집광고가 봇물을 이루었다. 주식거래가 폭발적으로 늘어나면서 연일 기록을 갱신했다. 매일 밤샘 작업을 하면서도 증권회사들의 고객유치 욕구는 오히려 더 강해져만 갔다. 하지만 나에게 1929년을 떠올리게 하는 이 과열된 분위기도 한편으로는 필요하다. 이런 도취상태가 있어야만 공중누각 주식이건 달나라 부동산 주식이건 상관없이 모든 것을 일반 대중에게 팔 수 있기 때문이다. 그것이 바로 1962년에 대참사로 막을 내린 저 유명한 증권거래 붐이었다.

그 당시 대형 증권회사들 중 하나가 매일 광고방송을 통해 신입사원, 좀 더 솔직히 말해 '호객꾼'을 모집했다. 자극적인 광고 문구는 그 회사 지점에서 행운을 잡으라고 구직자들을 유혹했다. 30일 동안의 연수과정만 거치면 곧장 사무실에 배치되어 고객들의 투자를 직접 관리하게 된다는 내용이었다.

'그래, 그래.' 나는 혼잣말로 중얼거렸다. '저건 바로 너를 위한 일이야. 내가 요구한 것도 아닌데 저쪽에서 스스로 나서서 내 자만심을 부추기고 있잖아? 그리고 나는 또 어떻고? 내 몸무게만큼의 금과도 바꾸지 않을 정도로 엄청난 경험을 가지고 있잖아? 증권학과 관련해서 교수직을 맡는다 해도 하등 부족할 게 없잖아?'

하지만 결과적으로는 그렇게 되지 못한 것이 내 영혼 깊은 곳에 작은 상처로 자리잡고 있다. 그것은 내 자만심이 상처를 받거나 남으로부터 공식적인 인정을 받지 못했다는 느낌이 들 때마다 불쑥불쑥 콤플렉스로 나타나곤 했다.

어쨌든 광고방송이 너무 유혹적이라 나는 갑자기 나 자신을 검증해보고 싶다는 생각이 들었다. 비록 실용적인 투자요령과 관련하여 대학에서 교수직을 얻는다는 것은 언감생심이겠지만(당시만 해도 단골 식당에서 친구들이나 동료들을 상대로 너스레를 떠는 게 고작이었다), 그곳에서라면 분명 내게 어울리는 자리가 주어질 것만 같았다. 실속으로 꽉 채워진 내 경험을 높이 사고 그에 합당한 대우를 해주는 것은 너무나도 당연한 일이 아닌가?

사실 미국에서는 마땅한 직업이나 직책을 제시할 수 없으면 색안경을 끼고 보는 경향이 강하다. 월스트리트, 그것도 고급 카펫이 깔린 우아한 사무실에 앉아 각종 전자기기, 확성기, 연신 전문을 토해내는 텔레프린터에 둘러싸인 채 일한다면 얼마나 근사할까? 그때까지 집이나 단골 식당에서 주가흐름을 추적하는 것이 고작이었던 나에게 그것은 꿈같은 일이었다. 내가 어때서? 명함에 월스트리트의 주소, 전화번호, 그리고 내가 다니는 회사의 이름을 새길 정도로는 나도 충분한 자격이 있지 않은가?

나는 결심을 굳혔다. 지원할 회사에 나의 모든 지식과 능력을 바치기로 작정한 것이다. 그러자 면접시험장에서 장래의 내 상사들이 깜짝 놀라는 광경이 연상되면서 입가에 미소가 번졌다. 그들은 단순히 나의 해박한 이론적 지식에 놀라는 정도를 넘어, 주식투자 철학에 관한 '명강의'를 듣게 될 터였다.

하지만 상사들은커녕 신출내기 사원조차 볼 수가 없었다. 대기실에 들어서자마자 어린 사환이 내게 질문지를 건네면서 며칠 후에 개별 통지가 나갈 것이라고 말했다. 그 질문지는 하나 같이 과거이력을 묻는 상투적인 질문들로서, 유치원 보모나 운전기사를 모집하는 듯한 느낌마저 들었다. 뭔가 찜찜한 기분이었다. 질문지를 제출하면서 갑자기 딴 세상에 온 것처럼 느껴졌다. 마치 미래가 불투명해 안절부절 못하는 열여덟 살 시절로 되돌아간 듯했다.

솔직히 말해 불안했다. 저 거대한 미국에서, 그것도 피도 눈물도 없다는 월스트리트에서 겁을 먹지 않을 이방인이 어디 있겠는가! 그곳에서는 누구나 돈을 얼마나 많이 가지고 있느냐 혹은 매달 얼마나 많은 수수료를 벌어들이느냐로 평가된다. 예나 지금이나 마찬가지다. 그때까지 나는 영화산업에 종사하는 사람만 프로듀서인 줄로 알고 있었는데, 월스트리트에서는 수수료를 창출하는 사람도

'프로듀서producer'라고 불렸다. 그렇다면 월스트리트는 나를 과연 받아들일까, 거부할까? 사환은 말없이 내 질문지를 받아 들더니 종종걸음으로 사라졌다.

사람들로 붐비는 5번가에 들어서서야 나는 비로소 자신감을 되찾을 수 있었다. 그리고 앞으로 새 직장에서의 계획들을 하나하나 머리속으로 그리기 시작했다. 하지만 계획은 계획으로만 끝나고 말았다. 며칠 후 불합격 통지서가 날아온 것이다. 안타까운 마음을 금할 길이 없으나 부족한 경험 때문에 지금으로서는 고용할 수 없다, 그렇지만 가능성은 엿보이니 실망하지 말고 다음 기회에 다시 도전해라. 대충 이런 내용이었다. 돌이켜 보면 당시 회사측에서는 입사경쟁에서 탈락한 자체가 내게는 큰 경험이 될 것이라고 생각했을 가능성이 높다. 한마디로 나를 햇병아리라고 판단했던 것이다.

내 말에 실소를 머금는 독자들의 모습이 선하다. 그렇지만 독자들의 생각이 틀리고 회사측의 판단이 옳았다. 회사 입장에서 내가 경제적·금융적 상황에 대해 정확히 판단할 수 있는지 여부는 중요하지 않았다. 내가 나이에 비해 투자경험이 풍부하고, 정치적·경제적 사건들과 증권시장의 상관관계를 제대로 이해하고, 시세흐름을 판단하는데 아주 예리한 감각을 타고났다는 사실이 무슨 소용 있겠는가?

회사측에서는 이런 것들에 전혀 관심이 없었다. 그 회사에서 정작 필요로 하는 인재는 카드놀이로 소일하는 노인들을 증권사 사무실로 유인하거나, 우유배달 아주머니, 가정주치의 등 주위의 모든 사람들에게 주식을 한 아름씩 떠안길 수 있는 사람들이었다. 이들을 증권시세표시기 앞에 앉혀 놓고 열심히 주식투자 게임을 하게 부추겨 수수료를 챙기기 위해서였다.

매일 새로운 주식들이 환상적인 가격으로 시장에 쏟아져 나왔다. 그 주식들은 어떤 수단을 동원해서라도 소액 예금주들의 서랍 속으로 들어가야 했으며, 그것도 가능한 한 많은 수량이 빨리 옮겨질수록 유리했다. 그래야만 이런저런 새로운 주식들이 인기리에 팔려나가는 바람에 재고물량이 있는지 다시 점검해봐야 한다는 식으로 과대포장을 할 수 있을 터였으니까 말이다. 이런 소식이 퍼져나가면서 일반 대중의 구매욕구를 충동질하고, 그 결과 다음번 그리고 그 다음번 신주들이 부리나케 팔려나가는 현상이 계속 되풀이되었다(그로부터 몇 년 후 IOS 신주발행 때도 이와 똑같은 양상이 전개되었다).

솔직히 말해 이 분야에 관한 한 나는 경험이 전혀 없었으며, 그건 지금도 마찬가지다. 당시에 나를 퇴짜 놓은 그 회사는 정확하게 판단했으며, 지금도 여전히 나는 그 회사가 요구하는 수준을 충족시킬 수 없다. 진정 월스트리트에서 노동으로 생계를 유지하려고 작정했으면 다른 방법들을 체득했어야 했다. 나는 자본주의의 보루에서 자본주의자들에게 인정받지 못했을 뿐만 아니라, 내 오랜 경험이 전혀 쓸모가 없을 수 있다는 사실까지 확인했다.

그럼에도 불구하고 나는 증권거래소를 통해 늘 풍족한 삶을 누려오고 있다(이것은 전혀 별개의 문제다). 물론 노동이 아니라 온갖 술수와 모험 덕분이긴 하지만 말이다. 내가 돈을 벌 수 있는 기회를 제공해온 것은 자본주의자들이 아니라 자본주의 체제였다. 내가 자진해서 전문 투자자들의 무적함대를 수호하는 충실한 군인으로 나선 것도 바로 그 때문이다. 왜냐하면 '공동 설계자'로든 아니면 없어서는 안될 식객으로든 그들은 모두 자유로운 시장경제의 충직한 구성원이기 때문이다.

나에게 증권시장과 투자는 늘 새로운 매력으로 다가오는 주제다. 전 세계 단골식당과 커피숍에서 중간중간 간주곡 형태로 음악, 예술, 여성에 관해서도 한 언급해가며 주식투자, 통화, 정치, 경제에 관한 강의를 계속 이어온 것도 같은 맥락에서다. 무대는 주로 뉴욕, 파리, 로마, 제네바, 취리히, 뮌헨, 빈, 그리고 부다페스트 등지였다. 강단은 비록 초라한 커피숍 탁자에 불과했을지 몰라도, 그것이 내 강의의 진정성과 열정에는 전혀 방해가 되지 않았다.

이야기를 끝마치며

지난 70년 동안 나는 저 다채롭기 그지없는 주식투자의 세계와
열애에 빠져 있었다. 그 과정에서 행복도 맛보았지만 쓰라린 실패의
아픔도 수없이 겪었다. 그리고 그 수백 번의 성공과 수백 번의 실패
를 통해 내 나름의 '투자철학'을 형성하게 되었다.

나의 오랜 제자이자 친구인 후베르트 슈페겔Hubert Spegel이 두서
없이 뒤섞인 내 기억의 카오스에서 '알곡'을 골라내는 번거로운 작
업을 기꺼이 맡아주었다. 사실 이 글의 목적은 딱딱한 투자강의를
하려는 것이 아니라 독자들과 즐거움을 공유하는 것이다. 하지만
즐거움에 더해 투자와 관련하여 약간의 도움이나마 줄 수 있다면
더 이상 바랄 것이 없겠다.

지금까지 투자자로 살아오면서 다양한 극장을 무대로 늘 등장
인물만 바꿔가며 동일한 작품이 상연되는 곳이 바로 증권거래소라
는 사실을 확인할 수 있었다. 이 무대에서 활동해온 배우 중 한 사

람으로서 나 또한 좋은 후계자들에게 내 배역을 넘겨주는 것이 가장 큰 보람이라고 생각한다. 바라건대 내 이야기가 독자들을 지루하게 만들지 않았으면 좋겠다. 증권거래소나 커피숍 등에서 이 책에 실린 이야기들을 해주었을 때 친구들과 동료들이 아주 즐거워했다는 사실이 약간은 위안이 되지만 말이다.

이제는 내 강의를 귀담아 들어줄 사람이 아무도 없다. 사람들이 만나는 장소로서의 증권거래소는 아예 존재하지 않기 때문이다. 오래지 않아 증권거래소 자체가 완전히 사라질지도 모르겠다. 모든 것이 통신으로 대체되어 간다. "팔겠습니다, 사겠습니다"와 같은 말은 더 이상 존재하지 않을 것이다. 왜냐하면 주식거래의 본질이라 할 수 있는 음성언어가 키보드 누름으로 대체되는 추세이기 때문이다. 다양한 형태의 증권거래소들로 이루어진 '동물원'은 이미 사라진 세계다. 런던이나 파리의 증권거래소는 현재 유령들만 돌아다닌다. 머지 않아 프랑크푸르트, 뒤셀도르프를 포함한 전 세계 모든 증권거래소들도 그렇게 될 것이다. 하지만 나는 아직도 건재하며, 증권거래소 대신 인쇄된 종이를 통해 증권거래소와 투자에 관한 이야기를 하고 있다.

언젠가 나는 인생은 70세부터라고 말한 적이 있다. 또 다른 책들에서는 그것을 75세라고 고쳐 말했다가, 심지어는 80세로 다시 고치기까지 했다. 그리고 지금 나는 이전에 말한 모든 것을 부정하면서 이렇게 말하고 싶다.

"주식투자자의 인생은 85세부터가 시작이다!"

돈이란 무엇인가

초판 1쇄 발행 2016년 5월 10일
   8쇄 발행 2023년 9월 25일

지은이 앙드레 코스톨라니
옮긴이 서순승

펴낸곳 (주)이레미디어
전   화 031-908-8516(편집부), 031-919-8511(주문 및 관리)
팩   스 0303-0515-8907
주   소 경기도 파주시 문예로 21, 2층
홈페이지 www.iremedia.co.kr
이메일 mango@mangou.co.kr
등   록 제396-2004-35호

책임편집 최연정
디자인 에코북디자인
마케팅 김하경

979-11-86588-77-2 03320

가격은 뒤표지에 있습니다.
잘못된 책은 구입하신 서점에서 교환해드립니다.

이 도서의 국립중앙도서관 출판시도서목록(CIP)은 서지정보유통지원시스템 홈페이지(http://seoji.nl.go.kr)와 국가자
료공동목록시스템(http://www.nl.go.kr/kolisnet)에서 이용하실 수 있습니다.(CIP제어번호: CIP2016006848)